Zwischen den Welten
Burghard Breitner im Visier

Siegfried Hetz

Zwischen den Welten

Burghard Breitner im Visier

Siegfried Hetz

VERLAG ANTON PUSTET

Die Drucklegung dieses Buches wurde gefördert
vom Land Tirol, der Marktgemeinde Mattsee
sowie dem Kameradschaftsbund Mattsee.

Impressum

Bibliografische Information der Deutschen Nationalbibliothek
Die Deutsche Nationalbibliothek verzeichnet diese Publikation
in der Deutschen Nationalbibliografie; detaillierte bibliografische
Daten sind im Internet über http://dnb.d-nb.de abrufbar.

© 2021 Verlag Anton Pustet
5020 Salzburg, Bergstraße 12
Sämtliche Rechte vorbehalten.

Coversujet: Max Weiler, „Burghard Breitner", 1949
(Foto: Maria Kirchner Fotografie)
Mit freundlicher Genehmigung der Eigentümer.

Grafik, Satz und Produktion: Tanja Kühnel
Lektorat: Markus Weiglein
Druck: pb tisk, Tschechien
Gedruckt in der EU

ISBN 978-3-7025-1004-6

www.pustet.at

Inhaltsverzeichnis

Danksagung

Der vorliegende biographische Essay basiert auf umfassendem Quellenstudium. Dafür wurden die Teilnachlässe im Stadtarchiv Salzburg, im Salzburger Literaturarchiv, im Mattsee Archiv sowie Unterlagen in der Handschriftensammlung der Österreichischen Nationalbibliothek gesichtet und verwertet. Wesentliche Informationen zu einer Mitgliedschaft Burghard Breitners in der NSDAP lieferte das Bundesarchiv Berlin. Der Personalakt im Archiv der Universität Innsbruck gab Aufschluss darüber, wie Breitner trotz seiner jüdischen Abstammung auch nach dem „Anschluss" Österreichs an das Deutsche Reich als Ordinarius für Chirurgie an der Universität bleiben konnte.

Ebenso ausgewertet wurde der Akt zu Breitners Entnazifizierungsverfahren, der im Österreichischen Staatsarchiv aufbewahrt wird.

Allen Institutionen und mit den Recherchen befassten Personen gilt der besondere Dank des Autors. Für ergänzende Auskünfte sei dem Archiv der Jüdischen Kultusgemeinde Wien sowie der Städtischen Friedhofsverwaltung Innsbruck gedankt, ebenso dem Stiftsmuseum Mattsee und seinem Kustos Josef Sturm. Darüber hinaus geht ein besonderes Dankeschön an die Eigentümer des von Max Weiler geschaffenen Porträts sowie an Ursula und Julia Riedl – Großnichte und Urgroßnichte Burghard Breitners – für die großzügige Bereitschaft, auch in den privat gebliebenen Teilnachlass Einblick zu gewähren.

Autor und Verlag bedanken sich beim Land Tirol, der Marktgemeinde Mattsee sowie dem Kameradschaftsbund Mattsee für die finanzielle Unterstützung, ohne die das Projekt nicht zu realisieren gewesen wäre.

Helden sind keine Engel

Einleitung

Der Tod kam jäh und mitten in der Nacht. Zu erwarten wäre es anders gewesen, denn Burghard Breitner war in den letzten Jahren seines Lebens ein kranker, ein schwerkranker Mann. Aber der Tod hatte anderes vor und setzte sich durch, und Breitner, furchtlos wie eh und je, folgte ihm. Der Tod ist immer ein Bild, ein Abbild des Lebens.

Über Breitners Grab erklang der *Gute Kamerad*, gespielt von der Polizeimusikkapelle Tirol, und der anschwellende Trommelwirbel soll etwas Helles verkündet haben, etwas, das dem strahlenden Himmel zustrebte, in dem bereits die Heiterkeit des Frühlings zu glänzen begonnen hatte. Auch die in die Melodie einfallenden Hörner und Trompeten sollen rein und schön geklungen haben »zum unvergesslichen Ruhm des großen Menschen«, wie es weiter hieß. Die Tiroler Tageszeitung hatte in ihrer Ausgabe vom 4. April 1956 auf mehr als einer halben Seite über das Begräbnis des am 28. März in seinem Haus in der Innsbrucker Siebererstraße verstorbenen emeritierten Ordinarius für Chirurgie und Präsidenten der Österreichischen Gesellschaft vom Roten Kreuz berichtet. Dabei ist von den leuchtenden Diamanten der Trauer in den Augen tausender Menschen ebenso die Rede wie von den stillen Männern, die es mit Breitner einst in die Weite Sibiriens verschlagen hatte und die sich in der Hoffnungslosigkeit der verrinnenden Tage dumpfer Gefangenschaft verloren wähnten. Ihnen war Breitner, immer noch, der gute Kamerad. Es soll ein Begräbnis gewesen sein, wie es die junge Zweite Republik bis zu diesem Zeitpunkt noch nicht gesehen hat. Der Trauerzug, angeführt von Abordnungen des Jugendrotkreuzes, der Studentenschaft und des Lehrkörpers, gefolgt vom Akademischen Senat im vollen Ornat und den Spitzen des Landes Tirol und der Stadt Innsbruck sowie zahlreichen Repräsentanten des öffentlichen Lebens, soll mehrere Kilometer lang gewesen sein. Ein Pompe Funèbre barocken Zuschnitts, ein Trauerzug, wie ihn Hans Makart gemalt haben könnte. Die moderne Zugabe war, dass ein Flugzeug der Österreichischen Rettungsflugwache mit Trauerflor über Westfriedhof und Universität kreiste.

Je pompöser das Begräbnis, umso schneller kehrt das Vergessen ein. Es ist alles gesagt und keiner weint mehr. Monarchie, Erste Republik und Ständestaat – die historischen, politischen und gesellschaftlichen Bezirke, die Breitner durchwandert hatte, lagen in grauer Vorzeit. Und für die junge Republik war er ein Stein des Übergangs, ein Kiesel im Fluss der Zeit. Schnell verschwand er unter dem Bahrtuch des Vergessens und Verdrängens, das sich schwer wie Mehltau über die Zeit des Nationalsozialismus legte. Burghard Breitner braucht niemanden, schrieb Manfred L. Nayer, der Chefredakteur der Tiroler Tageszeitung, am Tag nach Breitners Tod, der ihm Worte des Lobes spendet: »Sein Leben selbst war ein Hohes Lied der Menschlichkeit.«

Damit war der Grundstein für einen sehr eingeengten Blick auf Breitners Wirken und Leben gelegt.

Der Hügel war gesunken, der Stein aufgestellt und das Immergrün gepflanzt. Wer kümmerte sich noch um die in den Stein gemeißelte Frage: *Hast du bestanden?* Die menschheitsalte philosophische Frage nach dem Sinn des Seins trieb auch Breitner um. Unablässig und bis zum Schluss. Habe ich bestanden? *Das Leben ist im Grunde nichts, der Gedanke, dem es dient, ist alles.* Es ist Aufgabe und Gnade gleichermaßen, das Geschenk des Lebens mit Inhalt zu füllen, das eigene Leben zu erfüllen. Breitner hatte es so nicht formuliert, sondern für sich den Imperativ aufgestellt, das Leben so zu gestalten, dass die Antwort am Ende nur lauten kann: *Ich habe bestanden.* Im Deutschen Requiem von Johannes Brahms, 1868 in Bremen uraufgeführt, heißt es zu Beginn des dritten Teils: »Herr, lehre doch mich, / daß ein Ende mit mir haben muß / und mein Leben ein Ziel hat / und ich davon muß.« Nur wer ein Ziel hat, findet Erfüllung. Das Leben ist im Grunde nichts, der Gedanke, dem es dient, ist alles. Breitner formulierte diesen Gedanken erstmals in *Sonja*, einem in der Gefangenschaft geschriebenen Prosatext, und wiederholte ihn in der Antrittsrede als Rector magnificus im Dezember 1952. Damit sprach er das uralte Motiv der Individuation des Lebens an sowie den Drang der Selbstverwirklichung trotz aller vorhandenen und unbewusst wahrgenommenen Beschränkungen. Noch deutlicher formuliert, steht Breitners Mantra von der Maximierung des eigenen Selbst in *Zarathustras Vorrede*, wo Nietzsche schreibt: »Es ist an der Zeit, dass der Mensch sich sein Ziel stecke. Es ist an der Zeit, dass der Mensch den Keim seiner höchsten Hoffnung pflanze.«

Der Drang nach Selbstverwirklichung waltet in allen Menschen. Es ist die Figur des Helden, die dem Ideal der Selbstverwirklichung am nächsten kommt. Die mystische Figur des Helden steht im Blick. Dieser Held ist in allen Kulturen und Epochen zu Hause. Geformt wurde er in der Welt der Mythen, die keiner Ideologie verpflichtet, sondern eine Erfahrung des Herzens ist. Es war das Zeitalter des Historismus, in dem die Heldenkulturen der Antike sowie des ritterlich geprägten Mittelalters wieder auferstanden sind und ihre Fackeln zum Leuchten brachten. Was im 19. Jahrhundert wieder hervorgebracht wurde, erlebte im 20. Jahrhundert eine grausame Pervertierung. Eine interessante und zugleich allgemein gültige Beschreibung dieses Mythos »Held« verdanken wir dem US-amerikanischen Mythenforscher Joseph Campbell (1904–1987) und seinem Werk *Der Heros in tausend Gestalten*.

Burghard Breitner war kein Held und wollte auch keiner sein. Aber er wurde wie ein Held wahrgenommen und gefeiert. Die Gesellschaft braucht Helden. Das ist evident und für das Heute gleichermaßen gültig wie für das Gestern. Zwischen den Helden der griechischen Mythologie und den aktuellen Blockbuster-Helden Hollywoods liegt nicht viel mehr als ein Zeitsprung von 2000 Jahren. Die Bilder mögen sich geändert haben, die Stationen der Heldenreise, wie Campbell sie so plastisch beschreibt, sind die gleichen geblieben. In der Wahrnehmung seiner Zeitgenossen war *Das Hohe Lied der Menschlichkeit*, dieses von Nayer in seinem Nachruf verwendete Bild, eine Konstante in Breitners Heldenreise und verbindet sich wie von selbst mit dem von Breitner häufig formulierten Gedanken *Mit dem Herzen denken*.

Der »Engel von Sibirien« war die bislang bestimmende Marke der Erinnerungskultur rund um Burghard Breitner. Diese Punzierung begann mit der Ernennung zum Ehrenbürger seiner Heimatgemeinde Mattsee sowie durch die Stadt Salzburg, in der er die Gymnasialzeit verbrachte und mit der er später über das Soziale Friedenswerk und die Paracelsus-Gesellschaft eng verbunden war. In den wiederkehrenden Ehrungen des Kameradschaftsbundes wird diese Tradition bis heute aufrechterhalten. Die Errichtung des Ehrenmals an der Mattseer Seepromenade durch den Verein ehemaliger Kriegsgefangener anlässlich des 80. Geburtstages fügte sich in diese Tradition ein, ebenso wie die Enthüllung einer Gedenktafel am Geburtshaus in Mattsee anlässlich des 100. Geburtstages im Jahr 1984. Sie wurde auf Initiative der Marktgemeinde Mattsee errichtet und angebracht, wohl auch als Kompensation dafür, dass die Marktgemeinde 1964 dem Verein der ehemaligen Kriegsgefangenen bei der Errichtung des Ehrenmals den Vortritt ließ, wie es der seinerzeitige Bürgermeister Josef Furthner zum Ausdruck brachte. Der damalige Festredner war Heinrich Treichl, der langjährige Präsident des Österreichischen Rotes Kreuzes. Das ehrende Gedenken in Innsbruck von Seiten der Stadt und der Universität mündete 1966 in die Benennung einer Straße nach Burghard Breitner und umfasste einen Gedenkakt in der Aula der Universität gemeinsam mit der Österreichischen Gesellschaft vom Roten Kreuz. Als in Mattsee 1977 in den Räumen der ehemaligen Propstei das Stiftsmuseum eingerichtet wurde, würdigte man Burghard Breitner mit der Widmung eines Raumes zur Erinnerung an ihn. Neben Mobiliar aus dem Innsbrucker Arbeitszimmer werden dort sein chirurgisches Besteck aus dem Spital des Gefangenenlagers in Nikolsk-Ussurijsk sowie Bilder und Urkunden gezeigt. Auch die zur Erinnerung an Breitner produzierten und ausgestrahlten Sendungen im Hörfunkprogramm des ORF zielten vor allem auf die Zeit in der sibirischen Gefangenschaft sowie auf sein Engagement für das Rote Kreuz ab. Diesem Kontext folgte auch der Ring Freiheitlicher Wirtschaftstreibender,

der auf Initiative von Helmut Haigermoser, einem Salzburger Abgeordneten zum Nationalrat und Funktionär des FPÖ-Wirtschaftsflügels, den »Burghard-Breitner-Preis für Zivilcourage und hohen Aufopferungsgeist« ins Leben rief. Er wurde zweimal verliehen: 1995 an Alois Mock, dem langjährigen Außenminister und ÖVP-Bundesparteivorsitzenden, 1997 an Georg Mautner-Markhof, der für die FPÖ im Nationalrat saß und anschließend für kurze Zeit Wirtschaftsberater des Liberalen Forums war. Nicht zuletzt auch auf Betreiben der Nachkommen Burghard Breitners in Person seiner Nichte und Großnichte wurde diese unzulässige Indienstnahme Breitners durch die FPÖ eingestellt.

Zwischen den Welten. Zwischen 19. und 20. Jahrhundert, zwischen Wiener Gründerzeit-Ehrgeiz und Salzburger Landidyll, zwischen Judentum und Deutschnationalismus, zwischen Medizin und Literatur, zwischen Militär und Rotem Kreuz – und auch zwischen Mann und Frau. *Ich bin immer irgendwie dazwischen gewesen*, so Breitners Selbstbeschreibung. Der unabhängige und liberale Geist, dem Humanum aus tiefster Überzeugung ein Leben lang verpflichtet, allem Schönen zugetan und der Jugend ein verständnisvoller Freund und Förderer, unterschätzte die Despotie der nationalsozialistischen Diktatur. Er scheiterte dort, wo es kein Dazwischen mehr gab.

Enthüllung des Breitner-Ehrenmals in Mattsee am 22. November 1964.

Ganz und gar untragbar

1

Die größten Stürme waren verebbt, als Burghard Anton Carl Maria Breitner am 10. Juni 1884 im salzburgischen Mattsee auf die Welt kam. Seine Welt, die Welt, in die er hineingeboren wurde, war durch Gegensätze zum Zerreißen gespannt. Die Stürme waren familiärer Natur und wurden vom Aufeinandertreffen zweier sich weitgehend fremder Lebenskreise entfacht. Mochten sich die ersten Schlachten im Laufe der Jahre auch in sich endlos ziehende Stellungskriege und kleinere Scharmützel verwandelt haben, der Kriegszustand hielt an. Mars hatte sich das Hausrecht verschafft und war nie mehr bereit, es ganz aus der Hand zu geben.

Burghard Breitner im Alter von vier Jahren.

Entfacht wurden die Stürme bereits in der Generation der Großeltern von Burghard Breitner. Rosa Anna Breitner, Tochter eines jüdischen Geschäftsmannes auf der Wieden zu Wien, dem heutigen vierten Wiener Gemeindebezirk, war mit der Brautwahl ihres Sohnes Anton nicht im Geringsten einverstanden. Ihren Investitionen, die durchaus beträchtlich waren, lagen völlig andere Überlegungen zu Grunde, schließlich war sie die Mutter eines jungen Mannes, der als Erbe einer der größten europäischen Bierdynastien gezeugt wurde, wenn auch nur als ein Stellvertreter des legitimen Erben. Das Investment, ihr Leben und ihre Existenz, vom Ruf ganz zu schweigen, waren ihr viel zu wertvoll, um sich mit der Entwicklung der Mattseer

Rosa Anna Breitner (1837–1915) war die Großmutter von Burghard Breitner väterlicherseits.
Ihr Sohn Anton entstammte einer Liaison mit dem Schwechater Bierindustriellen Anton Dreher (1810–1863).

Liebesgeschichte zu arrangieren. Kein Grund wäre ihr angemessen erschienen, sich mit dem Durchkreuzen ihrer Pläne abzufinden oder dem Lauf der Dinge gar den Segen zu geben. Rosa Anna Breitner wollte dabei sein, als Wien sich anschickte, groß und modern zu werden und mit dem Abriss der alten Stadtmauern ein neues Zeitalter einläutete. So wie die Mauern einer glanzvollen Bühne des urbanen Aufbruchs weichen mussten, riss auch Burghards Großmutter Rosa Anna die Mauern um sich herum ein. Sind die Mauern erst überwunden, ergeben sich die weiteren Schritte wie von selbst, so ihr Motto.

Als Anton Carl Maria Breitner am 18. März 1858 geboren wurde, nannte sich seine Mutter noch Rosalia und nicht, wie erst Jahrzehnte später, Rosa Anna. Sie war knapp 21 Jahre alt, jüdischen Glaubens und bereits Mutter eines zweijährigen Sohnes mit dem Namen Gustav. Anton Dreher, der Vater des neugeborenen Sohnes, war zu diesem Zeitpunkt schon 48 Jahre alt und zählte als

Burghard Breitners Großeltern mütterlicherseits – Katharina, geb. Haug,
und Franz Forsthuber – heirateten am 14. September 1857.

Inhaber der Schwechater Brauerei zu den vermögendsten Männern der Monarchie. Jedenfalls leistete er, nachdem er das »Wiener Lager« als obergäriges Bier auf den Markt gebracht hatte, das höchste Steueraufkommen an die Finanzkasse des Kaisers. Er war in zweiter Ehe mit Anna Herrfeldt, einer Beamtentochter aus Regensburg, verheiratet und Vater eines neunjährigen Sohnes mit dem Namen Anton Carl Maria. Anton Dreher, der Großvater Burghard Breitners väterlicherseits, hatte also zwei Söhne mit dem exakt gleichen Namen: Der eine wurde mit dem Familiennamen Dreher am 22. März 1849, einen Tag nach seiner Geburt, in Schwechat katholisch getauft, der andere mit dem Namen Breitner in die Matriken der Wiener Israelitischen Kultusgemeinde eingetragen. Der eine war ehelich geboren, der andere unehelich. Der eine war kränklich und von schwächlicher Natur, der andere sollte als Erbe parat stehen – für den Fall des Falles. Und außerdem einmal niemand Geringeren als Burghard Breitner zum Sohn haben.

Im März 1858 war Burghard Breitners Mutter Pauline Ernestine Forsthuber, die spätere Frau von Anton und Schwiegertochter von Rosa Anna Breitner, noch nicht geboren. Sie kam ein gutes Jahr später als Tochter von Katharina und Franz Forsthuber am 19. April 1859 in Neumarkt am Wallersee auf die Welt, wo sie einen Tag später katholisch getauft wurde. Ihr Vater war zu diesem Zeitpunkt Gerichtsdiener am Bezirksgericht Neumarkt, 37 Jahre alt und seit zwei Jahren mit der 23-jährigen Katharina, der Tochter von Anton Haug, verheiratet, der in Mattsee über 60 Jahre und bis zu seinem Tod 1883 als Chirurg wirkte. Verheiratet war er mit Maria, geborene Aglassinger, der Tochter des Schmieds in Astätt, einer kleinen Ortschaft in dem an das Herzogtum Salzburg angrenzenden Innviertel. Während Anton Haug, einer der Urgroßväter Burghard Breitners, als Landarzt des 19. Jahrhunderts für die zahlreichen Gebrechen der Dorfbevölkerung zuständig war, stand seine Frau als Hebamme den Wöchnerinnen bei und half, die Kinder gesund auf die Welt zu bringen. Am 3. Jänner 1869 wurde Maria Haug auf dem Weg zwischen dem Dorf Mattsee und dem südlich davon gelegenen Weiler Leitgermoos, heute Leikermoos, um drei Uhr nachmittags tot im Schnee liegend aufgefunden. Am selben Tag war sie noch am Vormittag der Peterbäuerin Maria Dürager beigestanden, die ihr erstes Kind zur Welt brachte.

Als die Urgroßmutter von Burghard Breitner mütterlicherseits Anfang Jänner 1869 starb, war der Großvater väterlicherseits, Anton Dreher, bereits seit sechs Jahren tot. Die Drehers, ursprünglich im Schwabenland zu Hause, hatten sich in drei Generationen zu einer europäischen Bierdynastie entwickelt. Den Grundstein des Brauimperiums legte Franz Anton Dreher, der um 1760 mit dem »Großen Schwabenzug« nach Wien gekommen und mit der Müllerstochter Katharina Widter verheiratet war. Die Erfindung des Lagerbiers gemeinsam mit seinem Freund Gabriel Sedlmayr, dem Spross der Münchner Spaten-Brauerei, brachte Anton Dreher Ansehen, aber mehr noch Geld. Als er am ersten Weihnachtstag 1863 plötzlich verstarb, hinterließ er ein geschätztes Vermögen von 10 Millionen Gulden, was einem heutigen Wert von etwa 120 Millionen Euro entspricht.

Zu einer Verbindung zwischen der schwäbisch-wienerischen Brauereidynastie mit der jüdischen Händlerfamilie Breitner kam es durch die knapp eine Generation jüngere Rosalia und einer Liaison, die dem Kalkül diente, einen Erben zu sichern. Das, wie sich später herausstellte, gut dotierte Arrangement war wohl auch der Grund, warum Burghard Breitners Vater ein halbes Jahr nach seiner Geburt römisch-katholisch getauft wurde und wohl zeit seines Lebens nicht erfuhr, dass er tatsächlich jüdischer Abstammung war. Als es in der Monarchie nach Einführung des Staatsgrundgesetzes im Jahr 1867 möglich wurde, die Religion zu wechseln, wusste Rosalia Breitner die Chance zu nutzen und konvertierte selbst auch zum katholischen Glauben.

Waren väterlicherseits die Welten schwäbischen Unternehmertums und jüdischen Handelns prägend, war es mütterlicherseits vor allem die Welt der Bader und Chirurgen auf dem Land, die das Leben der Ahnen Burghard Breitners prägte. Anton Haug, einer der Urgroßväter auf mütterlicher Seite, war viele Jahrzehnte als Chirurg in Mattsee tätig und stammte, wie bereits angesprochen, seinerseits aus einer Medizinerfamilie. Sein Vater Johann war als Chirurg in Lochen tätig und seine Mutter entstammte der Familie Sauter, die über mehrere Generationen den Bader in Mattsee stellte.

Die zweite Linie mütterlicherseits trug, wie anhand von Burghard Breitners Mutter Pauline bereits geschildert, den Namen Forsthuber. Urgroßvater Johann, Schiffsmann in St. Gilgen, legitimierte seinen am 22. März 1820 unehelich geborenen Sohn Franz, der am 14. September 1857 Katharina, die Tochter Anton Haugs, heiratete. Dass die so unterschiedlichen Familienstränge zueinanderfanden, lag auch an den Forsthubers, genauer gesagt am gesanglichen Talent von Pauline Forsthuber, die kurz nach ihrem 14. Geburtstag als Sopranistin vertraglich in die Dienste des Collegiatstiftes Mattsee trat und auf deren Schöngesang bald auch Burghard Breitners Vater aufmerksam werden sollte.

Die zentrale Figur auf dem Familienschachbrett ist aber zweifellos Rosalia Breitner, die als Tochter einer jüdischen Händlerfamilie in Wien geboren wurde und als zum katholischen Glauben konvertierte Hausbesitzerin in den Morgenstunden des 17. Juni 1915 in Mattsee verstarb. Zwei Notizen aus der Zeit nach ihrem Tod bringen zwar kein Licht in das biografische Dunkel, aber sie erhellen zwei Wesenszüge dieser außergewöhnlichen Frau. Die eine Notiz ist im Sterbebuch der Stiftspfarre Mattsee verewigt: »Die Angabe in Rubrik ›Name etc.‹ ist vom Sohn der Verstorbenen, unehelich, Anton Breitner, Schriftsteller und Hausbesitzer in Mattsee. Nähere Angaben über Trauung, Witwenstand u. Name ›Keppich‹ wußte derselbe nicht, weshalb Ausfüllung derselben Rubrik mangelhaft blieb.« Die andere Notiz ist als redaktioneller Beitrag in der Ausgabe des Salzburger Volksblattes vom 2. November 1927 unter der Überschrift »Das Grabmal der Frau Anna Breitner« zu lesen: »Unter den neu erstandenen Grabmalen auf dem Kommunalfriedhof fällt jenes unmittelbar neben der neuen Leichenhalle besonders auf. Aus der dunklen Umrahmung von Adneter Lienbacher-Marmor leuchtet in edlem, weißem Stein ein Frauenbildnis von ungewöhnlichem Reiz. Es stellt Frau Anna Breitner dar, die Mutter des Schriftstellers Anton Breitner in Mattsee. Sie galt in den sechziger Jahren des vorigen Jahrhunderts als eine der bezauberndsten Frauen Wiens. Das Porträt stammt von dem Wiener Bildhauer Gustav Jekel, der der reifen Schönheit dieses fein modellierten Kopfes alles Edle und Mütterliche zu geben wußte, das dieser Frau eigen war, sodaß ein Kunstwerk von vollendeter Art entstanden ist.« Am eindringlichsten hat aber wohl Anton Breitner selbst seine Mutter für die Nachwelt skizziert, als er sie in der Anzeige, die am Tag nach Rosa Anna Breitners Tod im Salzburger Volksblatt erschienen war, zitierte. »Von ihr gilt der Spruch«, stand da zu lesen, »Du stirbst nicht, Mutter, ewig lebt dein Tod«. Ein Satz, so gewichtig wie ein ganzes Buch und schwerer als die nicht tilgbare Hypothek eines Lebens.

Rosalia Breitner ließ in das Taufregister der Wiener Israelitischen Kultusgemeinde Altofen als ihren Herkunfts- und Aufenthaltsort eintragen. Alt-Ofen, auch Alt-Buda genannt, war die deutsche Entsprechung für Óbuda, dem dritten Budapester Stadtbezirk, der bis 1849 eine selbstständige Stadtgemeinde war. Als Burghard Breitners Vater Anton am 13. November 1858 in der Pfarre Wien-Margarethen mit Einwilligung des Magistrats der Stadt Wien katholisch getauft wurde, gab die Mutter als Wohnort jedoch die Adresse ihrer Eltern, Carl und Theresia Breitner, Wieden Nr. 723, an. Dieser Eintrag im Taufbuch der Pfarre St. Josef klärt nicht nur über Anton Breitners Großeltern mütterlicherseits und die tatsächliche Abstammung seiner Mutter auf, sondern informiert auch darüber, dass Rosalia Breitner 16 Jahre später in der Pfarre zu den Schotten im ersten Wiener Gemeindebezirk durch die Taufe zum katholischen Glauben übergetreten ist. Der Taufe am 20. Jänner 1874 in der Kirche Unsere liebe Frau zu den Schotten, bei der sie den Namen Rosa Anna erhielt, ging der Austritt aus der jüdischen Glaubensgemeinschaft sowie die Erteilung der Taufbewilligung vom fürsterzbischöflichen Consistorium, die vom 25. Juli 1873 datiert und mit der Geschäftszahl 3817 versehen ist, voraus. Ermöglicht wurde der Wechsel von einer Religion zu einer anderen durch das 1867 eingeführte Staatsgrundgesetz, welches als Voraussetzung für den Erlass der Interkonfessionellen Gesetze galt, die das Prozedere eines Kirchenaustritts beziehungsweise des Konvertierens festlegten.

Um diese Zeit begann Wien zu boomen. Mit dem Abbruch der Stadtmauern, den der Kaiser im Dezember 1857 höchstselbst anordnete, wurde eine Ära eingeläutet, die als Gründerzeit Baugeschichte schrieb und die Grundlage für die heutige Anlage der Stadt schuf, als Epoche jedoch weit über alles Bauliche und Gestalterische hinausging. Mit der Anlage der Ringstraße wurde ein Boulevard geschaffen, der sich mit dem großen Pariser Vorbild messen konnte und der vor allem die ersehnten Adressen für all jene schuf, die den Um- und Aufbruch der Gründerzeit schulterten und vorantrieben – die vielen Bankiers, Geschäftsleute und Gewerbetreibenden. Der Bau der Ringstraße mit Parlament, Rathaus, Universität, Börse, Oper und Burgtheater, den vielen Palais und zahlreichen Wohnhäusern war nicht mehr und nicht weniger als eine gigantische Monumentalbühne für eine Gesellschaft, die auf dem Weg zu ihrer Entfesselung war. Eines dieser vielen neuerstandenen Palais, jenes mit der Adresse Opernring 8, hatte Anton Dreher, Burghard Breitners Großvater väterlicherseits, für sich und seine Familie erbauen lassen. Für den erfolgreichen Brauer, der die Biererzeugung auf dem europäischen Festland revolutionierte und sein Imperium durch Zukäufe in Böhmen und Ungarn stetig mehrte, war es gewissermaßen eine Selbstverständlichkeit, sich am neuerrichteten Prachtboulevard in einem standesgemäßen Stadthaus zu repräsentieren und am Wiener gesellschaftlichen Leben teilzuhaben. An und für sich residierte die Familie in dem 1849 erworbenen Schloss Freyenthurn in Mannswörth, heute eine Katastralgemeinde der Stadt Schwechat. Die Errichtung des Palais am Opernring war ein lang gehegter Wunsch Drehers, und es sollte einen höchst würdigen Schlussstein seiner Bauunternehmungen bilden. Bis zu seinem überraschenden Tod in der Nacht nach dem zweiten Weihnachtsfeiertag 1863 erreichte der Gesamtgrundbesitz des Bierbrauers eine Fläche von 5 442 483 Quadratklafter, was umgerechnet einer Fläche von eineinhalb Quadratkilometern entspricht. Das Nachlassvermögen umfasste knapp zehn Millionen Gulden, was einem heutigen Wert von etwa 120 Millionen Euro gleichkommt. Allein das Betriebsvermögen betrug an die sechs Millionen.

Anton Dreher war schon länger ein kränklicher und leidender Mann. Trotzdem kam sein Tod so plötzlich wie überraschend und mit 53 Jahren auch viel zu früh. Der erfolgreiche Unternehmer, der sein Imperium trotz aller körperlicher Gebrechen mit sicherer Hand führte und unablässig erweiterte, mochte unter Umständen eine Ahnung davon gehabt haben, dass es mit seinem Leben in absehbarer Zeit zu Ende gehen könnte. Cajetan Felder, Wiener Bürgermeister zwischen 1868 und 1878, wurde für ihn überraschend mit der Vollstreckung des Testaments betraut, insbesondere auch mit der Vormundschaft über Drehers minderjährigen Sohn Carl Anton Maria, der am 21. März 1849 geboren wurde. In einem 1887 diktierten und im Wiener Stadt- und Landesarchiv aufbewahrten Memorandum mit der Überschrift »Curatel und Vormundschaft Anton Dreher 1863–1871« hielt er fest, wie es zu diesem für ihn überraschenden Mandat kam: Als der Biermagnat eine Reihe von Abgeordneten, unter ihnen auch Cajetan Felder, zu einem Empfang nach Rannersdorf lud, kam es zu einer persönlichen Begegnung und in der Folge zur Beauftragung mit einem Mandat in einer wirtschaftsrechtlichen Angelegenheit, die sich kurz darauf zerschlug. Dreher brachte in einem zufälligen Gespräch mit dem Anwalt darüber sein Bedauern zum Ausdruck, musste aber in Felder so viel Vertrauen gefasst haben, dass er ihn auf dem Sterbebett zu seinem Testamentsvollstrecker und eben auch zum Vormund des noch minderjährigen Sohnes Carl Anton Maria, der beim Tod des Vaters 14 Jahre alt war, bestimmte. Der eheliche Sohn trat mit Vollendung des 21. Lebensjahres und vorzeitiger Volljährigkeitserklärung das Erbe an. Der Ersatzerbe Anton Carl Maria Breitner ließ sich 1881 volljährig erklären, um Pauline Forsthuber heiraten zu können und kam damit in den Genuss des ihm von seinem Vater Anton Dreher zugedachten Vermögens, das bis dahin vormundschaftlich verwaltet wurde.

Die Verwandten meiner Mutter traten nur ganz selten in unseren Gesichtskreis. Vom Vater gab es keine. Das mag der Grund gewesen sein, daß wir ohne Familiensinn aufwuchsen, daß Namenstage, Geburtstage und ähnliches für uns keine Bedeutung hatten. Gewiss war dies ein Verlust. Aber uns gab es ein Gefühl von Freiheit. So umriss Burghard Breitner die Familienkonstellation in seiner posthum erschienenen Autobiografie *Hand an zwei Pflügen*. Mit »uns« sind Burghard und sein um zwei Jahre älterer Bruder Roland gemeint. Burghard Anton Carl Maria Breitner kam am 10. Juni 1884, Roland Gustav Maria am 6. Dezember 1882 auf die Welt. Beide wurden in Mattsee geboren – jenem alten Kirchenort am gleichnamigen See, der sich ab den 1870er-Jahren anschickte, sich zu einer respektablen

Sommerfrische zu mausern. Roland kam im Haus des Großvaters auf die Welt, im Mattseer Chirurgenhaus, das nahe am See und auf halbem Weg zwischen Stiftsgebäude und Schloss liegt. Zwei Jahre später, als Burghard das Licht der Welt erblickte, stand das Wochenbett im Heilmayr-Haus, das heute wie damals durch seinen hohen Giebel auffällt und direkt an der Salzburger Straße steht. Mit dem Tod von Anton Haug, der hochbetagt im August 1883 verstarb, verlor Mutter Pauline ihren Großvater, der ihr eine wesentliche familiäre Stütze war.

Als der alte Haug starb, war Mattsee in Wien als aufstrebende Sommerfrische bereits bestens bekannt und eine fixe Adresse für viele bürgerliche Familien, die sich nach Erholung wie nach Ruhe und geselliger Unterhaltung sehnten. Für Menschen, die auf dem Land das Einfache suchten, wohl auch die Reinheit

Burghard Breitners Eltern – Anton (1858–1928)
und Pauline, geb. Forsthuber (1859–1945) – heirateten
am 12. September 1881.

der Natur, vor allem aber einen Gleichklang, der die seelische Unruhe wieder ins Lot bringen sollte. Knapp dreihundert Kilometer beträgt die Entfernung zwischen Mattsee und Wien. Zu Beginn der Eisenbahnzeit bedeutete die Überwindung dieser Strecke eine Fahrzeit von mindestens sieben Stunden, die zwischen dem Einsteigen am Wiener Westbahnhof und dem Aussteigen an der Station Mattsee-Seekirchen verging. In jedem Fall lag eine Tagesreise zwischen dem Verlassen der Wiener Wohnung und dem Bezug des Sommerquartiers, das von Seekirchen aus zuerst mit der Kutsche und später mit dem Autobus erreicht wurde. Auch Rosa Anna Breitner kam als eine der vielen Sommerfrischlerinnen in Begleitung ihres Sohnes Anton in den kleinen Ort, der sich rund um das uralte Stift zwischen den beiden Seen und den Felsblöcken des Schlossbergs und des Wartsteins, die als Hinterlassenschaft des Eozäns zum pittoresken Ortsbild maßgeblich beitrugen, erstreckte. Dort, etwa zwanzig Kilometer nördlich der ehemaligen fürsterzbischöflichen Residenzstadt und neuerlichen Hauptstadt des Herzogtums Salzburg, kurz vor der Grenze zum Innviertel, unter einer der Linden am Stiftsplatz begegneten sich der 21-jährige Anton – der spätere Vater von Roland und Burghard Breitner – und die um ein Jahr jüngere Pauline Forsthuber zum ersten Mal. Es war wohl die sprichwörtliche Liebe auf den ersten Blick, die ein Band wob zwischen dem vaterlos aufgewachsenen Wiener Jüngling und der Enkeltochter des angesehenen Mattseer Chirurgen Anton Haug und dessen Frau Maria. Es war der glockenhelle Sopran, der Anton Breitner verzauberte und der die Kirchgänger des Ortes mehr als fünfzig Jahre lang beglückte.

Wenn Burghard Breitner davon schrieb, dass er und sein Bruder ohne Familiensinn aufgewachsen waren, dann verwies er darauf, ohne den eigentlichen Sachverhalt zu benennen. Um die Familienbande war es von Anfang an kläglich bestellt. Rosa Anna ließ ihre Herkunftsfamilie durch den Übertritt vom jüdischen zum katholischen Glauben hinter sich, und das mit Anton Dreher getroffene Arrangement bezüglich des Ersatz-Erben war alles andere als ein »Juwel« im Sinne familiärer Bindung. Rosa Annas erstes Kind, Antons um zwei Jahre älterer Bruder Gustav, starb im Mai 1874 im Alter von 18 Jahren. Mütterlicherseits war die verbliebene Familienbande, so überhaupt je vorhanden, zum Verdorren gezwungen, denn was als Sommerliebe mit Ach und Krach noch Gnade vor der gnädigen Frau Mama gefunden haben mochte, wurde als Lebensliebe, die es vor dem Traualtar zu besiegeln galt, ganz und gar untragbar. Rosa Anna Breitner hatte alles Jüdische hinter sich gelassen, dem unehelich geborenen Sohn – gezeugt von einem der vermögendsten Männer der Wiener Gründerzeit – eine goldene Zukunft geschaffen und sich damit einen Platz in der neuen Gesellschaft gesichert: in einer Welt, deren glänzende Bühne selbstverständlich das kaiserliche Wien sein sollte und keinesfalls das 1000-Seelen-Dorf, in dem zwischen dem Ende der Ferienzeit und dem Beginn des Frühsommers der tiefe Schlaf über den dunklen Äckern nahtlos von der Nacht in den Tag überging.

Pauline Breitner mit ihren Söhnen Roland (rechts, 1882 geboren) und Burghard vor der Villa am Vorderwartstein in Mattsee.

Was folgte, waren unschöne Geschichten, als das junge Glück mit vergifteten Pfeilen torpediert wurde. Weil es der Liebe gehorchte – einer Liebe, die am falschen Ort und zum falschen Zeitpunkt erblühte. Verdorren sollte sie, vertrocknen und zu Staub verfallen. Nie gewesen, nie erblüht. Doch sie trotzte, und wie. Es war eine Liebe, die sich beweisen wollte. Nach Roland, dem Erstgeborenen, kam eineinhalb Jahre später Burghard auf die Welt. Und spätestens zu diesem Zeitpunkt musste Rosa Anna Breitner einsehen, dass ihre Vorstellungen über die Zukunft ihres Sohnes auf Sand gebaut waren. Auf Flugsand, der zerstob, noch bevor sich eine deckende Schicht bilden konnte. Sie mochte das verschlafene Nest verfluchen, in das sie gelockt wurde, weil es in aller Wiener Munde war, allein es half nichts, sie war bereits untrennbar mit ihm verbunden. Und zu verdanken hatte sie das niemand Geringerem als dem damals weit über die Grenzen Wiens hinaus bekannten Gerichtspsychiater Josef Hinterstoisser, der, unverheiratet und sich keine Genüsse des Lebens versagend, in vielen Salons zu Hause war und sich vor allem der Gunst der kaiserlichen Seelenfreundin, der Hofschauspielerin Katharina Schratt, erfreuen konnte. Rosalia Breitner und Josef Hinterstoisser werden sich irgendwann und irgendwo im ebenso großen

wie unüberschaubaren, in gleißendes Licht gesetzten und mit flirrenden Wort-
tapisserien ausgeschlagenen Salon begegnet sein, den die sich aus einer langen
Vergangenheit in eine mehr als verheißungsvolle Zukunft katapultierende Stadt
um diese Zeit darstellte. Es war eine Zeit der Entfesselung, in der Schranken fielen, Grenzen sich auflösten, Mauern einstürzten und in der das Neue mit einer
Geschwindigkeit daherkam, die den Kopf der Menschen zum Tanzen brachte.

Über die Liebe zu Pauline entdeckte Anton Breitner auch die Liebe zur Gegend
rund um den jahrtausendealten Stiftsort Mattsee: zu jener milden Landschaft,
die aus sanften Hügeln, ausgedehnten und von Wäldern umgrenzten Wiesen und
den dazwischen eingebetteten Seen besteht und der der Anschein einer idealen
Vorstellung von Landschaft anhaftet. Der langgezogene Rücken des Haunsbergs
schirmt sie nach Norden ab, während Buchberg und Tannberg die Konturen
nach Süden hin bestimmen. Diesen sehr überschaubaren Kosmos, eine Tagesreise von der Metropole Wien entfernt, wählte das junge Paar für ihre gemeinsame
Zukunft. Anton hatte im Frühjahr 1880 im Alter von 22 Jahren die achte Klasse
des Piaristengymnasiums in Krems erfolgreich abgeschlossen und, so darf angenommen werden, auch maturiert. Pauline wurde auf Geheiß ihrer zukünftigen
Schwiegermutter auf die Maria Ward-Haushaltungsschule nach Burghausen im
nahe gelegenen Bayern geschickt, um in der Führung eines gehobenen Haus-
halts nach städtischen Ansprüchen firm zu werden. Als die Hochzeitsglocken
am 12. September 1881 in der Stiftskirche Mattsee läuteten, war die Braut 22
und der Bräutigam 23 Jahre alt und damit noch nicht volljährig. Beide mussten
sich deshalb für volljährig erklären lassen. Für Anton bedeutete dieser amtliche
Vorgang die wirtschaftliche Voraussetzung für die Gründung eines Hausstands,
denn damit gewann er auch die Verfügungsgewalt über sein Vermögen, das bis
dahin vormundschaftlich verwaltet wurde. Nach der Geburt der beiden Söhne,
Roland 1882 und Burghard 1884 – ein drittes Kind, Pauline, ist im Alter von
drei Monaten verstorben –, wurden in Mattsee Grund und Boden erworben und
der Bau einer stattlichen Villa in Auftrag gegeben, die heute noch im Besitz der
Nachkommen ist. Die vorhandenen Mittel ließen es zu, am Vorderwartstein ein
Anwesen zu erwerben, zu dem neben dem vorhandenen Gebäude auch Acker-,
Wiesen- und Gartenflächen sowie Wald gehörten. Es handelte sich um das
Ambrosgütl, benannt nach dem ersten Siedler, Ambros Passegger, der sich die
Erlaubnis, am Wartstein ein Häusl zu bauen, von keinem Geringeren als dem
damaligen Salzburger Fürsterzbischof Wolf Dietrich von Raitenau erbeten hatte.
Dieser schätzte die Gegend um Mattsee als Jagdgebiet und verfügte anlässlich
eines seiner Jagdaufenthalte, dass sich am Südhang des jäh aus dem Obertrumer
See ragenden Steins, etwas erhöht über dem Ort, Handwerker ansiedeln sollten.
Den westlichen Abschluss bildet das Ambrosgütl, das Antons Mutter zu ihrem
Sommersitz machte. In gebührlichem Abstand davon ließ sich Anton von den
Wiener Modearchitekten Heinrich Claus und Moritz Hinträger eine Villa im
Stil der Neo-Renaissance errichten. Ein wenig Abglanz der Ringstraßenpracht
brauchte es dann schon.

Bitterstes Heimweh

2

Laß mich dieses Tal noch sehn … den See … die Hügel … / Noch einmal laß mich knien und seine Gnade trinken. / Ich will nicht weilen dort. Ich will nicht rasten. / Nur Wiedersehen …! Einmal schauen noch …

Als Burghard Breitner in der sibirischen Kriegsgefangenschaft das Drama *Johannes* schrieb, ließ er den Titelhelden, sein Alter Ego, vor der letzten Etappe seiner seltsamen Reise, als ihm ein Wirt den weiteren Weg beschrieb, an die Landschaft seiner Kindheit denken. An die sanften Hügel des Alpenvorlandes und vor allem an die Seen. Burghard feierte im Juni 1894 seinen zehnten Geburtstag, als er drei Monate später neben seinem Vater in einem Wagen saß, der sie von der Villa am Vorderwartstein in die Stadt Salzburg brachte. Dort blieb er – im Bannkreis von Dom, Stift St. Peter, Franziskanerkloster und Kirche – vor dem Kollegium Mariano-Rupertinum in der heutigen Sigmund-Haffner-Gasse stehen, um Vater und Sohn Abschied nehmen zu lassen. Nach dem Hinauswurf aus dem Revier der Kindheit folgte der Abschied vom Vater. Letzterer war weit weniger schmerzhaft als der Sturz aus dem Nest, der Verlust dessen, was mit Heimat so unzureichend beschrieben ist. Verstoßen aus dem Paradies der Kindheit, ohne dafür einen Begriff zu haben. Von einem Tag auf den anderen war die Welt für Burghard eine neue geworden. Das Dorf wich der Stadt und die Villa dem alten, unter Fürsterzbischof Paris Graf von Lodron errichteten Gebäude zwischen Sigmund-Haffner-Gasse und Wiener-Philharmoniker-Gasse, in dem heute Teile des Museums der Moderne untergebracht sind. Der See als Abenteuerspielplatz musste zu Hause bleiben. Es war die Einsamkeit, die ihn ersetzte und für neue Abenteuer sorgte. *Tränen und unsägliches Heimweh begleiteten den Eintritt in diese neue Welt.* Da half es auch nichts, dass der ältere Bruder schon zwei Jahre zuvor ins Rupertinum eingezogen war und dem Kleinen den Rücken stärkte. Einsamkeit ist unteilbar.

Der Held erschafft sich nur aus sich heraus. Es geht dabei nicht um den Helden Burghard Breitner. Seine Lebensgeschichte ist kein Heldenepos. Wenn

Burghard Breitner war von 1894 bis 1902 Zögling des Collegium Mariano-Rupertinum, als er das k.k. Staatsgymnasium – das heutige Akademische Gymnasium – besuchte.

wir das menschheitsalte Muster einer Heldenreise über die Biografie Breitners legen und deren Entwicklung verfolgen, offenbart sich, dass der Eintritt ins Rupertinum einem Initiationsritus gleichkam. Breitner selbst war sich durchaus bewusst, wie sehr sich dieses Erlebnis auf seine Persönlichkeitsentwicklung ausgewirkt hat. *Und es ist mir heute fast, als seien diese Tränen einer der Beweggründe gewesen, warum ich mich zur Niederschrift von Erinnerungen entschloß.*

1886, als die Familie in das neu erbaute Haus am Vorderwartstein einzog, war Burghard zwei Jahre alt. Die Villa war das erste Wohnhaus, das in der aufstrebenden Sommerfrische Mattsee, die mit dem ersten Seebad im damaligen Kronland Aufmerksamkeit erregte, von Sommergästen erbaut wurde. Sechs Jahre später folgte die Hinterstoisser-Villa in Fisching, die sich der in Wien tätige Gerichtspsychiater Josef Hinterstoisser, ein gebürtiger Salzburger, für die Sommerzeit errichten ließ. Sie wurde nach den Plänen des Salzburger Architekten Karl Mayreder am Ufer des Obertrumer Sees errichtet und steht heute auf Grund testamentarischer Verfügungen im Eigentum des Erzbischöflichen Stuhls. Die Erwähnung dieser zweiten von Wiener Sommerfrischlern erbauten Villa im Zusammenhang mit Burghard Breitner ist deshalb von Bedeutung, weil Josef Hinterstoisser mit Burghards Großmutter Rosa Anna nicht nur befreundet, sondern auch der Vormund ihres Sohnes Anton war. So war es Hinterstoisser, der schon als junger Mann von einem Haus an diesem Platz träumte, der Rosa Anna auf Mattsee, auf dieses vermaledeite und ihre Pläne durchkreuzende Dorf, aufmerksam gemacht hatte. Der im Geburtsjahr von Burghard erworbene Grund und Boden am westlichen Ausläufer des Vorderwartsteins, dessen Felsen jäh zum Obertrumer See hinabfällt, gehörte zum Ambrosgütl. Es schloss eine Reihe kleinerer Anwesen nach Westen hin ab, deren Bebauung auf eine Initiative des Salzburger Fürsterzbischofs Wolf Dietrich von Raitenau, der Schloss Mattsee und seine Umgebung als Jagdrevier schätzte, zurückging. Das nach dem Vorbesitzer benannte Ambrosgütl wurde zum Sommersitz von Rosa Anna, während Anton in gebührendem aber nicht übermäßigem Abstand sein Haus erbauen ließ, das – ursprünglichen Plänen folgend – erheblich größer und aufwendiger ausfallen hätte sollen und durchaus die Anmutung eines repräsentativen

Jagdschlosses hätte, wie es sich Adel und zu Geld gekommenes Bürgertum an unzähligen schönen Plätzen in vielen Gegenden in der Monarchie erbauen ließen. Bezeichnend für den Baustil der Wiener Neo-Renaissance waren Rückgriffe auf Stilelemente der französischen und deutschen Renaissance. Anton Breitner war voll und ganz im Historismus verfangen, um nicht zu sagen: Er war ihm verfallen. In der Gründerzeit in Wien groß geworden, übte alles Antikisierende einen großen Einfluss auf ihn aus. Nicht nur, was Architektur und Ästhetik betraf. Auch in seiner autodidaktischen Beschäftigung als Archäologe und Schriftsteller tauchte er tief in die Antike ein. Im Gemeindegebiet von Mattsee wurden auf seine Initiative hin die Grundmauern einiger römischer Anwesen freigelegt und in seinem literarischen Schaffen changierte er zwischen deutschem Mittelalter und griechisch-römischer Antike. Anton Breitner eiferte in diesem beinah manischen Konservieren der Formen- und Ideenwelten vergangener Kulturen seinem Vorbild und Übervater Joseph Victor Scheffel nach, dem meistgelesenen deutschen Schriftsteller seiner Zeit, dessen Mission als Lobredner alles »Deutschen« ihn selbstverständlich auch den höchsten Kreisen im deutschen Kaiserreich empfahl. Der Vater von Burghard Breitner kürte sich zum Statthalter Scheffels in Österreich. Er gründete den Scheffelbund und im Westturm der Villa richtete er ein Scheffel-Museum ein, das aus seinem Zuhause eine Pilgerstätte des Deutschtums machte, aber auch ihm, dem unehelich geborenen und im Alter von einem halben Jahr zum Katholizismus konvertierten Wiener Juden, Heimat schenkte und Identität verlieh. Die sanft modellierte Hügellandschaft rund um die Seen, deren Charakter von einem Hauch erdenschwerer Melancholie überzogen ist, trug das ihrige dazu bei, dass aus dem heimatlosen Großstädter ein mit dem Felsen verwachsener Eremit wurde, der für seine beiden Söhne ein grenzenlos Schenkender war, während seine Frau Pauline Fürsorge, praktischen Lebensalltag und Haushaltsführung mit scheinbar leichter Hand verband. Das Singen durfte keinesfalls zu kurz kommen, weder zu Hause für sich noch im Kirchenchor, dem sie länger als ein halbes Jahrhundert lang ihren Sopran lieh. Wie schon sein Bruder zuvor, so war auch Burghard ab dem zehnten Lebensjahr nur mehr in den Ferien und an manchen Wochenenden in diesem aus der Zeit gefallenen Kosmos zu Hause.

Burghard Breitners »Heldenreise« begann im Herbst 1894, als er mit seinem Vater im Wagen auf dem Weg in die Stadt Salzburg saß und bei der Einfahrt in das erste Waldstück Haus und See aus dem Blick verschwanden. Der Wagen hatte den Vater längst wieder nach Hause gebracht, als Burghard die Erschütterungen, die dieser Abschiedstag aus der Kindheit mit sich brachte, eine beinah schlaflose Nacht bescherten. *Was ich verlassen hatte, die Stimmen im Haus, die Sprache des Sees und der Wälder – die Konturen der Berge voll Lockung und Ferne –, das Vertrauen in eine unausschöpfliche Güte, die Geborgenheit in der unablässig zarten Sorge zweier bester menschlicher Herzen, dies alles wurde mir mit kalter Deutlichkeit bewusst, als ich am ersten Abend meine Bettstelle im nüchternen Schlafraum des Collegium Mariano-Rupertinum aufsuchte. Es wurde eine gespenstische Nacht,*

Als begeisterter Bergsteiger war es Burghard Breitners erklärtes Ziel, alle Gipfel der nördlichen Kalkalpen zu besteigen.

wie sie vielen Tausenden junger Menschen unter gleichen Bedingungen beschieden war und immer sein wird. Aber auch mir öffnete wohl in den ersten wachen Stunden des Tages der mystische Schlüssel der erkannten Notwendigkeit das Tor zu einer inneren Freiheit, zu einer eigen-persönlichen Entscheidung, die über Trotz und neue Verzagtheit, über puerilen Widerstand und überspitzte Ablehnung mit erstaunlicher Schnelligkeit in den Zug eines bewußten und geordneten Willens einströmte.

Im behüteten Elternhaus war Platz und Rang gesichert. Als Zweitgeborener blieb er der Jüngste und es gab keine Notwendigkeit, diesen Platz gegenüber irgendjemandem verteidigen zu müssen. Jetzt galt es, dieses Nest zu räumen und sich in der neuen Umgebung als Internatszögling und als Schüler des k.k. Staatsgymnasiums, heute als Akademisches Gymnasium bekannt, nicht nur zu bewähren, sondern sich auch einen Platz zu suchen und als den eigenen zu bestimmen. Und es galt auch, das eigene Ich zu verteidigen. Burghard Breitner war ein Musterschüler, wohl auch schon in der Volksschule in Mattsee, und blieb ein solcher. Er sollte mit ausgezeichnetem Erfolg maturieren und Jahre später an der Wiener Universität summa cum laude und unter den Auspizien seiner kaiserlich-königlichen Majestät promovieren. Davor lagen aber noch acht Jahre am Gymnasium in Salzburg und zehn Semester des Studiums der Medizin, das er in Graz, Kiel und Wien absolvieren würde. Mit der Berufswahl des Arztes würde er in die Fußstapfen seines Großvaters mütterlicherseits treten. Ein gerader Weg, den er zielstrebig verfolgte. So mochte es scheinen. Es gab aber auch noch eine andere Welt, die sich dem Schüler und später dem Studenten offenbarte: die Welt der Kunst und der Literatur. Darüber hinaus sollten Erlebnisse, die ihn bis auf die Knochen erschütterten, auf ihn warten. Einen Teil seines Weges wurde er von seinem älteren Bruder Roland begleitet. Er half ihm, sich im Rupertinum einzufinden und öffnete ihm auch später als Student in Graz die eine oder andere Tür. Burghard wurde ein Musterschüler. *Ich wurde es*, so schrieb er, *trotzdem mir das Wissen gleichsam von selber zufiel und meine Gründlichkeit daher nicht tief genug ging.* Der Held begann früh zu glänzen und wusste um die Politur, diesen Glanz zu erhalten. So gab er dem Sport den Vorzug vor der Musik, obwohl sein Musiklehrer von seinem Tenor, der mühelos und stimmschön in die höchsten Lagen reichte, genauso angetan war wie auch von seinem Klavierspiel. *Er erlag meiner Gefühlsbetonung.* Er war es auch, der Burghard Breitner zur Orgel führte und ihn lehrte, die sonntägliche Messe in der Aula des Gymnasiums zu begleiten und zu präludieren. Die wirkliche Verlockung lag jedoch im Sport. Der See vor der Haustür ließ ihn schon früh zu einem guten Schwimmer heranwachsen. Skifahren, für die damalige Zeit revolutionär, Eislaufen, Reiten. Nicht in allem war Breitner perfekt, aber sehr ambitioniert. Die große sportliche Leidenschaft gehörte aber dem Segeln und dem Bergsteigen. Der Weg vom Haus zum See und in ein Boot war sehr kurz, die Berge dagegen winkten aus der Ferne, glänzten voller Verheißung. Je nach Wetterlage mehr oder weniger greifbar. In jedem Fall eine Versuchung. Das Vorhaben, alle Gipfel der nördlichen Kalkalpen, die vom Buchberg aus zu sehen waren, zu besteigen, immerhin gut einhundert, mochte sich schon im Kopf des Kindes festgesetzt haben. Ludwig Purtscheller, einer der größten Alpinisten seiner Zeit, der in seinem bürgerlichen Beruf als Turnlehrer tätig war, mochte das Bergfeuer in Burghard Breitner gespürt haben, jedenfalls brachte er es hellauf zum Lodern. Aber nicht nur das. *Er war bis zur siebenten Klasse unser Turnlehrer. Der Blick seiner strahlenden Augen, die Geschmeidigkeit und Sicherheit seiner Bewegungen, die Vornehmheit und innere Beglückung, die sein Wesen ausstrahlte, hatten die meisten von uns begeistert.* Ein Feuer gloste auch in der Begeisterung, die der männlich-sportliche Körper des Kilimandscharo-Erstbesteigers bei seinen Schülern auslöste. Burghard Breitner, einer der Besten im Turnen, musste sich nur am Reck einem Mitschüler geschlagen geben, was ihn lange gequält haben durfte. Entschädigt wurde er dafür aber hunderttausendfach. *Ich beneide Sie um Ihre Körpergestalt.* Welch eine Auszeichnung. Jener Mann, der der Idealgestalt eines Alpinisten sehr nahe kam, der insbesondere die Westalpen wie kaum ein anderer kannte, der im Felsklettern Pionierarbeit leistete und es auch prächtig verstand, die Jugend für die Bergwelt zu begeistern, machte dem Internatszögling ein Kompliment wegen dessen Körpergestalt. *Dieser von uns zutiefst verehrte und bewunderte Mann verlieh mir einen Adelsbrief, der mir durch Jahrzehnte ein heiliger Besitz war.* Mit umso größerer Wucht wurden Burghard und seine Mitschüler vom Tod Purtschellers getroffen. Er erkrankte während der Rekonvaleszenz nach dem Bruch des Oberschenkels an einer Pneumonie, von der er sich nicht mehr erholen sollte. Das Begräbnis am 11. März 1900 auf dem Salzburger Kommunalfriedhof war *eine Angelegenheit der ganzen Stadt,* besonders aber auch für die Schüler und ganz besonders für Burghard, dessen Gefühlswelt sehr spontan und umfassend auf emotionalisierende Erlebnisse reagierte. *Die Luft war von allen Schauern eines Vorfrühlingstages erfüllt. Die Berge seiner Heimat – seine Welt und seine Berauschung – boten sich als leuchtendes Bahrtuch dar. Die Ebene zu ihren Füßen flirrte im Feuer einer jungen Sonne. Ein riesiger, dunkler Raubvogel schwebte in königlicher Unnahbarkeit über dem Friedhof und entglitt allmählich in das blendende Licht von Gipfeln und Ferne.* Erfasst vom Sturm der Emotionen, von Trauer und Dankbarkeit gleichermaßen und dem Gefühl, dieser Dankbarkeit zum Ausdruck verhelfen zu müssen, setzte er sich, zurück im Collegium, an den Tisch und verfasste seinen ersten Artikel, den er dem Salzburger Volksblatt übergab. Dieser 11. März war ein Sonntag, und in der Montagsausgabe erschien auf Seite 2 unter der Rubrik »Salzburger Nachrichten« die namentlich nicht gekennzeichnete Reportage Burghards über Purtschellers Begräbnis. *Einem undurchdringlichen Goldregen gleich überflutheten die glänzenden Strahlen der freundlich lachenden Sonne Wald und Flur, spiegelten sich in den klaren Wassern oder tanzten über die schimmernde Schneedecke, welche die ewigen Bergriesen im Hintergrunde der Stadt noch erstarrend umfängt. Frühlingsahnen in der Brust der Menschen während man draußen auf unserem prächtigen Leichenfelde einen Mann zur Ruhe bettete, welchen die Alpinistik für lange Zeiten hinaus stolz als einen ihrer tapfersten und fähigsten Vorläufer nennen wird.* In der Trauer um seinen Helden machte der Held auf sich aufmerksam und kassierte dafür eine Verwarnung durch den Präfekten des Collegiums, der darin Burghards eigenes alpinistisches Erleben widergespiegelt sah. Dass der Artikel, den der Sechzehnjährige der Zeitung angeboten hatte, auch tatsächlich angenommen wurde, hatte selbstverständlich auch etwas mit seinem Namen zu tun, denn Burghards Vater war mit dem Herausgeber des Volksblattes freundschaftlich verbunden und über den »Scheffelturmer« in Mattsee wurde gerne berichtet. Für Burghards Bedürfnis zu schreiben, sich spontan über Geschriebenes zu vermitteln, war dieses erste Beispiel durchaus tonangebend für Weiteres. Hochemotional und wie im Affekt auf einen zweiten, einen kritischen Blick verzichtend. Der Held ließ sich von keinem Korrektiv aufhalten. Die Leidenschaft für die Musik vermochte die höchsten Stufen nicht zu erklimmen. Hier fehlte es an Ausdauer, um Anlage und Fähigkeiten auszubauen und zu vervollkommnen. Im Sportlichen musste sich der Überflieger nur punktuell geschlagen geben. Umso schmerzvoller war das Eingeständnis, dass ein Mitschüler am Reck der Bessere gewesen ist.

Um das So-Sein in die Welt zu setzen, muss sich das Ich zuerst seiner Selbsterfahrung vergewissern. Bis es der Welt mitteilen kann »Schaut her, das bin ich«, liegen schlaflose Nächte auf dem Weg, heimlich vergossene Tränen und zahlreich gescheiterte Versuche der Selbstvergewisserung. Burghard Breitner erlebte seine Gymnasialzeit wie Tausende andere Knaben auch auf dem verschlungenen Weg des Heranreifens zu einem jungen Mann. Burghards Lehrjahre der Herzensbildung, seiner *education sentimentale* im Sinne Gustave Flauberts, hatten eine Konstante und die hieß Einsamkeit. Er war allerdings nicht allein. Solange Roland noch nicht an das Stiftsgymnasium Kremsmünster gewechselt war, hatte ihn Burghard als größeren Bruder um sich; auch mit einigen älteren Zöglingen verkehrte er gelegentlich. Vor allem aber hatte er etwa zwei Dutzend gleichaltrige Schulkameraden, denen er seine Überlegenheit unter Beweis zu stellen hatte. Woran es mangelte, war Vertrautheit. Den intimen Austausch über das oftmals so schwer Benennbare eines Heranwachsenden musste er auf das Schmerzlichste vermisst haben. Burghard teilte sich nicht mit, vielmehr blieb er in jenem Kokon zurückgezogen, der ihn wohl schon im elterlichen Nest schützte. Aber die angestauten Gefühle drängten nach außen und suchten sich ein Gegenüber, ein vertrautes Ohr, ein offenes Herz. Mit 14 Jahren, in der vierten Klasse des Gymnasiums, weihte er zumindest den Vater in seine Leidenschaft für Karl May ein und erbat sich von ihm ein Kostüm, wie es Old Shatterhand trug. Anton Breitner, außerstande, den Söhnen etwas abzuschlagen, fand in München einen Kostümschneider, der für das Theater arbeitete und die gewünschte Verkleidung anfertigte.

Anton beschaffte auch die Waffen, die Revolver und Henrystutzen ähnelten. Auf zwei ausgedienten Kavalleriegäulen ritten Burghard in der Aufmachung des Old Shatterhand und der Mattseer Postkutscher so eines trüben Wintertages von Mattsee in die Stadt Salzburg zum Fotografen Eduard Bertel, dessen Atelier sich beim Müllnersteg befand. Dort wurde Burghards Old Shatterhand-Adjustierung fotografisch festgehalten. Anschließend schickte er die Fotos an Karl May, der in Radebeul bei Dresden lebte. Aus dieser ersten Kontaktaufnahme Burghards mit Karl May entstand ein längerer Briefwechsel, der ihm sehr viel bedeutete.

Die Begeisterung für Karl May, mit dem Burghard Breitner als Schüler korrespondierte, kannte keine Grenzen. Um 1898 ließ er sich als Old Shatterhand kostümiert fotografieren.

Seine Leidenschaft für den Erfolgsschriftsteller mit zwielichtigem Hintergrund hielt er vor den Mitschülern erst dann nicht mehr geheim, als er damit prahlen konnte. Das wirkliche Ventil, um seinen Gefühlen Ausdruck zu verleihen, hatte Burghard aber weder mit der Reportage über das Begräbnis Purtschellers noch mit den Briefen an Karl May gefunden. Erst durch den Tod eines Mitschülers wurde er emotional so berührt, dass ein Gebrauchstext nicht mehr ausreiche, um seinen Gefühlen Ausdruck zu verleihen. Sein erstes Gedicht entstand, es zierte das Sterbebild eines Mitschülers.

Den ersten Gedichten folgte das erste Drama. Unter dem prägend-starken Eindruck einer Aufführung von Grillparzers Erstling *Die Ahnfrau* saß Burghard nächtens an seinem Platz im Studierzimmer des Rupertinums und schrieb an seinem ersten Bühnenstück. Die Nüchternheit des Alltags hatte sich verflüchtigt. *Es gab wundersamere Dinge als Schulbücher und Examen. Ein Feuer des Geistes brannte durch die Zeit und durch alle Zeiten. Opferrauch stieg in fernste Himmel, und seine Asche war noch Zeugnis einer traumwandlerischen Vollendung.* Dieser erste Bühnenversuch bekam den Titel *Will's tagen?* und war an sich nicht mehr und nicht weniger als ein in wenigen Nächten hingeworfener Bühnentext, der nicht nur einem inneren Rumor folgte, sondern auch als ein Tribut an die überbordenden Gefühle, die die Erlebnisse rund ums Theater in ihm hervorriefen, gelesen werden sollte. Im Ergebnis war es Sozialkritik im Kleid des Naturalismus unter dem unmittelbaren Einfluss des Schauspiels *Mutter Sorge* von Rudolf Hawel. Der spontan verfasste Erstling ist freilich zuallererst als Selbstgespräch zu lesen, als Zwiegespräch des einsamen Primaners mit einem anderen, ihm bisher kaum bekannten Teil seines Ichs.

Selbstentäußerung, Selbstvergewisserung, das Coming-Out als Schriftsteller. Der frisch geborene Dichter vertraute sich dem Vater an und dieser, gerührt und voller Stolz, selbst aber bereits am Zenit des eigenen literarischen Schaffens angekommen, unternahm alles Menschen- und Vatermögliche, um einen Verlag zu finden – und ließ das Naheliegende aus den Augen. Geboten wäre der Ratschlag des Vaters an den Sohn gewesen, den Rohling weiter zu bearbeiten, Feinheiten herauszumeißeln und auf das Neue in Form und Inhalt zu achten. Der Salzburger Historiker Hans Widmann, Burghards Deutschlehrer, trug das Seinige zur beinah kritiklosen Akklamation des in sich unfertigen Theaterstückes bei. Er veröffentlichte im Salzburger Volksblatt eine ausführliche Rezension, der ein Feuilleton von Marie Eugenie delle Grazie in der Neuen Freien Presse folgte, das in der Apotheose mündete: »Noch nicht zwanzig Jahre alt und schon etwas für die Unsterblichkeit getan«, angelehnt an Friedrich Schiller, der Carlos, dem spanischen Infanten, im zweiten Akt die Bilanz in den Mund legte: »Drey und zwanzig Jahre, und nichts für die Unsterblichkeit gethan!«

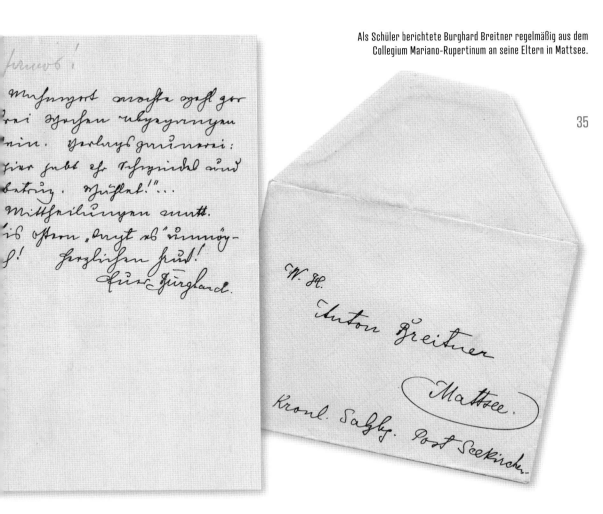

Als Schüler berichtete Burghard Breitner regelmäßig aus dem Collegium Mariano-Rupertinum an seine Eltern in Mattsee.

Das schwierig zu beziffernde Maß an Distanz, das Burghard seinen Mitschülern entgegenbrachte, beschrieb auch das Verhältnis zu seinen Lehrern. Es lässt sich mit dem Gedanken umschreiben: Der Held will sich nicht gemein machen. Bis auf eine Ausnahme blieb es dabei. Einzig August Brunetti-Pisano, der ab dem Schuljahr 1896/97 als Aushilfslehrer und »Supplent« für Purtscheller an das k.k. Staatsgymnasium kam, schaffte es, Burghard auch auf einer persönlichen Ebene zu erreichen. Den verschrobenen Komponisten, der sich als Turnlehrer verdingte, zeichnete eine überaus große empathische Fähigkeit aus, die auch Burghard zuteilwurde, als es während einer Turnstunde zu einem schweren Unfall kam, der auch Eingang in Breitners Erinnerungen fand. Während einer Übung am Pferd übersprang er den assistierenden Sportlehrer und landete mit dem Gesicht im Sand des Turnhofes. Der verletzte Schüler wurde ins elterliche Haus gebracht und als sich der Heilungsprozess in die Länge zog, fuhr Brunetti in seiner Freizeit persönlich von der Stadt Salzburg nach Mattsee, um sich um den Verletzten zu kümmern und ihm auch emotional beizustehen. In Erinnerung geblieben ist Burghard aber auch Brunettis Satz: *Das nächste Mal werden Sie weiter und höher springen.* Dieses Erlebnis war der Beginn einer jahrzehntelangen tiefen und verehrungsvollen Freundschaft zwischen dem Gymnasiasten und dem Aushilfslehrer. Brunetti fiel den Schülern aber auch wegen seiner äußeren Erscheinung auf, die sich erheblich von der der übrigen Professoren abhob, die betont bürgerlichsoigniert wirkten. Er war der sprichwörtlich bunte Vogel an der Schule, der in der Hauptsache Musiker, gar Komponist, war und darüber hinaus über artistische und schauspielerische Fähigkeiten verfügte, die bei den Schülern auf großen Anklang stießen. Burghards Interesse ging jedoch weit darüber hinaus. Er heftete sich an Brunettis Spuren, informierte sich über sein vielfältiges musikalisches Schaffen und folgte ihm in die Welt der Salzburger Künstler und Literaten, in die Künstlergesellschaft *Pan*, ins Theater, wo das Schauspiel *Bauernrechte* seines Freundes Hans Seebach aufgeführt wurde und in den Kreis um Georg Trakl und dessen Schwester Grete. Beiden gab Brunetti Klavierstunden. Burghard Breitner begnügte sich auch noch nach knapp 60 Jahren, Brunetti-Pisano war schon seit über zehn Jahren tot, beim Verfassen seiner Autobiografie mit vag-nebulösen Andeutungen. *Ein verborgenes Traumreich begann mit der Wirklichkeit in Verbindung zu treten. Zunächst blieb es allerdings ein Verhältnis par distance, und unsere Unerfülltheit vertiefte sich durch die Verschlossenheit gegenüber jeglichem Mitwisser.* Zwischen Burghard Breitner und August Brunetti-Pisano hatte sich, beflügelt vom Eros der Pädagogik, eine zarte erotische Bande entwickelt.

Der Sommer 1902 begann für Burghard am 2. Juli. An diesem Tag hielt er das Maturitätszeugnis des k.k. Staatsgymnasiums Salzburg in Händen. Die Schulzeit war damit abgeschlossen und der Aufenthalt im Rupertinum beendet. Er musste keine weitere Nacht mehr in dem Lodronisch-Rupertinischen Collegium verbringen, in dessen Schlafsaal er acht Jahre zuvor in den ersten Wochen manch heiße Tränen seines unbändigen Heimwehs in die Polster gedrückt hatte. Der Blick ins Zeugnis fiel auf eine Reihe von hervorragenden Benotungen.

Das Segelboot *Ran II*, eine Flunder, war das Maturageschenk der Großmutter für ihren Enkel Burghard Breitner. Nach der Rückkehr aus der Gefangenschaft musste er sich aus finanziellen Gründen davon trennen.

Einzig im Fach Griechische Sprache fand sich ein Befriedigend. Der Gymnasiast Breitner maturierte als Jahrgangsbester mit vorzüglichem Erfolg und knüpfte damit an das seinerzeitige Zeugnis der Volksschule Mattsee an, die ihn im Frühsommer 1894 als Einserschüler entließ. An Schulerfolge war er gewohnt, an die großen wie an die kleinen. Wie schwer allerdings der andere Erfolg wog, den er sich nur Wochen zuvor durch die Veröffentlichung seines ersten Buches mit dem sozialkritischen Drama *Will's tagen?* gesichert hatte, das wusste nur er. Er war nicht nur für das Studium an einer Universität bestens gerüstet, er hatte auch – noch vor der Matura – sein erstes Werk geschaffen und veröffentlicht. Der Maturant war zu einem jungen Schriftsteller geworden. Der Lorbeerkranz am erfolgreichen Ende der Schulzeit war ein mehrfach geflochtener. Was zählte mehr? Der Blick ins Fenster der Buchhandlung auf dem Heimweg von der Schule ins Internat, in dem sein Erstling ausgestellt war? Die nicht gehaltene Abschlussrede als Jahrgangsbester? Er hätte es sein sollen, mit dem die Schule ihre Tradition wieder aufnehmen wollte, einen der besten und rhetorisch begabtesten Schüler eine Rede zum Schulabschluss halten zu lassen. Zum Bruch mit der Tradition kam es 1881, nachdem Hermann Bahr einen Skandal ausgelöst hatte, weil er sich in seiner Rede mit dem Wert der Arbeit auseinandergesetzt hatte. Weil die Folgen dieses Skandals knapp 20 Jahre später noch nicht vergessen waren, wurde Abstand davon genommen, Burghard Breitner eine Plattform zu bieten. Der sozialkritische Inhalt seines Erstlings wird der Direktion nicht verborgen geblieben sein. Oder war es doch das Geschenk der Großmutter? Es war die Rennyacht *Ran II*, eine Flunder mit außerordentlich großer Neigung zum Kentern. Er musste förmlich eingetaucht sein in das Gefühl, ein Liebling der Götter zu sein, dem jetzt die Bahn für eine abenteuerliche Heldenreise freistand.

Wohin sollte die Reise gehen? Alles andere als eine einfache Entscheidung. Es war nicht der Vater, der ihn zur Medizin trieb, um ein existenzsicherndes Studium zu absolvieren und nach bürgerlichem Muster zu reüssieren. Burghard Breitner war es selbst, der von der Anatomie des menschlichen Körpers gefesselt war und schon in den beiden letzten Jahren am Gymnasium Interesse am Medizinischen gewonnen hatte. Ob er wusste, dass er damit in die Fußstapfen seines Urgroßvaters, in jene des alten Haug, trat? Was konnte ihm dieser Mann bedeuten, der hochbetagt verstorben war, noch bevor er geboren wurde? Da war er mit der Schriftstellerei schon viel näher am familiären Vorbild gewesen, war der Vater doch neben seiner Tätigkeit als Archäologe in Form einer autodidaktisch untermauerten Liebhaberei auch als Schriftsteller tätig. 1894, als der Sohn Zögling des Rupertinums wurde, hatte Anton Breitner nach dem 1892 erschienenen Erstling *Der Mönch von Mattsee* einen weiteren Band mit historischem Bezug zur Wahlheimat Mattsee unter dem Titel *Diemut* mit dem editorischen Vermerk veröffentlicht, dass es sich um eine mittelalterliche Skizze mit scharf umrissenem historischem Bezug handle. Der Erfolg war alles andere als berauschend. Aufmerksamkeit erregte er dagegen mit den Publikationen *Vindobonas Rose* und dem *Literarischen Scherbengericht*, wofür er nicht die Buchform wählte, sondern die Texte in einer zylinderförmigen Büchse beziehungsweise in einer antikisierten Vase aus Pappmaché präsentierte, dabei wohl das Motto beherzigend: Form folgt Inhalt. Es ist anzunehmen, dass Burghard Breitner seinen Vater eher in der Funktion des »Scheffeltürmers« wahrgenommen hat, weil dadurch sehr häufig Besuch ins Haus kam. Aber die mit einem Schriftstellerleben verbundenen existenziellen Fragen konnten in der Wahrnehmung des Kindes keine Rolle spielen, da um diese Zeit das ererbte Vermögen den Lebensunterhalt der Familie noch ausreichend sicherte. Wirtschaftliche Überlegungen blieben Burghard noch lange völlig fremd. Was ließ ihn zweifeln? Das Hin und Her, das Schwanken zwischen dem Ruf der Literatur und dem der Wissenschaft ist eine altbekannte Krankheit, die nur die Erfahrung kurieren kann. In diesem Sinn ist auch Hans Widmanns Rezension vom Erstling *Will's tagen?* im Salzburger Volksblatt vom 3. September 1902 zu verstehen, wo es hieß: »Die Schlacken fehlen nicht; wo Zimmerleute arbeiten, müssen Späne fallen. Aber was der Autor gewollt, zu zeigen, wie die Welt nur durch Menschenliebe und Arbeit besser werden kann, ist ihm gelungen. Es wird ihm noch besser gelingen, wenn er erst im Leben stehen wird.« Der Historiker und Gymnasiallehrer kannte seinen Schüler, den er jahrelang in Deutsch unterrichtete, in und auswendig. Ganz und gar war das Schreiben zu einem Teil von Burghard Breitners Ichs geworden, mehr noch, es wurde ihm zur zweiten Haut. Im Schreiben fand er Schutz. Dem Schreiben vertraute er sich an. Mit dem Schreiben schloss er Freundschaft, die zu einer immerwährenden wurde.

Der Medizin verschrieben

3

Warum Graz und nicht Wien oder Innsbruck? Bei der Entscheidung, sofern überhaupt um eine gerungen wurde, dürfte ein großes Maß an Pragmatismus tonangebend gewesen sein. Und wieder einmal spielte der ältere Bruder eine gewichtige Rolle. Roland wechselte vom Stiftsgymnasium Kremsmünster auf eine Privatschule in Graz, um doch noch zu maturieren, und begann anschließend mit einer Gesangsausbildung, die er jedoch schon bald in München fortsetzte. Kurzum: Die Wege waren ein weiteres Mal geebnet. Einer führte an die Karl-Franzens-Universität, wo sich Burghard an der Medizinischen Fakultät immatrikulierte und mit der vorklinischen Ausbildung begann. Eine anfechtbare Entscheidung, wie er meinte. *Ich hatte in verhältnismäßig sehr jungen Jahren zu viel vom Honig der Literatur, des Literatentums, von Theater und Zeitung geleckt. Es schien mir deshalb nicht gut möglich, nun so plötzlich mit allem Ernst in ein verantwortungsvolles Studium einzutreten und alle Wirkung der letzten zwei Jahre auszuschalten.* Ein anderer Weg, von Roland auch schon vorgekostet, führte zur schlagenden Verbindung der Vandalen, die zu jener Zeit suspendiert war, weil einige Mitglieder in volltrunkenem Zustand einen Wachmann misshandelt hatten. *Die Diffamierung der Verbindung wegen dieser in meinen Augen ›studentischen Heldentat‹ hatte meinen Eintritt in das Corps zur Folge.* Der Held fand eine Werkstatt fürs vordergründig Heldische. Er bestand auf die Bestimmungsmensuren und nahm an mindestens drei solcher rituellen Vorgänge teil. Weniger Gefallen fand er an den Trunkenheitsexzessen und Pflichtkneipen und geriet in Loyalitätsnöte, wenn es ums Abwägen ging, ob er am Abend einer Corpsverpflichtung nachkommen oder doch lieber ins Konzert gehen sollte. Als die 1890 in Eisenach uraufgeführte symphonische Dichtung *Tod und Verklärung* von Richard Strauss erstmals in Graz zu hören war, entschied sich Burghard Breitner für die Musik und gegen das Corps. Außerdem war die Mähne zu lang, aber auch da setzte er sich durch. Alles in allem war es ein Hin und Her – jenes Dazwischen, das in vielerlei Hinsicht sein Leben bestimmte und das er besonders während der Grazer Studienjahre erlebt hatte. Nach dem Anhimmeln der Ausstrahlung Purtschellers und der erotischen Bande zu Brunetti-Pisano ging es bei den Vandalen um Mut und Tapferkeit unter Gleichgesinnten, um Rauflust und romantische Schwärmerei. *Niemals später, nicht auf allen Höhepunkten, die mir das Leben vergönnte, war ich so gefühlsbesessen, so ungehemmt und selbstherrlich wie damals.* Das Motto: Épater le bourgeois! Nieder mit dem Spießbürger! Rückblickend schrieb Breitner in seinen Erinnerungen, dass es zwecklos sei, die Anziehungskraft einer schlagenden Verbindung zergliedern zu wollen. *Die explosiven Sehnsüchte einer gesunden Jugend richten sich nicht nach weisen Überlegungen.*

Am 5. November 1902 wurde inskribiert, zwei Wochen später erschien im Salzburger Volksblatt ein Grazer Theaterbrief von Bruno Sturm über die Premiere von Paul Bussons Einakterzyklus *Ruhmlose Helden*. Bruno Sturm war das Pseudonym, das Breitner sich zugelegt hatte, nachdem es ihm mit dem Schreiben ernst geworden war. Viel mehr war es jedoch eine tiefe Verbeugung vor dem Künstler und Komponisten August Brunetti-Pisano, oder doch eine geistige Vereinnahmung des Angebeteten, jedenfalls wurde damit ein festes Band geknüpft. Der Vorname Bruno leitete sich von Brunetti ab und Sturm wählte er als Zeichen der Vermählung mit den Dichtern des Sturm und Drang. Die Kulturredaktion des Salzburger Volksblattes stand ihm fast selbstverständlich zur Verfügung. Zum einen aus Verbundenheit der Verlegerfamilie Glaser seinem Vater Anton gegenüber, zum anderen publizierten Hans Widmann und Hans Seebach, beides Burghards Lehrer am Gymnasium, regelmäßig im Hausblatt des national-liberalen bürgerlichen Lagers in Salzburg. Die Fährte war gelegt und das Blut geleckt. Der Medizinstudent wurde im Theater vorstellig und erbat sich einen Rezensentenplatz, erhielt ihn und saß zukünftig neben dem Kunstkritiker Hermann Kienzl, einem Bruder des Komponisten Wilhelm Kienzl. Auch Alfred Cavar, der Direktor der beiden Grazer Bühnen, wurde auf den schreibenden Theaterfan aufmerksam, insbesondere nachdem er dessen Rezension über Gabriele D'Annunzios *La città morta*, das als Gastspiel mit

Eigenhändige Unterschrift des Inhabers:

Burghard Breitner

Graz, den 5. October 1902

Eleonora Duse im Theater am Franzensplatz aufgeführt wurde, gelesen hatte. Cavar schien Sturms Begeisterung gerochen zu haben und machte ihn kurzerhand zum Dramaturgen seiner beiden Häuser.

Ab sofort war der Medizinstudent Burghard Breitner aufgefordert, sich Zeit und Energie mit Bruno Sturm, seinem Alter Ego, zu teilen. Das hieß, die Leidenschaften halbwegs vernünftig zu gewichten, um beiden Herzensangelegenheiten gerecht zu werden. Da die Vorlesungen, dort das Theater und dazwischen ein immenses Pensum an Manuskriptlektüre. Konnte dieser Balanceakt gut gehen? Nein, das Studium hatte das Nachsehen. Dass er um die Anerkennung des dritten Semesters bangen musste, lag aber nicht nur in der physischen Überforderung, beiden Herausforderungen gegenüber bestens bestehen zu wollen. Obgleich er an der Universität nur 16 Stunden belegt hatte, musste er kämpfen. Schließlich gestattete jedoch das zuständige Ministerium für Kultur und Unterricht in einem Schreiben an das Dekanat, dass das Sommersemester 1903 trotz der unzureichenden Belegungen ausnahmsweise anerkannt werden würde. Der Held war auf Abwege geraten und hatte sich verbummelt. Cavar deckte ihn mit Manuskripten ein, die er in seiner neuen Funktion als Dramaturg nicht nur zu lesen, sondern auch für eine allfällige Verwertbarkeit für die Bühne zu beurteilen hatte. Stücke für den kommenden Spielplan sollten ausgewählt und für die Aufführung vorbereitet werden.

Das Jahr 1903, dessen Anfang das völlig unerwartete Engagement als Dramaturg markierte, sollte sich insgesamt als ein Jahr des Aufbruchs erweisen. Den Übergang an der Schwelle zwischen Graz und Salzburg verbildlichte zutreffend ein Beitrag von Hans Widmann im Salzburger Volksblatt vom 3. September 1902. Unter der Überschrift »Ein junger Dichter und sein erstes Drama« reservierte der Rezensent für seinen Protegé vorsorglich schon einen herausragenden Platz in der deutschen Literaturgeschichte, indem er ihn mit den Größen des Sturm und Drang verglich. Goethes *Götz von Berlechingen* und Schillers *Die*

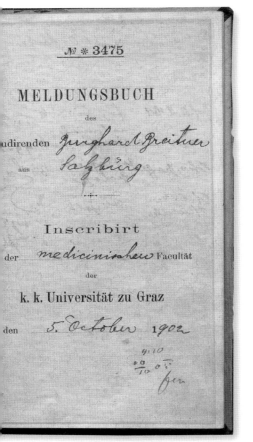

Meldungsbuch der
k.k. Universität zu Graz,
an der sich Burghard Breitner
am 5. Oktober 1902 an
der medizinischen
Fakultät inskribierte.

44

Hans Widmann verfasste im Salzburger Volksblatt vom 3. September 1902 unter der Überschrift »Ein junger Dichter und sein Werk« eine ausführliche Würdigung.

Räuber seien dem mächtigen Impuls eines unbändigen Freiheitswillens entwachsen, Burghard Breitners Erstling *Will's tagen?* verdanke sein Entstehen einem nicht minder mächtigen Impuls, indem er sich der so brennenden sozialen Frage widmete. »Es sind energisch belebte Gestalten, die da auftreten«, führte Widmann weiter aus, »Typen und Individuen, mit psychologischem Scharfblick gestaltet, pathologisch, aber nicht unmöglich.«

Es waren Wochen und Monate, in denen ein Fenster nach dem anderen aufgerissen wurde und in denen sich Türen öffneten, die Burghard Breitner Zutritt in bis dahin unzugängliche Räume gewährten. Die Enge Salzburgs, das klaustrophobisch anmutende Geviert zwischen Rupertinum und Schulgebäude in den Mauern der ehemaligen Universität, umschlossen von Kirchen und Klöstern, trat in den Hintergrund und machte Platz für eine luftigere, vom Hauch des Südens durchströmte städtische Gelassenheit. Burghards Welt begann durchlässiger zu werden. In dieser osmotisch günstigen Phase schlugen zwei Blitze ein, oder überrollten ihn zwei Wellen. Er wird beide Naturkatastrophen wahrgenommen haben. Einer dieser Blitze, der den jungen Studenten und angehenden Dramaturgen traf, war Friedrich Nietzsches *Zarathustra*, der andere Otto Weiningers Buch *Geschlecht und Charakter*. Nietzsches Sprache fiel bei Breitner wie das Samenkorn im Frühjahr auf den frisch bestellten Acker ebenso wie Weiningers unerbärmlich apodiktisch buchstabierte Abrechnung mit der Dekadenz der Wiener Gesellschaft um die Jahrhundertwende, die seine persönliche Abkehr vom Judentum und die Konversion zum Protestantismus zur Folge hatte. Bei Breitner drang vor allem Weiningers Verneinung des Weiblichen in die Tiefe. Dem neuen Blick auf die Frau, die als äußerst unerhört empfundene Selbstvergewisserung des weiblichen Geschlechts, die er in der lasziven Darstellung der überaus dekorativen Kunst des Jugendstils repräsentiert sah, setzte Weininger eine neue Männlichkeit, geschult am schnörkellosen deutschen Protestantismus, entgegen, wobei er sich mit Karl Kraus und Adolf Loos auf einer gemeinsamen Linie befand. Dieser Entwurf einer neuen gesellschaftlichen Perspektive in

Weiningers *Geschlecht und Charakter* traf einen Nerv, dessen Dimension und Gefüge dem jungen Breitner bis dahin nur in Ahnungen zugänglich war. Die Wucht der Wirkung von Weiningers Gedanken riss Türen und Fenster auf. Die Welt des Wiener Fin de Siècle bemächtigte sich seiner. Aber noch war er in Graz, hatte den vorklinischen Teil des Studiums zu absolvieren und den Verpflichtungen am Theater nachzukommen. *Immerhin haben mir die beiden Eindrücke den Weg zu jenen geistigen Regionen gewiesen, die das Fachstudium nicht zu berühren schien. Und sie haben dem Überschwang der Gefühle nach der künstlerischen Seite hin Einhalt geboten, was dem Intellekt und der geistig-kritischen Sphäre zugute kam. Vorerst allerdings behielt die ungebundene, schwelgende Jugend die Oberhand.* Wie rudimentär dem selbsternannten Stürmer und Dränger das ebenso vielschichtig wie fein gesponnene Gewebe des Kosmos Wien um die Jahrhundertwende zugänglich und vertraut war, lässt sich an der 1912 veröffentlichten Publikation *Gegen Weininger. Ein Versuch zur Lösung des Moralproblems* deutlich ablesen. Der quasi im Affekt und unmittelbar nach der Buchlektüre verfasste Text zielt in der Hauptsache auf einen neuen Moralbegriff bezüglich des Geschlechts, der Sexualität und der Erotik ab. Im Gegensatz zur alten Moral *will unsere Moral nur dem einzelnen nützen – denn so fördert sie alle. Diese Moral ist keine Bibel der Säufer und Wüstlinge … sie appelliert an die Ehrlichkeit und Sicherheit des Lustgefühls. Wer seine Lust nicht fürchten muß, sondern wem gelehrt wird, daß er sie pflege, der wird sie nicht selbst schädigen wollen. Wer sie einmal reuelos genoß, der wird sie möglichst lange und ungetrübt erhalten wollen.* Erotische und sexuelle Erfahrungen standen Breitner bei der ersten Auseinandersetzung mit Weininger noch bevor. Diese fallen in die Monate seines ersten Militärdienstes beim 2. Regiment der Tiroler Kaiserjäger in Trient.

Die Arbeit für die Grazer Städtischen Bühnen, die ihm wie beiläufig in den Schoß fiel, schien auch Zündstoff für das eigene Schreiben zu liefern. Am Ende des Jahres kam der Einakter *Heilige Nacht* auf die Bühne, der in Graz seine Uraufführung erlebte und am 9. Dezember 1903

Während seiner Studienjahre entdeckte Burghard Breitner seine Leidenschaft für die Literatur und das Theater.

auf dem Spielplan des Salzburger Stadttheaters stand. Knapp eine Woche später war im Salzburger Volksblatt darüber zu lesen: »Denn wenn auch diesem kleineren Werk noch manche Mängel anhaften – vor allem gebricht es dem Einakter an Handlung –, so zeigt doch jede seiner Bühnenfiguren eine feine Charakteristik, die dem Denker Sturm alle Ehre macht. Es sind wahre, echte Menschen, die er auf die weltbedeutenden Bretter bringt, Menschen von Fleisch und Blut, deren Denken und Fühlen psychologisch richtig, deren Sprache gemeinverständlich ist. Nichtsdestoweniger genügt uns die ›Heilige Nacht‹ zu dem Urteil, daß in dem jungen Dichter ein guter Kern steckt, ein vielversprechendes Talent, von dem wir noch Schönes erfahren werden.«

Die von Burghard Breitner erarbeitete Bühnenfassung von Robert Hamerlings *Danton und Robespierre* wurde im Mai 1904 im Grazer Stadttheater anlässlich der Enthüllung des Hamerling-Denkmals uraufgeführt.

Zu wenig Handlung, aber gut gezeichnete Figuren, so der Tenor des Salzburger Rezensenten. Dessen Wiener Kollege von der Montags-Post war in seiner Beurteilung und Einschätzung schon ein Stück weit hellsichtiger, verwies er doch darauf, dass das Stück sorgfältigstes Studium erfordere und Schauspieler von hervorragendem Können. Nicht mehr die äußere Handlung steht im Fokus, wesentlich ist das, was sich in den Figuren abspielt und was diese davon zu zeigen im Stande sind, wenn sie dem Publikum in moralischer und gesellschafts-kritischer Sicht einen Spiegel vorhalten sollen. Der sich promiskuitiv verhaltende Student verstößt gegen gängige Moralvorstellungen, Breitner würde von der »alten Moral« sprechen. Aber nicht nur er, auch die jungen Frauen stellen sich gegen die alten Muster und rütteln damit an der gesellschaftlichen Ordnung. Kurzum, Breitner lag mit der Anlage dieses Einakters als Schnitzler en miniature durchaus im literarischen Trend der Zeit.

1904, Burghard Breitner feierte im Juni seinen 20. Geburtstag, wurde zum Jahr der prägnanten Weichenstellung. Die Erfahrungen am Theater, die freundliche aber keinesfalls überschäumende Aufnahme seiner Werke und nicht zuletzt das sich verfestigende Defizit, trotz aller Bohemienhaftigkeit, doch nur in der Provinz zu leben und nicht in der Metropole, führten zu zwei maßgeblichen Entscheidungen. Erstens wurde das Studium der Medizin über das literarische

Schreiben und das Dilettieren am Theater gestellt. Und dieses Studium sollte zweitens in Wien fortgesetzt werden. Doch zuvor war ein großer Berg abzutragen. Nachdem Anfang November 1903 Gerhart Hauptmanns *Die Weber* auf Breitners Betreiben in Graz seine österreichische Uraufführung erlebt hatte, kam 1904 eine Bearbeitung von Robert Hamerlings Drama *Danton und Robespierre* auf die Bühne des Grazer Stadttheaters. Und wieder stand Breitner hinter der Aufführung. Er schuf den Text der Bühnenfassung und zeichnete auch für die Regie verantwortlich, wobei er dabei doch deutlich an die Grenzen seiner Möglichkeiten stieß. *Ich hatte es während der Proben des Stückes genügend zu spüren bekommen, daß ich für ein solches Amt zu jung war. Albert Heine vom Wiener Burgtheater, der die Rolle des Robespierre übernommen hatte, beschwor bittere Szenen für mich herauf.* Hamerling war einer der meistgelesenen österreichischen Autoren seiner Zeit. Die Väter dieses vordergründigen Erfolgs waren besonders laute Kinder ihrer Zeit. Hamerling war in seiner literarischen Arbeit Historizismus und Ästhetizismus gleichermaßen verbunden. Seine Stoffe siedelte er bevorzugt in

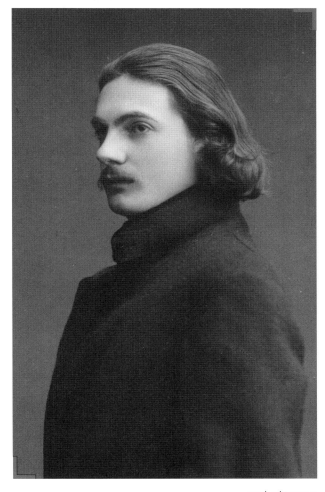

Burghard Breitner,
Dramaturg und Student
in Graz um 1903/04.

der griechischen und römischen Antike an und in der Schönheit sah er den Adel des Daseins zum Ausdruck gebracht. Der 1830 im Waldviertel geborene und 1889 in Graz verstorbene Schriftsteller war aber auch ein heftiger Trommler für die nationale Einigung aller Deutschen. Und der große Verehrer Bismarcks war zudem ein Judenhasser. Parallelen drängen sich auf. Burghards Vater Anton hatte es sich zur Lebensaufgabe gemacht, für Joseph Victor Scheffel, Hamerlings deutschen Bruder im Geiste, einen Hochaltar der Verehrung in Österreich zu errichten, Burghard selbst verantwortete die Festaufführung anlässlich der Enthüllung des von Carl Kundmann geschaffenen Hamerling-Denkmals im Grazer Stadtpark. Dem unerfahrenen Dramaturgen und alles andere als ausgereiften Bühnenautor die Dramatisierung von *Danton und Robespierre* anzuvertrauen, durfte als mutige Entscheidung von Alfred Cavar gewertet werden. Allerdings ist das Bühnenprojekt wohl nicht ohne Hilfe und Unterstützung von Seiten des Vaters und des Verlags vonstatten gegangen. Schließlich ging es auch darum, die Zustimmung zur Aufführung von der greisen Muse Hamerlings, die

die Hand über dem Nachlass hielt, zu bekommen. *Und es war mir vergönnt, das Riesenwerk Robert Hamerlings ›Danton und Robespierre‹ in eine bühnenmögliche Form zu gießen, die den ungeteilten Erfolg eines Parterres von Journalisten aus allen Bereichen deutscher Zunge errungen hat.* Um seine Selbstbeschreibung zu untermauern, verweist er auf eine kleine in der Ad. della Torre's Buch- und Kunstdruckerei 1905 in Wien erschienene Broschüre mit Auszügen aus einzelnen Besprechungen. Alles in allem galt das Lob eher der Tatsache, dass der umfangreiche Text überhaupt zur Aufführung gebracht wurde, als der Inszenierung selbst. Hermann Kienzl hielt dazu im Grazer Tagblatt fest: »Der denkwürdige Tag, der Robert Hamerling in Marmor verewigte und sein großes Drama ins volle Leben rief, wird in der Chronik der Direktion Cavar einen rühmlichen Glanz behalten.« Bruno Sturm, alias Burghard Breitner, wurde im Salzburger Volksblatt Platz eingeräumt, um eine Anmerkung zur Aufführung aus Sicht des Dramaturgen zu positionieren: *Eine Bühnenfassung von ›Danton und Robespierre‹ ist eine Weihestunde der deutschen Dichtung. Und für uns Österreicher ein Festtag.*

Nur ein paar Wochen zuvor, Anfang Mai, wurde Breitners Einakter mit zehn Auftritten *Für die Farben* in Graz uraufgeführt. Die Tragödie eines jungen Schwärmers, der über die Welt des Studententums die wirkliche Welt aus den Augen verliert und dem ein Weg zurück versagt bleibt, war für den Kritiker der Reichspost ein *starker Erfolg.* Das Personal des Stücks machte es deutlich: Breitner schöpfte voll aus den Erlebnissen, Wahrnehmungen und Empfindungen seiner Grazer Studentenzeit. Und weil ihm ein Du fehlte, dem gegenüber er sein Inneres hätte öffnen können, trat er, wie er es gewohnt war, mit sich selbst in einen Dialog und schrieb. Nichts Autobiografisches, nichts unmittelbar selbst Erlebtes oder Erlittenes, aber Themen, die ihn beschäftigten. Dass die Lektüre von Weiningers *Geschlecht und Charakter* und Breitners Spontanreplik

Die gedruckte Bühnenfassung von Burghard Breitners *Für die Farben. Ein Akt aus dem Studentenleben* erschien unter dem Pseudonym Bruno Sturm im Berliner Verlag Gustav Schuhr.

darauf auch die Auswahl der Figuren und Charaktere beeinflussten, belegt die Figur der Emma, die als Dirne angelegt ist, als junge Frau, der die Verhältnisse keine andere Chance ließen. In seiner Schrift *Gegen Weininger*, die Breitner als eigenes Manifest für eine »neue Moral« sah, schilderte er die wichtige Funktion des Gunstgewerbes und kritisierte den verlogenen Umgang der Gesellschaft damit. Und prompt musste er sich im Grazer Volksblatt vom 2. Mai vorhalten lassen: »Die Dirnenverherrlichung der Literatur wird nachgerade ekelhaft. An reine, edle Mädchen- und Frauenwürde zu glauben, hat die weibstolle Phantasie der modernen Jugend verlernt, dafür werden Dirnen zu Heiligen erklärt.« Ob die als Prostituierte gezeichnete Figur der Emma tatsächlich der ausschlaggebende Grund war, warum das Stück vom Burgtheater, das sich dafür interessierte, letztlich doch nicht angenommen wurde? Wir können nur spekulieren.

Breitner focht das alles nicht an. Der jugendliche Held hatte fürs Kleinzeug nichts übrig. Graz war bald Geschichte. Die Grenzen am Theater waren ausgelotet, die Prüfungen zum ersten Rigorosum standen kurz bevor, ebenso wie der Wechsel an die Universität in Wien. Über allem stand jedoch die Losung, die er dem Schlusschor im Einakter *Für die Farben* in die Kehlen diktierte: *Zum Trübsalblasen kommen wir noch, Wallt Blondhaar silbern dem Greise: Es lebe die selige Jugendzeit, Holdlieb und die launige Weise!* In diesem Zusammenhang darf nicht unerwähnt bleiben, dass für Breitner damit auch das aktive Corps- und Burschenschaftsleben beendet war.

Nachdem Burghard Breitner eine gute Woche nach dem Hamerling-Spektakel das Anatomie-Rigorosum erfolgreich bestanden hatte, setzte er sich gemeinsam mit Hermann Bergmeister, dem in Graz lebenden Maler und Kunsterzieher, der sein Firmpate war, in den Zug. Das Ziel ihrer Reise war Verona. Das Leben auskosten, im Handeln und Erleben den Tagen eine Fülle geben. Bestehen zu wollen, in jeder Hinsicht. Verona war Breitners zweite Begegnung mit Italien. Die erste hatte Monate vorher stattgefunden, als er im sinnestrunkenen Zustand nach einer blutig verlaufenen Mensur und mit dick verbundenem Schädel spontan in den Nachtzug nach Triest stieg, um von dort weiter nach Venedig zu reisen, auf den Stufen des Dogenpalastes ein paar Stunden zu schlafen und am nächsten Morgen wieder nach Graz zurückzukehren. Diese zweite Reise bescherte ihm einen Sinnestaumel, der ihn zwischen den antiken römischen Anlagen und den Andachtsplätzen für die Hauptfiguren in William Shakespeares Drama *Romeo und Julia* wanken ließ. Schier ohnmächtig und vermeintlich der Sprache beraubt, war es ihm unmöglich, die Empfindungen über all das Gesehene und Erlebte mit dem Reisebegleiter zu teilen. Er konnte und wollte es nicht teilen, er gierte nach Leben und Erfahrungen. *Erst in den Jahren des Alters lehrte mich ein erfülltes Leben an gleicher Stelle, daß das Verschenken des Erworbenen, das Mitgenießen des Köstlichen, das Teilen des Bechers dem Leben Sinn und Bedeutung zu geben vermögen.*

Dem Helden fliegen die Herzen zu und das Können ist nur eine Frage des Wollens. Die Herzen wollen gehalten werden und das Können ist einer harten Prüfung zu unterziehen. Für die Rückreise von Verona nach Graz wählten der Zwanzigjährige und sein um 15 Jahre älterer Firmpate eine Route, die sie an den Gardasee, genauer nach Riva, führte, um sich die Flucht Joseph Victor Scheffels mit seinem Freund Anselm Feuerbach aus dem choleraverseuchten Venedig zu imaginieren. Der Dichter und der Maler, damals wie jetzt. Ein törichtes Unterfangen, jugendlichem Überschwang geschuldet, aber als Rahmenhandlung für eine wesentliche Erfahrung des jungen Breitner unverzichtbar. Das Können ist einer harten Prüfung zu unterziehen. *Am Weg zur Ruine Maruz eröffnete ich Bergmeister mein Verlangen, den Eindruck der kühnen Veste zeichnerisch festzuhalten. Er gab mir Block und Stift. Aber ich fühlte bald, daß ich aus eigenem nicht die primitivste Wiedergabe zustande brachte.* Als ihm Bergmeister am nächsten Morgen

Nach erfolgreichem Abschluss des ersten Studienabschnitts trat Burghard Breitner am 1. April 2005 seinen einjährigen Dienst beim Regiment der Kaiserjäger in Trient an.

einfache Zeichenaufgaben stellte, war der Mangel an Inspiration, was das Zeichnerische betrifft, nicht zu übersehen. Helden leiden nicht, vor allem nicht lange. Die Erlösung brachte ein *Daimon,* der ihm während des gemeinsamen Pokulierens, heute würden sie abhängen, einflüsterte, *daß die Götter die Begabungen in weiser Beschränkung verteilten und daß eine Hand an zwei Pflügen – die Schicksalsformel meines Daseins – vielleicht schon der Griff eines unbesonnenen Frevels sei.*

Am 14. Februar 1905 legte cand. med. Burghard Breitner die Prüfungen zum ersten Rigorosum mit ausgezeichnetem Erfolg ab. Fürs Erste hatte die Medizin wieder die Herrschaft über den Kämpfer an mehreren Fronten gewonnen. *Holl,* gemeint war der Physiologe und Histologe Professor Moritz Holl, *hatte mir eine Hirnsektion vorgeschrieben. Er sagte nach der Prüfung: Ich freue mich, daß gerade Sie so vorzüglich bestanden haben.* Was die nachfolgende Bemerkung Professor Alexander Rolletts betrifft – *Ich habe Ihnen die Auszeichnung schon während des Semesters zuerkannt –,* irrt sich Breitner in seiner Autobiografie, denn Rollett war bereits Anfang Oktober 1903 verstorben. Holls Bemerkung lässt darauf schließen, dass Breitners Abenteuer am Theater sowie seine schriftstellerische Tätigkeit sehr wohl ernst und nicht nur amüsiert zur Kenntnis genommen wurden. Der Output kann sich sehen lassen. Von der Immatrikulation Anfang November 1902 bis zum zwischenzeitlichen Verlassen der Universität, um das erste Halbjahr des einjährigen Militärdienstes abzudienen: Bis Anfang April 1905 wurden vier Semester absolviert, das erste Rigorosum mit ausgezeichnetem Erfolg abgeschlossen und zwei Theaterstücke verfasst, die beide auch aufgeführt wurden; als Theaterkritiker war er für das Salzburger Volksblatt tätig gewesen, hatte dramaturgisch für zwei Theater gearbeitet und dafür gesorgt, dass Gerhart Hauptmanns *Die Weber* in Österreich uraufgeführt wurde und die opulente Textorgie *Danton und Robespierre* von Hamerling eine Festaufführung erlebte. Und dazwischen galt es einige Mensuren zu bestehen. Säbelrasseln. Balsam für Breitners Ohren.

Wann, wenn nicht jetzt? Breitner war im 21. Lebensjahr. Er befand sich an einem Punkt, von dem er sagen konnte: Ich stehe im Leben. Der ihn zurückschauen ließ und der eine Ahnung von dem verhieß, was noch vor ihm steht: das Leben. Doch fürs erste wählte er ein Tor, das sich nach dem Durchschreiten schloss. *Am 1. April stand ich im Hof der ersten Kaserne in Trient, um zum Militärdienst des ersten Halbjahres beim 2. Regiment der Tiroler Kaiserjäger anzutreten.* Mit der Entscheidung, sich zum Militärdienst als Einjährig-Freiwilliger zu melden, nutzte der Militärstratege seit Kindertagen die Chance, auch einen Uniformrock im Schrank hängen zu haben und dem Dienstgrad nach sogar ein Offizier der Reserve zu sein. Die »Hand an zwei Pflügen« bleibt als Bild der Beschreibung Breitners ein Torso, wird sie nicht durch einen Degen, ein Gewehr oder eine Pistole in der Hand ergänzt. Ein Spitzname, der ihm Jahrzehnte später zuerkannt wurde, hatte sogar eine Kanone im Bild. Da war von der Kropfkanone die Rede. Im Hof der Kaserne in Trient, an jenem 1. April des Jahres 1905, hatte der Aspirant auf den Reserveoffizier noch keinen blassen Schimmer davon, welchen Schicksalsfaden er damit aufgegriffen hatte und welche Knoten sich daraus ergeben würden. *Spontanmutation.* Diesen Begriff wählte er in seinen Memoiren, um seinen Hang, seine Neigungen und seine Liebe zum Militär zu begründen, zu Kameradschaft, Gehorsam, Körperkult und Männergesellschaft. Über das Ethos des Militärs und das Moralische der Soldaten wird er viel später sogar Bücher schreiben. Doch auch das liegt noch nicht sichtbar vor ihm. Ob er an diesem Tag an seine Manöverspiele mit den Bleisoldaten in der elterlichen Villa dachte, wobei die Vorhänge Feuer fingen, oder an die aus Einsamkeit geborenen nächtlichen Eskapaden als Old Shatterhand und glühender Karl May-Verehrer oder doch eher daran, den durch Wortgefechte entfachten Familienstürmen zu entkommen und Schutzstrategien zu entwickeln? Die drei bestimmenden Lebensblöcke Medizin, Literatur und Militär waren jedenfalls geformt und die symbiotische Verbindung blitzte auch schon stellenweise auf.

Die militärische Ausbildung führte den jungen Kaiserjäger an mehrere Orte des Trentino. So nach Rovereto, später nach Riva und abschließend zu einer Grenzschutzkompanie, die er als Arzt zu begleiten hatte. *Wir Einjährigen erhielten jeden Morgen eine Sonderausbildung auf der Plattform des Kastells. Die Methode des offenbar sadistischen Ausbildners, eines oberösterreichischen Bauernsohnes, schien keinen Zweifel darüber zu lassen, was wir beim Militär zu erwarten hatten. Dem Erleben einer Zauberlandschaft ging das Erleben des Militarismus zur Seite, hart, unerbittlich, mit den tausend Lichtern seiner heroischen Seele und tausend allzu menschlichen Verfehlungen seiner Träger. Der war in diesen Jahren nicht jung, der nicht alle Mühsal, alle Demütigungen freudig auf sich nahm. Ich habe in der Zeit in Rovereto eine körperliche Stählung erfahren, wie sie mir kein selbstauferlegtes Training gebracht hätte oder hätte bringen können.* Das Netz aus Schikanen und Schindereien hatte aber auch einen doppelten Boden. Der Zauber der Landschaft, Wege unter Kirschblüten und Mauerfirste, auf denen Feigenbäume wie Unkraut wucherten. *Nur wer Tag um Tag diese Landschaft in sich aufnehmen konnte, vermag einen Abglanz ihres Zaubers zu ahnen. Wie viele Herzen kreuzen unsern Weg, die uns immer fremd bleiben?* Aber auch der Zauber von

Das Haus Nr. 36 in der Porzellangasse im 9. Wiener Gemeindebezirk war im Familienbesitz und Burghard Breitners erste Adresse während seines Studiums an der Universität Wien.

52

Begegnungen ließ den Drill des Kasernenhofs und den Schmerz blutender Füße in den Hintergrund rücken.

Das Abgangszeugnis der Universität Graz datiert vom 12. Oktober 1905. Wenige Wochen später war die Uniform im Schrank verstaut und mit ihr auch das dicke Bündel von Erinnerungen an die Kaisermanöver. Sie fanden unter dem Decknamen »Kriegsspiel J« im Raum zwischen Bozen und Madonna di Campiglio statt und Burghard berichtete seinem Vater darüber in einem Buch in Briefform. Den historischen Augenblick, *da der Kaiser dem General Conrad v. Hötzendorf entgegenritt und ihn zur überlegenen Führung der Südpartei beglückwünschte,* ließ er zweifellos mehrmals vor seinem geistigen Auge defilieren. Er bezog ein Zimmer am Alsergrund, dem neunten Wiener Gemeindebezirk, wo Rosa Anna Breitner ihren Wiener Wohnsitz in der Porzellangasse Nr. 38 hatte, ein Haus aus der Gründerzeit. Viel wichtiger war, dass die Wege zur Universität und in die Klinken des Allgemeinen Krankenhauses kurz waren. Und kurz war auch der Zeitabschnitt, den der Student benötigte, um die Fäden seines Medizinstudiums weiterzuknüpfen und sie vor allem mit den Größen der Zweiten Wiener Medizinischen Schule zu verknüpfen. Selbst bei einer nur schlaglichtartigen Auswahl der Professoren, die an der Medizinischen Fakultät der Universität wirkten, als Breitner sich dort immatrikulierte, wird schnell deutlich, welch eine Fülle an Expertise hier versammelt war und Medizingeschichte mit Weltgeltung schrieb. Anton Weichselbaum, Anatom und Professor für pathologische Histologie, der Breitner mit ernster Würde zu beeindrucken schien; Hans Horst Meyer, als Professor für experimentelle Pharmakologie nach Wien berufen, dessen Schule drei Nobelpreisträger hervorbrachte; Edmund von Neusser, Hämatologe und einer der gefragtesten Ärzte seiner Zeit sowie Karl Landsteiner, der Entdecker der Blutgruppen, einer seiner Assistenten; und schließlich Anton von Eiselsberg. Er war einer der Jüngeren unter all den Kapazundern, Schüler von Robert Koch und Theodor Billroth, Nachfolger Ferdinand Sauerbruchs auf dem chirurgischen Lehrstuhl in Zürich und schließlich Ordinarius der 1. Chirurgischen Universitätsklinik von 1901 bis 1931. *Es wurde mir erst viel später bewußt, daß für mich damals nicht das Chirurgisch-Fachliche der tiefste Grund der Anziehung war, daß vielmehr die Art der Krankenvorstellung, die menschliche Sauberkeit und die starke Betonung des ärztlichen Ethos den größten Eindruck auf mich ausgeübt hatten.* Mit der Aufnahme des Studiums in Wien trat die Medizin als einer der drei bestimmenden Lebensblöcke, die sich durchaus auch als kommunizierende Gefäße beschreiben lassen, in den Vordergrund.

Hier herrschten weltweite Horizonte. Gemeint ist ein gesellschaftlicher Abend im Haus Edmund von Neussers, der mit Paula Mark, einer berühmten Sängerin an der Hofoper, verheiratet war. Da Breitner in dessen Klinik hospitierte, kam er auf eine Einladung hin zu einer der Abendgesellschaften im Hause. Breitner hatte eine Absicht und suchte die Nähe dieses für ihn seltsamen Mannes über das gesellschaftliche Parkett. Er erbat sich eine Empfehlung an das Pawlowsche Institut in Sankt Petersburg. Breitner wollte unbedingt dorthin, wo es im Zuge des verlorenen Russisch-Japanischen Krieges zu Aufständen des Proletariats kam, die im »Petersburger Blutsonntag« einen ersten tragischen Höhepunkt erreichten. Da ein erster Einreiseantrag abgelehnt worden war, sollte es eine Empfehlung an Iwan Pawlow, der 1904 den Nobelpreis für Medizin erhalten hatte, richten. Das zaristische Russland bebte. Was bekümmerte das den behüteten Studenten aus gutbürgerlichem Haus? Was zog ihn so in den Bann, dass er alles unternahm, um unmittelbar an den Ort des revolutionären Geschehens zu gelangen? Eine Stimmung, oder war's eine Ahnung davon, dass das, was sich in Sankt Petersburg abspielte, das Vorspiel zu einem viel größeren Drama sein könnte? Die politische war nicht primär die Welt des Burghard Breitner, daran sollte sich auch in seinem weiteren Leben nicht sehr viel ändern. Da war die soziale Welt schon sehr viel näher in seinem Blickfeld. Und der soziale Aspekt, der Aufstand der Massen gegen die Obrigkeit der zaristischen Welt, die für ihn plötzlich wahrgenommene Brüchigkeit der festgefügten gesellschaftlichen Strukturen war dann wohl auch der Grund für die Reise nach Sankt Petersburg mitten hinein in das revolutionäre Treiben, der *der Kauf eines mächtigen Wintermantels und einer noch mächtigeren hohen Pelzmütze* vorausging, was ihm fast den Kopf gekostet hätte. Kurzum, der Kopf blieb drauf, aber die Pelzmütze ging verloren.

Ein Leben reicht nicht aus, um die Welt kennenzulernen. Ein zweites gibt es aber nicht. Deshalb muss das eine bis zum Anschlag gelebt werden, um irgendwann auch dafür Bestätigung zu finden. Ich habe bestanden. Der Imperativ des Erlebens und Kennenlernens war Breitner fest eingeschrieben. Paris im Dezember 1904, Sankt Petersburg im Winter 1906, Kiel im Sommersemester 1906, von wo aus er auch Stockholm, Südschweden und Dänemark bereiste. Der Studienaufenthalt an der Ostsee im Sommersemester 1906 war selbstverständlich auch Breitners Segellust geschuldet. Die »Kieler Woche« galt schon kurz nach ihrer Gründung in den 1880er-Jahren als ein Ereignis, das Sportsegler aus aller Welt an die Ostsee lockte. Im Sommer 1906 wurde unter Teilnahme der kaiserlichen Yacht *Meteor* erstmals zum Auftakt die sogenannte Aalregatta zwischen Kiel und Eckernförde ausgetragen. Möglicherweise war das ein Grund, warum sich Breitner just in diesem Sommersemester in Kiel einschrieb, obwohl er erst ein Semester in Wien studiert hatte. Jedenfalls belegte er Lehrveranstaltungen beim Chirurgen Heinrich Helferich, dem Neuropathologen Ernst Siemerling und dem Gynäkologen Richard Werth, sowie an der neu gegründeten und 1906 eröffneten Kinderklinik und hospitierte an der Medizinischen Klinik bei Heinrich Quincke.

Wieder zurück in Wien begann mit dem Wintersemester 1906/07 das vorletzte der klinischen Semester. Die Entscheidung für die Chirurgie war bereits getroffen und die für seinen späteren Lehrer Anton von Eiselsberg kristallisierte sich immer mehr heraus. Als publik wurde, dass dieser einen Ruf nach Berlin erhielt, dem aber nicht folgen und Wien treu bleiben würde, war es Breitner, der im Namen der Studenten das Wort ergriff und dem Professor für seinen

Verbleib an der Universität Wien dankte. *Das war damals keine Captatio,* kein Grapschen nach Wohlwollen. *Aber es ergab sich ein feiner Faden zur Klinik.* Ein Faden, an dem beständig geknüpft wurde und der über Breitners Assistentenkollegen auch über den Tod Eiselsbergs hinaus hielt.

Die Rigorosen waren bestanden. Die formalen Anforderungen waren erfüllt. Namen und Persönlichkeiten, Eigenheiten und Anforderungen verschoben sich leicht verblassend in den Hintergrund. Das traf auf den Frauenschwarm der Psychiatrie, Julius Wagner-Jauregg, ebenso zu wie auf den weltberühmten Ophthalmologen Ernst Fuchs, den Kinderarzt Franz Hamburger oder den Orthopäden Adolf Lorenz, Vater des Verhaltensforschers Konrad Lorenz, um nur eine kleine Auswahl anzuführen. Abenteuer- und Reiselust schoben sich fürs erste vor Wissenschaft und Klinik. Diesmal ging die Reise in die Türkei. *Reifer geworden, kehrte ich aus der Türkei nach Wien zurück. Zum zweitenmal trat das Erlebte vor das Literarische. In vielen Stunden des Alleinseins hatte*

Auf Grund seiner ausgezeichneten Leistungen als Schüler und Student hatte Burghard Breitner alle Voraussetzungen für eine Promotion sub auspiciis Imperatoris erfüllt.

ich nicht eine Zeile in das Tagebuch geschrieben. Ich fühlte kein Bedürfnis der Mitteilung. Als ich den Koran las, wußte ich mich frei von Snobismus. Das Gefühl, das Geschaute mit niemandem teilen zu können, das mich damals beseelte, hatte ich niemals zuvor und niemals später.

Sub auspiciis Imperatoris. Die Ehre, im Beisein des Kaisers – in den allermeisten Fällen ließ er sich vom Statthalter des betreffenden Kronlandes vertreten – den akademischen Abschluss an einer Universität zu absolvieren, bedeutete eine sehr hohe Auszeichnung. Während der Regentschaft von Kaiser Franz Joseph I. kam es zwischen 1849 und 1916 zu insgesamt 126 Promotionen sub auspiciis Imperatoris. Der Großteil davon betrifft Promotionen, die nach 1888 stattgefunden haben. Nachdem diese akademische Tradition im 19. Jahrhundert kaum noch vollzogen wurde, erließ das k.k. Ministerium für Cultus und Unterricht am 28. August 1888 einen Erlass, in dem festgelegt wurde, wer berechtigt ist, einen solchen zahlenmäßig limitierten Promotionsakt zu beantragen. Voraussetzung war – an den Usancen hat sich bis heute nicht sehr viel geändert –, dass der Kandidat, heute auch die Kandidatin, die Maturitätsprüfung und alle Universitätsprüfungen mit ausgezeichnetem Erfolg abgelegt hat. Vom ersten Zeugnis der Volksschule Mattsee über die acht Jahreszeugnisse am Staatsgymnasium Salzburg

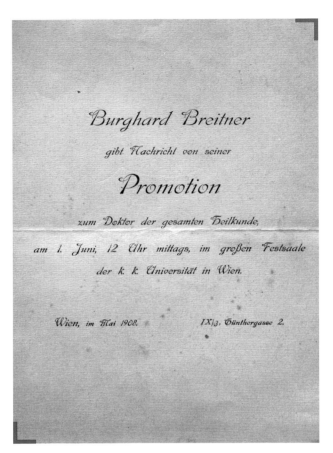

Burghard Breitner

gibt Nachricht von seiner

Promotion

zum Doktor der gesamten Heilkunde,

am 1. Juni, 12 Uhr mittags, im großen Festsaale

der k. k. Universität in Wien.

Wien, im Mai 1908.   IX/3, Günthergasse 2.

Unter den Gratulanten zur Promotion befand sich auch
Burghard Breitners späterer Lehrer Anton von Eiselsberg.

bis zu den Rigorosen in Graz und Wien: Burghard Breitner erzielte durchwegs sehr gute und ausgezeichnete Benotungen und Beurteilungen. Da die Urkunde eine Promotion sub auspiciis Imperatoris ausweist, dürfte sie als solche auch vollzogen worden sein, obwohl Breitner dazu ausführte, dass er seine Promotion aus Termingründen *gewöhnlich* vollzog. Ein möglicher Termin Ende Juli oder im Herbst kollidierte mit seinen Reiseplänen. Tatsächlich fand die Promotion am 1. Juni 1908 statt, und wie die Zahl der gesammelten Glückwunschkarten belegt, war sie durchaus ein gesellschaftliches Ereignis. Unter den Gratulanten befand sich auch Professor Anton von Eiselsberg.

Die Monate zwischen Promotion und Eintritt in die 1. Wiener Chirurgische Universitätsklinik als Operationszögling Eiselsbergs waren bei aller Unterschiedlichkeit bis auf wenige Wochen des Segelns und Bergsteigens der Medizin gewidmet. Auf der *Neptua*, die er wenige Tage nach der Promotion in Antwerpen bestieg, hatte er als Schiffsarzt angeheuert. Von dort nahm der Vergnügungsdampfer Kurs auf Bergen. Während dieser Überfahrt wurde aus dem Schiffsarzt ein hilfloser Patient, der der Seekrankheit völlig ausgeliefert war. Nie zuvor und nie nachher hatte der begeisterte Segler Ähnliches zu erleiden. Ansonsten war der frisch gebackene Doktor der gesamten Heilkunde in medizinischer Hinsicht wenig gefragt. *Die Annäherung an die blauen Eiswände Spitzbergens bleibt unvergessen, ebenso die Trümmerstätten von Andrées Ballonhaus,* von wo Burghard Breitner ein Stück Holz als Souvenir mit nach Hause nahm. Die Polarexpedition von Salomon August Andrée 1897 hatte wohl auf den Gymnasiasten einen sehr nachhaltigen Eindruck hinterlassen. Das Scheitern der Forschungsreise des schwedischen Polarforschers war vor allem deshalb ein unerhörtes Ereignis, weil er vor der Wahl gestanden war, das Unternehmen wegen der schlechten Wetterverhältnisse abzubrechen und als »Narr« nach Hause zurückzukehren, oder als »Held« in den sicheren Tod zu fliegen. Andrée hatte sich damals für die Heldenvariante entschieden und heimste dadurch einen Platz auf der Ewigenliste der Abenteurer ein. Das Umkehren, das manchmal mehr Mut verlangt als das Weitermachen, war im ausgehenden »heroischen« 19. Jahrhundert keine Alternative.

Zurück zur Schiffsreise Breitners durch die Nordsee, wo es zu Begegnungen kam, die einen wesentlichen Einfluss auf den weiteren Verlauf von Breitners Biografie hatten. Recht unvermittelt stand er in Hammerfest plötzlich einem Reisenden gegenüber, den ihm der Kapitän in die Kabine setzte. Es handelte sich um den Schriftsteller Ferdinand von Hornstein, mit dem er trotz aller Warnung vor Bären zwei bislang nicht bestiegene und vermessene Bergspitzen erklomm, die von ihnen kurzerhand zu *Pic Breitner* und *Pic v. Hornstein* ernannt wurden.

Als das zweite Jahr als Operationszögling zu Ende ging und die Verlängerung anstand, fand Breitner in Paul Clairmont, dem 1. Assistenten Eiselsbergs, keinen Unterstützer, vielmehr stieß er auf Ablehnung. Eine Nichtverlängerung hätte einen herben Bruch für eine zukünftige Karriere bedeutet. 1911 wurde Clairmont zum Titularprofessor ernannt, zum Professor ohne Lehrstuhl sozusagen. Anlass zum Feiern gab es trotzdem. Nach dem Souper scharte Clairmont die Gäste zu einem der beliebten Gesellschaftsspiele um sich.

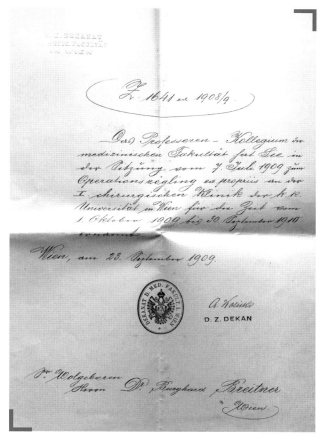

Mit der Ernennung zum Operationszögling begann Burghard Breitners Tätigkeit an der Klinik Eiselsberg, der I. Chirurgischen Klinik der Universität Wien.

Es galt, möglichst interessante Episoden aus dem Leben zum Besten zu geben. Breitner, immer noch beseelt, zumindest jedoch beeindruckt von der Nordlandreise, trug die Geschichte mit der Gipfelbesteigung in der Arktis vor. *Als ich anläßlich einer Erstbesteigung in Spitzbergen in einem steilen Schneehang die frischen Spuren eines Eisbären gewahrte … ›Halt!‹, rief Clairmont. ›Diese Frechheit übersteigt das Maß. Aber sie ist heiter. Der nächste!‹* Damit war die Aufnahme in den inneren Kreis Clairmonts gesichert und das gute persönliche Einvernehmen hielt bis zum Tode des emeritierten Züricher Lehrstuhlinhabers am 1. Jänner 1942. Aber nicht nur das. Auch für die Aufnahme Breitners als Assistent und für die Habilitation waren damit ideale Voraussetzungen geschaffen.

Die zweite prägende Begegnung betraf die persönliche Bekanntschaft mit Mitgliedern der Wiener Familien Bacher-Paulick und Hämmerle mit Nähe zu den Kreisen um Gustav Klimt und der Wiener Werkstätte. In Bergen abgeheuert, reiste Breitner über Christiana, dem heutigen Oslo, Stockholm und Uppsala zurück in die Heimat zum Vorderwartstein, zum Segelboot *Ran* auf dem Obertrumer See und zu den Gipfeln der Alpen.

In diesem zeitlichen Umfeld wurde Burghard Breitner in Begleitung von Josef Hinterstoisser, Vormund und väterlicher Freund seines Vaters, bei Eiselsberg vorstellig. Die Karriereplanung war durchaus eine Familienangelegenheit. Wie der Vater sich dafür einsetzte, dass die Bücher seines Sohnes einen Verleger fanden, so war ihm auch der nächste Karriereschritt, wiewohl der als solcher nie so apostrophiert worden wäre, eine Herzensangelegenheit. Das in Hinterstoisser gesetzte Vertrauen, gepaart mit der Promotion sub auspiciis Imperatoris und dem Aufmerksamkeitspegel, den der Student Breitner während der Zeit an der Wiener Alma Mater bereits erreicht hatte, fiel auf fruchtbaren Boden. Eiselsberg stimmte einer Aufnahme unter der Voraussetzung zu, dass Breitner einige Monate am Institut von Professor Richard Paltauf, dem führenden Pathologen seiner Zeit, hospitierte.

Die Weichen für die Zukunft waren gestellt. Die Monate bis zum Antritt als Operationszögling waren mehr als Kür denn als Pflicht angelegt. Auf das Licht des Nordens folgte die Sonne des Südens. Triest, Österreichs Tor zum Meer, hatte Breitner sich auserkoren, um dort die zweite Hälfte des Freiwilligenjahres zu absolvieren. Durch Vermittlung des Vaters gelang es, dass dieser Wunsch erfüllt wurde und er als Assistenzarzt-Stellvertreter im Garnisonspital Nr. 9 in Triest seinen Dienst antreten konnte. *Ich vermag die Monate am Ufer des südlichen Meeres noch viel weniger aus meinem Leben wegzudenken als jene an der Ostsee.* Triest vor Kiel. Die Losung hatte Programm. Das Altösterreichische kam bei Breitner trotz des ausgeprägten Hangs zum Deutschnationalen immer vor dem Deutschen. Der Gupf Schlagobers war ihm selbstredend näher als das Sahnehäubchen und als einen solchen hat er wohl das Angebot empfunden, das ihm der Leiter der Triestiner Hafensanität machte: eine Fahrt als Schiffsarzt mit der *Austro-Americana* nach Nordamerika. Doch davor war die vereinbarte Hospitanz bei Paltauf zu absolvieren. *Hier erfuhr ich, was unbeirrbare Sachlichkeit ist. Der völlig nüchterne Ton, der die Atmosphäre des Instituts kennzeichnete, erschien mir wie die teils lockende, teils erschreckende Seele eines Lehr- und Forschungsgebäudes, dessen grundlegende Bedeutung für die Medizin als Wissenschaft und als Heilkunde mir seit langem bewußt war.*

Die neue Welt, die an der US-amerikanischen Ostküste auf ihn einsprudelte, entfachte einen Kulturschock, der in Breitner ein mittleres Beben auslöste. Weder New York noch Chicago vermochten ihn zu fesseln. Ganz im Gegenteil. *Während des ganzen Aufenthalts in Amerika hatte ich ein fast vernichtendes Gefühl der Verlassenheit. In diesem Land hatte ich nichts verloren, das stand für mich fest.* Die Ereignisse in den Monaten zwischen der Promotion und dem Eintritt als Operationszögling war das Ergebnis einer Aneinanderreihung von geplanten Ereignissen und Verpflichtungen. Nichts Zufälliges, sondern rational Organisiertes. Trotzdem könnte man verführt werden zu meinen, die Schiffsreise in die USA wäre angesetzt worden, um der Lust nach Ferne und Abenteuer einen Dämpfer zu versetzen. Zurück in der alten Welt mochte Breitner durchaus

Dankbarkeit empfunden haben, dass sich die Zukunft hier im bekannten und geliebten Kosmos abspielte und auf sonst keinem anderen Platz der Welt.

Diese Zukunft bedeutete zuerst und überhaupt: Dienst im Spital. Dienst und wieder Dienst. Auch die Bude war im Spital. Unbezahlter Dienst, Strenge des Chefs und eisernes Regime unter der Riege der Assistenten. Und wissenschaftliches Arbeiten, Lektüre, Stunden, Tage, Wochen im Labor. Ergebnisse waren zu liefern. Die erste wissenschaftliche Auseinandersetzung führte Dr. med. Breitner mit dem Kropf. Alles andere war Nebensache, die Literatur wie das Militär und fast auch das Leben außerhalb der Spitalsmauern.

Jetzt zeige, wer du bist!

4

Herbst 1912. In Europa gab es wieder Krieg. Fast ein halbes Jahrhundert nach dem deutsch-französischen Gemetzel und den Schlachten bei Custozza und Königgrätz, alles im Namen des Nationalismus, des vielfratzigen Götzen, den das 19. Jahrhundert an seinem Busen nährte. Auch der neue Krieg, dieses Mal auf dem Balkan, an den Rändern Südosteuropas – auch das eine nationalistische Ausgeburt. Griechenland, Montenegro, Bulgarien und Serbien pochten auf nationale Autonomie und eine Neubestimmung der Grenzen. Nationalismus und Expansionsgelüste gehen gerne Hand in Hand. Österreich-Ungarn annektierte Bosnien und »kreierte« in der Folge Albanien, mehr oder weniger geduldet und gebilligt von der Entente sowie dem Deutschen Reich, um das unter russischer Patronanz stehende Serbien in die Schranken zu weisen. Fragile staatliche Gebilde, alles miteinander auf wackelndem Gerüst, eifersüchtig untereinander und den rivalisierenden Großmächten hilflos ausgeliefert. Und auf der anderen Seite ein Osmanisches Reich, weidwund und im Erliegen, das dem Bröckeln seiner westlichen Ränder ohnmächtig gegenüberstand.

Nach der Kriegserklärung Montenegros an das Osmanische Reich am 8. Oktober erklärten die Osmanen Bulgarien den Krieg. Weil das bulgarische Militär massiv unter einer Choleraepidemie litt, richtete das hiesige Königshaus ein Hilfeersuchen an die Klinik Eiselsberg, womit wieder einmal die Stunde Burghard Breitners schlug. Die Kaisermanöver im Spätsommer 1905 und ein Manöver des gesamten Militärs auf den Karsthöhen im Herbst 1908 vermischten sich mit den Erinnerungen an die zügellosen Kämpfe der Bleisoldaten-Armeen im elterlichen Salon. Militärischer Pomp mit theaterhafter Kulisse dort, schauerliche Kämpfe hier, womit die Kriegsschauplätze in Bulgarien gemeint sind.

Zu dieser Zeit genoss Eiselsberg als genialer Chirurg mit großen Verdiensten in der Kriegs- und aufkommenden Unfallchirurgie bereits weltweites Ansehen. Selbstverständlich kam man dem Ersuchen Bulgariens nach und schickte mit Otto von Frisch und Wolfgang Denk zwei erfahrene Assistenten zum Dienst in die Spitäler des Hinterlandes. Paul Clairmont, Eiselsbergs 1. Assistent, und Burghard Breitner, Operationszögling am Beginn seines vierten Jahres, setzten eine Beurlaubung durch, um den Wunsch der bulgarischen Königin nach ärztlicher Unterstützung für den Stab zu entsprechen.

Es war Krieg. *Der Brand eines Sonnenuntergangs von einer Ungeheuerlichkeit der Lohe, die ich niemals sah, greift durchs Fenster ... das Ächzen eines Sterbenden, der mit zerschossener Hüfte auf einem Strohsack am Boden liegt, dringt durch die Stille. Ich entsinne mich kaum einer Stunde meines Lebens, deren Gewalt ich so ganz erlag, wie dieser. Vielleicht war es nur die marternde Spannung, bis wir endlich unsere Arbeit voll beginnen können, vielleicht der plötzliche Schauer, dies alles könnte je über die Heimat hereinbrechen, all die Angst eines verlassenen Sterbens, die Not der Hilflosigkeit und die Unerbittlichkeit des Endes.* Krieg, wie Burghard Breitner ihn zum ersten Mal in all seiner *Grausamkeit erlebt hatte.*

Diese Erlebnisse schrien nach dem Tagebuch und Breitner vernahm den Ruf und notierte, beinahe Tag für Tag. Die gesammelten Aufzeichnungen über seine Erfahrungen im Ersten Balkankrieg erschienen im Frühsommer 1913 im Wiener Verlag Braumüller und wurden landauf, landab ebenso aufmerksam wie lobend rezensiert. In »Danzers Armee-Zeitung« vom 19. Juni war von der temperamentvollen Feder und einem soldatischen Empfinden die Rede. Eine Formulierung ganz im Sinne des Autors, der nach drei Jahren äußerst disziplinierter Tätigkeit als Operationszögling von heute auf morgen neben dem medizinischen auch den militärischen und literarischen Lebensblock mit Leben erfüllen konnte. Breitner war am tiefsten bei sich und wuchs über sich hinaus, wenn er alle drei Blöcke gleichermaßen zum Vibrieren bringen konnte. »Ergreifend ist es zu lesen, wie Breitner die Lücken schildert, die das blutige Ringen in den Reihen der hervorragenden Männer Bulgariens gerissen hat«, heißt es im halbseitigen Rezensionsbeitrag des Grazer Tagblattes vom 24. Juni 1913. Die Arbeiterzeitung vom 27. Oktober 1913 hob hervor, dass keine der vielen Veröffentlichungen zum Balkankrieg »ein so wundersames Gepräge von Wahrheit und Dichtung aufzuweisen hat wie das Kriegstagebuch von Dr. Burghard Breitner.«

Vielleicht war es der plötzliche Schauer, dies alles könnte je über die Heimat hereinbrechen. Eine Ahnung, geboren aus einer Gefühlswallung, die Breitners Wahrnehmung und Schreiben diktierte. Oder war es mehr als das? Eine analytische Betrachtung der durchaus angespannten innenpolitischen Situation auch in Bezug auf die Krisenherde auf dem Balkan war Breitners Sache aber gewiss nicht. Auf dem Balkan, im Herbst 1912, erlebte er das Schlachtfeld zum ersten Mal hautnah und mit all den zerstörerischen Folgen für den einzelnen Soldaten, die Zivilbevölkerung, für Gesellschaft und Politik. Andererseits bescherte ihm die medizinische Tätigkeit, die er unter Anleitung von Paul Clairmont in Jambol, Stara Zagora sowie im türkisch besetzten Kirkilisse und in Sofia ausführte, einen ersten Zenit seines kriegschirurgischen Einsatzes. Krieg war für Breitner ein

Zustand des Seins, eine Bedingung für Frieden, eine Notwendigkeit im Miteinander der Völker und in der Verteidigung der je eigenen Interessen. Soldaten leisten in Breitners Augen das Höchste, was Menschen für ihre Heimat, für ihren Staat, vor allem aber für ihre Nation zu tun im Stande sind. Sie in Lazaretten zu versorgen, nach den jeweils neuesten Erkenntnissen chirurgisch zu behandeln und ihnen vor allem auch in den letzten Stunden beizustehen, war für ihn die höchste Erfüllung seiner beruflichen Tätigkeit als Arzt und Mediziner. Ein Liebesdienst. Breitners große und umfassende Liebe galt den Soldaten. Caritas und Eros gingen eine festliche Vermählung ein, gründeten eine Familie. *Soldatentum ist im tiefsten Grunde Idealismus, darum ist ihm die Ewigkeit sicher.*

Die Erschütterungen, die das täglich geschaute Elend hervorrief, schärften den Blick auf die krassen Unzulänglichkeiten in der Versorgung der verwundeten Soldaten. Die Feldlazarette waren kein Klinikbetrieb und die zahlreichen Helferinnen im Dienst des Roten Kreuzes keine ausgebildeten Fachkräfte. Der Hinweis auf diese Defizite in der Leistung des weiblichen Hilfspersonals fand bereits Eingang in Breitners Kriegstagebuch und wurde sehr laut und sehr deutlich in seinem von Eiselsberg vermittelten Vortrag in der »Gesellschaft der Ärzte« zur Sprache gebracht. Zu laut und zu prononciert, vor allem für die Ohren des Adels, aus dessen Kreisen sehr viele Frauen für das Rote Kreuz im Einsatz waren. Seine Liebe zu den Soldaten litt durch die – wie er es empfand – Unzulänglichkeit der freiwillig helfenden Hände. Das sollten sie wissen und vor allem sollte es die Welt hören. Die harsche Reaktion blieb nicht aus. »Das Debacle der Frau. Ein Wort für und an die Frauen Österreichs.« Unter diesem Titel verfasste Georg Rittersmann eine Erwiderung auf Breitners Schelte über die Unzulänglichkeiten, bei deren Beschreibung er freilich über das Ziel hinausschoss. Breitners Lehrer Eiselsberg war von der polemischen Schrift als Angriff auf einen seiner Schüler peinlich berührt. Zudem stand in vielen Briefen an Eiselsberg die Drohung, dass so einer nie eine Professur erhalten könne. Paul Clairmont, unter dessen Anleitung Breitner in Bulgarien tätig war, schilderte in seinem Vortrag vor der Wiener Ärztegesellschaft die diskutierte Situation in ähnlicher Weise: »Weil ich der sicheren Überzeugung bin, daß es in unserem Lande mit den freiwilligen Pflegerinnen nicht um ein Haar besser bestellt ist. … Es ist natürlich, daß

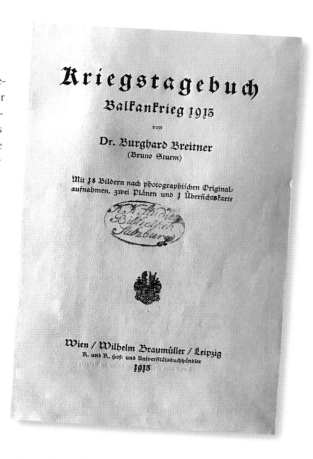

Im Kriegstagebuch thematisierte Burghard Breitner ausführlich seine Teilnahme an der Mission des Rotes Kreuzes in Bulgarien.

Im Anschluss an die offizielle Rot-Kreuz-Mission nahm Burghard Breitner an militärischen Übungen in Bosnien teil.

auch hier nicht 100 % versagen, aber es fehlt nicht viel.« Weil Breitner im Über-schwang auch noch zu begründen versuchte, wo er die Defizite angesiedelt sieht, stellte er sich peinlich bloß: *Gewiß, die Frauen verfügen über psychische Regungen, die man konventionell als Zartgefühl bezeichnet, aber ihr Mitleid konzentriert sich immer auf den einzelnen, es ist ein rein subjektives, im moralischen Sinne ungerech-tes Mitleid. Den Sinn einer Hilfeleistung im großen erfassen sie nicht, weil ihnen jede Beziehung zu einem zweckbewussten organisierenden Gedanken fehlt.* Breitner focht dieser Angriff nicht wirklich an. Er wusste sich in der Sache bestätigt, weil Heeresleitung und Rotes Kreuz unmittelbar danach begannen, Lehrgänge für freiwillige Helferinnen zu organisieren. Für ihn war wesentlich, und diese Mün-ze zählte, dass er im Offizierskasino vor 200 Offizieren, *unmittelbar vor mir sechs Generäle und der Armeekommandant*, mit einem Vortrag über seine Fronterleb-nisse glänzend überzeugte. Nach Wien und in die Klinik zurückgekehrt, wurde ihm im Jahr 1913 eine Stelle als Assistent von Eiselsberg zuerkannt. Damit war ein weiterer wesentlicher Schritt getan. Er wurde für seine Tätigkeit entlohnt und hatte die Voraussetzungen dafür geschaffen, dass er wissenschaftliche Arbei-ten publizieren konnte.

Der Balkan blieb ein Pulverfass und glich einem Minenfeld, dessen Betreten vermieden wurde. Bis in Sarajevo die Schüsse fielen. Drei Nächte und zweiein-halb Tage gab das Schwungrad der Eisenbahn den Ton an, nachdem sich die Wag-gons des Truppentransports am Abend des 8. August 1914 am Wiener Staats-bahnhof, hinter dessen wohlklingendem Namen sich der Gloggnitzer Bahnhof, der auch als erster Südbahnhof galt, und der Raaber Bahnhof, Ausgangspunkt der Ostbahn, verbargen, in Bewegung gesetzt hatten. Der Zug verließ die Stadt in Richtung Osten mit der Bestimmung, die Soldaten ins Aufmarschgebiet zur Front in Galizien zu bringen, wo die 3. Armee unter dem Oberbefehl des Generals der Kavallerie, Rudolf von Brudermann, gegen die Truppen des Zaren aufmarschierte. Als der Zug die Stadt Rzeszow im Südosten von Polen erreichte und inmitten unüberschaubarer Transporte zum Stehen kam, war Burghard Breitner einer der vielen tausenden Soldaten, die auf dem Weg an die Front und in der Hauptsache damit beschäftigt waren, sich zu vergewissern, dass sie zu einer neuen Bestimmung unterwegs waren: in einen Krieg, der vielen von ihnen willkommen war, um für ihre Sache zu kämpfen, und diese Sache war die »deutsche Idee«. Auch Burghard Breitner saß in diesem Zug in den Osten »als Soldat« dieser Idee. Größer und stärker war jedoch der selbst auferlegte Appell, als Arzt das Beste und Letzte zu geben. Er war ins Feld gegangen, um der Ehre des ärztlichen Standes Lorbeeren zu gewinnen. Die Richtschnur allen Handelns und Wirkens hing für Breitner an dem Gedanken: Werde ich bestehen? Aus dem am Ende werden sollte: Habe ich bestanden?

»Es ist an der Zeit, dass der Mensch sich sein Ziel stecke. Es ist an der Zeit, dass der Mensch den Keim seiner höchsten Hoffnung pflanze«. Breitner hatte Nietzsches *Also sprach Zarathustra* quasi als Heilsversprechen inhaliert und im Mobilisierungsbefehl, der ihm in Mattsee in die Hand gedrückt wurde, das Losungswort dafür gesehen, endlich jene Taten zu setzen, welche nicht nur ihm das elendslange 19. Jahrhundert vorenthalten hatte. Jetzt ging's los, und wie. Großer Bahnhof für Mensch und Tier, ebenso groß das Durcheinander als logische Antwort auf die mangelhafte Vorbereitung. Die Galavorstellung litt beträchtlich unter dem Staub, der die Requisiten bedeckte.

Was Breitner von den anderen Soldaten unterschied, war der Umstand, dass er – nimmt man es genau – gar nicht berechtigt war, mit diesem Zug im Vorland der Karpaten anzukommen. Seine Bestimmung wäre eine andere gewesen und sein Abgang ins Feld sollte erst Wochen später stattfinden. Die Vorstellungen der Listenschreiber in den Büros des Kriegsministeriums war die eine Sache, Breitners unbändiger Drang, so schnell wie möglich am richtigen Platz zu stehen und für die richtige Sache zu kämpfen, die andere. Der ursprüngliche Mobilisierungsbefehl, den er am 29. Juli 1914 zu Hause am Vorderwartstein erhielt, wies ihn der Divisions-Sanitätsanstalt der III. Kavallerie-Truppendivision zu, wofür er sich im Garnisonsspital II, das auf dem Gelände der Kaserne am Rennweg untergebracht war, einzufinden hatte. Wie so vieles, das in diesen Tagen gedacht, überlegt und geplant wurde, um kurz darauf über den Haufen geworfen zu werden, so hatte auch dieser Befehl seine Gültigkeit längst verloren. Wie Breitner vom diensthabenden Oberstabsarzt aufgeklärt wurde, sei die angeführte Zuteilung aufgehoben und er dazu ausersehen, eine Chirurgengruppe der Klinik Eiselsberg zu leiten, seiner Klinik, seinem Zuhause. Der Abgang in den Kampfraum sei jedoch erst in drei bis vier Wochen vorgesehen. Diese Order könne auch nicht rückgängig gemacht werden. Damit endete der kurze Vortrag des Diensthabenden, doch seine

Worte drangen nicht mehr durch. Wo der Krieg Einzug hält, verliert die Vergangenheit ihr Licht und auch die Gegenwart marginalisiert sich und stellt sich ausschließlich in den Dienst der Zukunft, dem Sieg und der Unterwerfung des Gegners sowie der unverbrüchlichen Treue einer Idee gegenüber, sei es Gott, Kaiser, Vaterland oder das Deutschtum, das nach 1871 so überbordend angewachsen war und sich wie das Netz überfleißiger Spinnen ausbreitete und die zarten Flügel liberaler Gedanken rasch zum Ersticken brachte. Breitner war längst im Kampf und folgte den inneren Befehlen und dem Herzen, das stark für die »deutsche Sache« schlug. Weder seinem Chef im Krankenhaus, Professor Eiselsberg, schenkte Breitner ein Ohr, noch dem Generalstabsarzt im Ministerium am Stubenring. Damit hielt er die Fäden, die sein Kriegsschicksal bestimmen sollten, bereits in Händen. Die Kavallerie-Divisions-Sanitätsanstalt werde morgen nachts ins Feld abgehen, hörte er Generaloberstabsarzt Philipp Beck, Chef des Militärärztlichen Offizierskorps, noch sagen, während er im Stillen den Satz für sich komplettierte: *Und ich werde dabei sein! Ob es erlaubt ist, oder nicht.*

Als am 28. Juni 1914 in Sarajevo die tödlichen Schüsse fielen, war Wien in gleißendes Sommerlicht getaucht und die Sonne prahlte, was als Verheißung auf einen sinnesfrohen Sommer hätte wahrgenommen werden können. Koffer und Kisten waren für die Fahrt in die Sommerfrische gepackt. Ein paar Tage noch und es konnte losgehen. Auch Breitners Gedanken schweiften kurz ab und entführten ihn an den See, in dessen spiegelglattem Wasser er das Boot vor sich sah, sein Boot, seine *Ran II*. Schnittig und elegant, scharf wie ein frisch geschliffenes Messer, ein sehniger Körper, der sich in der Gischt gierig aufbäumt und dem Widerstand trotzt, um kurz später mit zwitschernder Geschmeidigkeit am Felsen vorbeizusausen. An diesem Tag der Schüsse, am späteren Nachmittag, saß er am kleinen Schreibtisch im Dienstzimmer auf seiner Station der I. Chirurgischen Universitätsklinik des Allgemeinen Krankenhauses der Stadt Wien, die besser als Klinik Eiselsberg bekannt war. Eine Woche hatte er noch Zeit, die neuesten Ergebnisse der Experimente im Rahmen seiner Forschungsarbeit über den Kropf zu dokumentieren, Befunde zu verfassen und den Schreibtisch so in Ordnung zu bringen, dass er guten Gewissens in die Ferien fahren konnte. Eine trügerische Woche, denn sie würde wie im Sturm vergehen und ihm noch mehrere Nachtstunden abverlangen, um nichts Unerledigtes zurückzulassen. Dazwischen musste auch noch das Befähigungszeugnis zur selbständigen Lenkung eines Kraftwagens mit Explosionsmotor erworben werden, um Roland, seinen Bruder, zu überraschen, der ihm im Frühjahr schrieb, dass er einen Jagdwagen des in Straßburg ansässigen Automobilherstellers Mathis erstanden hatte. Die Fahrerlaubnis hatte Roland ein paar Tage vor Burghard in der Tasche. Einen schöneren Beginn der Sommerferien, als am Volant dieses Wagens zu sitzen und von Seekirchen über Schöngumprechting und Kothgumprechting nach Obertrum und weiter nach Mattsee zu fahren, konnte er sich nicht vorstellen. Das Segelboot wartete auch auf ihn wie der Wallach in Seeham und wie Emilie, die Wien schon Tage vor ihm verlassen hatte und sich nach ihm verzehren würde, wie sie in einem kleinen Billett schrieb und ihn inniglich bat, so bald wie möglich der Ihre zu sein, so ganz und gar und ohne Respekt vor den Umständen. Emilie Schlierholz war Burghard Breitner in großer geheimer Liebe und Verehrung zugetan. Sie hatte 1909 in Seeham am Nordufer des Obertrumer Sees ein Anwesen erworben, dessen Grundstück unmittelbar an den See grenzte und dem Wartstein, an dessen Südseite die Breitner-Villa steht, gegenüber liegt. Zwischen dem Haus in Seeham und dem Badeplatz, der zum Anwesen der Breitners gehörte, liegt eine Entfernung von gut einem Kilometer – für den sportlich bestens ausgebildeten Arzt und Reserveoffizier eine Fingerübung.

Gewiss ist es nicht, ob Breitner, als er an diesem Sonntagabend im Dienstzimmer saß und die Gedanken zwischen den Ergebnissen der Kropfexperimente, die er aufzuarbeiten hatte, und der Vorfreude auf die Ferien in Mattsee hin und her schwirrten, schon über das tödlich verlaufene Attentat auf den Thronfolger und die Herzogin von Hohenberg Bescheid wusste. Die tödlichen Schüsse in Sarajevo fielen am Vormittag, nachdem

Der Jagdwagen des Straßburger Automobilherstellers Mathis war vermutlich ein Geschenk der Großmutter an Burghard Breitners älteren Bruder Roland.

Franz Ferdinand und Sophie den Empfang im Rathaus absolviert hatten und der Thronfolger kurzfristig entschied, die unmittelbar zuvor bei einem Bombenanschlag auf den Konvoi Verletzten im Krankenhaus zu besuchen. Diese Änderung des Programmablaufes und das unvorhergesehene Wenden der Karossen lieferte das Thronfolgerpaar unmittelbar dem Lauf der Pistole aus, die der 18-jährige Gavrilo Princip in der Hand hielt, um am Vidovdan, dem Gedenktag des heiligen Veit, ein Fanal zu setzen. Dieses Datum, es handelt sich um den 28. Juni, ist für das serbische Volk historisch bedeutsam, wurde doch im Umfeld dieses Tages mehrmals serbische Geschichte geschrieben. So auch 1389, als nach der Schlacht am Amselfeld eine 500-jährige Fremdherrschaft die Geschicke Serbiens bestimmte. Die Nachricht verbreitete sich an diesem frühsommerlichen Totensonntag, der er für Europa werden sollte, in sensationellem Tempo. Wie am Fließband produzierten die Tageszeitungen Extraausgaben, in denen immer wieder über neue Details berichtet wurde.

Der Thronfolger war unbeliebt beim Volk wie beim Kaiser und in dessen politischem Kabinett, dem die Kriegslust so mächtig in Haut und Haaren steckte, dass ein Finger immer den Abzug umklammerte, um den Serben aufs Deutlichste vor Augen zu führen, wer Herr im Haus ist. Einer der einflussreichsten Zündler war gewiss Franz Conrad von Hötzendorf, Chef des Generalstabes für die gesamte bewaffnete Macht Österreich-Ungarns, was ihn beim Kaiser immer wieder und vorübergehend in Ungnade fallen ließ. Seine Strategie zur Befriedung des Balkans waren Präventivkriege, vor allem gegen Serbien. So kann ganz selbstverständlich davon ausgegangen werden, dass die Manöver der k.u.k. Armee in Bosnien, die der Thronfolger samt Gemahlin Ende Juni besuchte, beides waren: eine offensiv zur Schau gestellte Demonstration militärischer Potenz und eine Provokation gegenüber Serbien. Der Umstand, dass der Besuch Franz Ferdinands ausgerechnet auf den Vidovdan gelegt wurde, musste wie ein bohrender Stoß ins stolze Serben-Herz gewirkt haben. Jenes Herz, das die kollektive Schmach von 1389 stets aufs Neue aufblühen ließ. Die Schüsse, die der junge Attentäter auf das Thronfolgerpaar abfeuerte, Franz Ferdinand wurde an der Halsschlagader getroffen und die Herzogin im Unterleib, waren die kaltblütige Sprache eines verletzten Herzens, das zu Recht darum bangte, ein weiteres Mal unterjocht zu werden, und dann auch noch von den verhassten Habsburgern. Sie sollten dem heftigen Bestreben der Serben, eine Einigungsbewegung der Südslawen auf die Beine zu stellen, keinesfalls im Weg stehen. Die »serbische Frage« galt um diese Zeit als das brennendste Problem des Habsburgerstaates. Dabei war der Thronfolger keineswegs die alles bestimmende Zielscheibe für ein vom Zorn gelenktes überhöhtes serbisches Nationalbewusstsein, denn Franz Ferdinand war eher gegen die Kriegstreiberei eingestellt, was ihn in eine prekäre Opposition zu Kaiser und Kabinett brachte. Er, der Unbeliebte, oft unglücklich Handelnde und wegen der unerwünschten Ehe mit der böhmischen Gräfin vom Hof Desavouierte, sollte der Kanonenfraktion einen Strich durch die Rechnung machen? Er? Die zahlreichen Pannen und Ungereimtheiten, die schon vor dem Attentat zu Tumulten geführt hatten, lassen zumindest den Schluss zu, dass offensichtliche Schlampereien bei den Sicherheitsvorkehrungen billigend hingenommen und womöglich auch noch unterstützt wurden. Der Kaiser soll sich nach Berichten von Augenzeugen zwar über die Tat entsetzt, aber persönlich nicht betroffen gezeigt und davon gesprochen haben, dass eine höhere Macht jene Ordnung wiederhergestellt habe, die er nicht zu erhalten vermochte. Das lässt zumindest die Frage zu, in wievielfacher Hinsicht das Thronfolgerpaar an diesem Sonntag zum falschen Zeitpunkt am falschen Ort war.

Breitner wurde jäh aus seinen Gedanken gerissen, als die Tür ins Dienstzimmer plötzlich aufflog und Richard Teschner im Rahmen stand. Sein Richard, der Freund und Vertraute der letzten Wochen und Monate, der ihm seit seiner Hochzeit mit Emma Bacher-Hanslick mehr und mehr auch zur Familie wurde. Der geniale Zeichner und leidenschaftliche Puppenspieler wirkte, als sei er mehr Erscheinung als reale Person, mehr Chimäre als Mann mit gütigen Äuglein und federleichter Mähne, die schnell seine Stimmungslage verriet. Wie er im Türrahmen stand, als sei er nicht mehr Herr seiner selbst, als hätte ihn eine übernatürliche Macht angetrieben, sich auf den Weg zum Freund zu machen, verriet der Irrgarten auf seinem Schädel, dass etwas Außergewöhnliches vorgefallen sein musste. *In einigen Wochen ist Krieg. Ich weiß es nicht. Ich fühle es. Ich fühle es mit der gleichen Sicherheit, mit der ich fühle, daß ich deine Hand berühre.* Und düster fuhr Breitner später in seiner Autobiografie fort: *Ich sehe es vor mir, daß du jahrelang zu leiden haben wirst. Du wirst weit fort sein, unerreichbar weit. Du gehst in einer Eishöhle aus und ein. Die Pflanzen erfrieren. Die Menschen erfrieren.* Der 30-jährige Tausendsassa und Assistent des großen Eiselsberg, dem es mit der Schriftstellerei nicht so gut gelingen wollte wie mit der Medizin, und der um fünf Jahre ältere Jugendstilkünstler und Puppenspieler aus dem Kreis der Wiener Werkstätte trafen sich kurz nach dem denkwürdigen Tag des Attentats noch einmal und dann tatsächlich erst wieder sechs Jahre später, nachdem Burghard Breitner aus der sibirischen Gefangenschaft in die Heimat zurückgekehrt war.

Am darauffolgenden Samstag, es war der 4. Juli 1914, stieg Burghard Breitner am Westbahnhof in den Morgenzug, um in die Sommerferien zu fahren. An jenem Samstag waren auch die Särge mit den sterblichen Überresten des Thronfolgerpaares auf der Westbahnstrecke unterwegs. In einem Sonderzug wurden sie nach Pöchlarn gebracht und auf eine Fähre verladen, um die Donau zu überqueren und nachmittags am endgültigen Bestimmungsort, im Schloss Artstetten, anzukommen, wo sie später in einer gemeinsamen Gruft ihre letzte Ruhe finden sollten. Etwas später kam Breitner in Seekirchen an. Er war glücklich, überglücklich, über alle Maßen glücklich, als er sich sehr zum Erstaunen seines Bruders Roland an das Volant des eleganten Sportwagens setzte. Burghard griff nach den Zügeln, um den Sommer voll auszukosten und war fest entschlossen, sie so schnell nicht mehr aus den Händen zu geben. Welch große Lust und Freude einem das Leben doch bieten kann. Als der Sportwagen mit den beiden Brüdern den Weg zur Villa hinauffuhr, wurden sie schon sehnsüchtig erwartet. Nach zwei Sommern, in denen Burghard auf das immer noch und immer wieder heiß geliebte Mattsee verzichten musste, weil der Rot-Kreuz-Einsatz in Bulgarien und die anschließende Reise durch Bosnien sozusagen »dazwischengekommen« waren, sollte an diesem Samstag der Sommer seines Lebens beginnen. Als er aus dem Auto stieg, die Eltern begrüßte und in einem langen Blick auf den See hinunter verharrte, kamen ihm Schillers Zeilen aus dem *Ring des Polykrates* in den Sinn, wie es Breitner 40 Jahre nach diesem letzten Sommer der »alten Ordnung« in seinen Lebenserinnerungen beschrieb. *Er stand auf seines Daches Zinnen, / Er schaute mit vergnügten Sinnen / Auf das beherrschte Samos hin. / Dies alles ist mir untertänig, / Begann er zu Ägyptens König / Gestehe, daß ich glücklich bin.* Auch Burghard Breitner gesteht, dass er glücklich ist. Lange hielt er den Blick auf den See gerichtet, als müsste er sich erst aufs Neue der Existenz des glasklaren und ebenmäßigen Spiegels versichern. Dieser warme Bauch vieler Kindersommer und kristallglitzernde Eisplatz ebenso vieler Winter ließ ihn die Jahrzehnte

Der Puppenkünstler Richard Teschner (1879–1948) zählte zum engsten Freundeskreis Burghard Breitners.

überfliegen: die Kindheit auf dem Wartstein, die Einsamkeit im Rupertinum, das erste Berühren des wirklichen Lebens während des Studiums in Graz und Wien, die Ausbildungszeit beim Militär, die Schiffsreisen und, seit vier Jahren, die Arbeit im Spital. Er schaute nach Seeham hinüber, zu Emilie, die für diesen Sommer zwei ihrer Pferde aus Wien mit in die Sommerfrische gebracht hatte. Zu dritt erwarteten sie ihn, heiß und ungeduldig. Doch zuerst noch einen Handkuss der verehrten Großmama. Burghard wusste, länger durfte er sie nicht warten lassen. Er hatte ihr viel zu verdanken. In Rosa Anna Breitners Augen war Burghard der Schlüsselträger, wenn es galt, Herzen zu erobern, der Generalschlüsselträger, wenn sie genau sein wollte. Und das wollte sie, denn Burghard war ein Günstling der Sonne, ein Genie des Lebens, Liebens und Sterbens, wie es im Vorwort seiner posthum erschienenen Autobiografie heißt. Für Rosa Anna war er die Sonne – und die galt es zu beschützen. Ihn zu fördern war ihr Freude und ein wenig auch Rache: späte, nachgeschobene Rache, die nicht mehr brennt, aber noch lange nicht zur kalten Asche geworden ist. Rache am Sohn Anton dafür, dass er sich von den glockenhellen Koloraturen dieses Dings, seiner späteren Frau Pauline, die sie ihm am Stiftsbrunnen ins Ohr trällerte, so sehr verführen ließ und deshalb in dem Bauerndorf picken blieb.

Es war ein langer und inniger Kuss. Er sollte bis Weihnachten vorhalten. Spätestens dann würden sie sich wieder in den Armen liegen und sich der unversiegenden Leidenschaft füreinander versichern. Emilie und Burghard, sie, die Dame des Hauses und er, ihr Galan, Ertrinkende und Rettende gleichermaßen. Es gelang ihnen auch in der Sommerfrische spielerisch, Zeit und Raum für die Tändelei, das Liebkosen und die Sehnsucht ihrer Körper zu bestimmen. Federleicht und blitzschnell wussten sie Blicke und Gebärden des anderen zu deuten und dabei die Welt wissen zu lassen, welch herzliche, fast innige und von gegenseitigem Verständnis beleuchtete Freundschaft sie verbindet: den jungen Herrn Doktor und ebenso schneidigen Helden, der seinen ersten Einsatz als Sanitätsarzt in einem Kampfgebiet auf dem Balkan erfolgreich hinter sich gebracht hatte, und die gnädige Frau, die sich den begnadeten Händen des großen Eiselsberg anvertraute und einen leichten wohligen Schauer notierte, der sie die Fluten des Lebens ahnen ließ, als dieser ihr den Assistenzarzt Breitner vorstellte, der die Kontrolluntersuchungen durchführen werde und für alle Belange der gnädigen Frau unbegrenzt zur Verfügung stehe. Es war ihnen Lust und Freude gleichermaßen zu zeigen, welches Glück ihnen beschieden ist, ihre wertvolle Freundschaft auch mit den Familien zu teilen. Was für ein Mann, der mit sicherer Hand den Sportwagen chauffiert, sein Segelboot bändigt, an dem andere kläglich scheiterten, der den Ausritt zu einem Fest fürs Auge werden lässt, weil Ross und Reiter dem Zentauren gleich zu einem geschmeidigen Körper verschmelzen, und der in Emilie, wie sie einer Freundin anvertraute, das Lieben zum Blühen und Klingen brachte. Ein Virtuose, der es mit leichter Hand versteht, aus den Noten alles Glück und alles Leid dieser Welt über das Spiel mit den Tasten zum Tönen zu bringen, zum Wirken, dass alles andere aus der Zeit und aus dem Raum zu fallen scheint.

Wann werde ich dich wieder in meine Arme schließen? Burghard schmeckte dem langen Abschiedskuss nach, während die Waggons durch die sternenklare Nacht ratterten und das kalte Licht des Mondes erbarmungslos das Innere des Wagens sezierte. Die Männer saßen eng aneinander gepfercht und schenkten sich, wo nicht Tornister und Gepäck allen Raum verstellten, gegenseitig die Schulter zum Anlehnen. Überall waren Tornister verstaut. Es sollte der Sommer seines Lebens werden.

Mit der Rückkehr von der Rot-Kreuz-Mission in Bulgarien war Burghards Zeit als Operationszögling beendet. Eiselsberg hatte ihn zum Assistenzarzt gemacht. Das war ein bedeutender Schritt für seine berufliche Zukunft, dessen war er sich sicher. Jetzt gehörte auch er zu dem auserwählten halben Dutzend, das unter den strengen Augen des Chefs von morgens bis abends den Dienst in der Klinik versah und nächtens über den wissenschaftlichen Studien saß, über die fortlaufend zu berichten war. Wenn er wieder zu Hause sein wird, wird dieser Rhythmus auch sein Leben der nächsten Jahre bestimmen, bis der Tag kommt, an dem er selbst auf einen Lehrstuhl berufen werden wird und die Pflicht ein noch größeres Gewicht bekommt. *Das Leben ist im Grunde nichts. Der Gedanke, dem es dient, ist alles.* In dieser Nacht, auf dem Weg in den Osten, war der Gedanke so noch nicht ausformuliert, aber als Gerüst stand er schon da. Aufgabe, Pflicht, Erfüllung – die Angelpunkte und die Abgrenzung zur Welt nach außen.

Schade, sehr schade, dass es mit dem Ausflug in die Dolomiten nichts mehr geworden ist. Hinauf auf die Höhen, den Berg Schritt für Schritt bezwingen. Das Geheimnis liegt in der Abwägung zwischen dem Ruf des Mutes und der Stimme der Vernunft. Ein fortwährendes Messen und Tarieren. Hier die Herausforderung, da die Leistung und dort die Erfüllung. Und das Ergebnis bestimmt den Platz im Leben. *Noch einmal wird alles Sehnen wach und nimmt Gestalt an und fragt, und unter allen Fragen ist eine, die mich bannt: Ist mein helfender Wille das größte, was ich zu geben habe? Wird dies Wünschen in mir still werden, wenn mir die Tat vergönnt ist, zu der ich nun einmal berufen bin? ... Jetzt ist das Leben gekommen, wie nie zuvor. Jetzt hat es Rufer aufgestellt an seinen Grenzen, und Brände von Lust und Tat stehen an den Pforten und werben zu nie geahnten Festen. Und Blut rinnt über seine riesigen Lenden und der Lorbeer des Opfers blüht um sein Haupt.*

Das Reich bricht an seinen Grenzen. Galizien. Das Zwischenreich, wie es Joseph Roth, in Brody geboren, genannt hat, diesen Brutkasten armseligen Lebens, diese zweite Heimat vieler Völker an der Bruchlinie zwischen Ost und West. Dort, wo die Armut regiert und der Dreck haust, wo Wanzen und Flöhe die treuesten Gesellen sind und Babylon eine Filiale errichtet hat. Dort, im Osten Polens und im Südwesten der Ukraine, dem Land der Ruthenen, wo mehr Juden lebten als sonst irgendwo im Reich – dort sollte der russischen Walze, die nach Land und Boden gierte und sich zur Schutzmacht aller Slawen erhob, Einhalt geboten werden. Als unmittelbare Antwort auf die Kriegserklärung Österreich-Ungarns an Serbien begann Russland sofort mit der Generalmobilmachung. Und als das Deutsche Kaiserreich, den Habsburgern in unverbrüchlicher Nibelungentreue verbunden, Russland den Krieg erklärte, waren die lodernden Feuer nicht mehr zu löschen. Von Rzeszow, wo auch Burghard Breitner mit dem Truppentransport aus Wien ankam, waren es einige Tagesmärsche bis ins Aufmarschgebiet und von dort ein paar weitere, bis er am 17. August um fünf Uhr in der Früh in Lysakow am Südrand Galiziens vor dem ersten Gefecht stand. *Jede Blutwelle meines Körpers ist verwandelt. Jetzt erst, hier am Stabshügel, vor dem sich sonnenüberglänzt das braune Hügelland mit den Waldbeständen hinzieht, da alles Leben in der Weite getilgt scheint, und nur die beweglichen Staubsäulen der vordersten Gefechtspatrouillen im Terrain auftauchen – jetzt erst brennt der tiefste Sinn der Schlacht in mir auf.* Seit einigen Tagen in den Divisionsstab befohlen, war für Breitner ein Traum in Erfüllung gegangen, der seit den Kindertagen in Mattsee, wo die Kriegsspiele im Freien kein Ende finden wollten und das Nachspielen historischer Schlachten mit den Bleisoldaten die Vorhänge versengte, ständig wuchs und zunehmend anschwoll. *In jener zu rasch verflogenen bewegten Jugendzeit wurzelt meine soldatische Begeisterung, die mich mein ganzes Leben lang nicht verlassen hat.* Der Arzt im Divisionsstab – kurz vor der Taufe, der Feuertaufe als Soldat und der Firmung als Krieger. Die Vermählung mit dem Militär war längst geschlossen, eine Ehe, die vielen Stürmen trotzen sollte.

Aus dem Krieg als Spiel wurde die tatsächliche Schlacht, die bereits am nächsten Tag den Rückzug bedingte. *In langen Zügen schleppte sich Infanterie durch den dicken Staub der Straße. Viele führten einander oder trugen die Rüstung von Verwundeten ... Todmüde. Und sie trugen eine erste zertrümmerte Hoffnung. Und ringsum brüllt und donnert es und das gellende Lärmen der Maschinengewehre klingt wie meckerndes Lachen in den zornigen Ton der Geschütze.* Das klägliche Spiel des Vor und Zurück bestimmte den Takt der nächsten Tage. Der Zug der Sanitätsanstalt war längst von der Division getrennt und die Wägen konnten nur mit Mühe zusammen gehalten werden. Als Burghard Breitner am 6. September, es war ein Sonntag, kurz vor 11 Uhr mittags die Niederlage notierte und das Verebben einer Flut von Hoffnungen beklagte, hatte die Tragik des Tages ihren Höhepunkt noch keinesfalls erreicht. Der bahnte sich an, als russische Husaren, den Säbel in der Hand, herangesprengt kamen und *Kosaken!* brüllten. *Das Geschrei, das unter den Juden losbrach, läßt sich nicht schildern. Sinnlos rannten sie von Haus zu Haus, holten Säcke und Kisten, schleppten sie in die Höfe und wieder zurück, rannten aneinander, hoben die Hände und heulten, heulten! Schon haben die Kosaken den Ort umritten. Kaum hundert Schritte von uns stoßen sie die fliehenden Infanteristen mit ihren Lanzen nieder. Ich habe der Mannschaft und den Verwundeten gesagt, wie sie sich bei der Gefangennahme zu verhalten haben. Es sind fürchterliche Augenblicke. In den nächsten Minuten bin ich russischer Kriegsgefangener.*

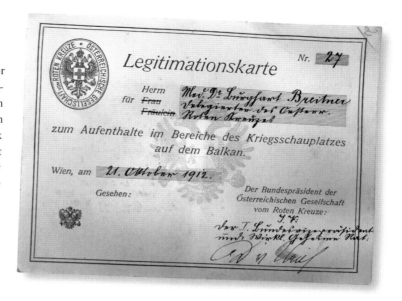

Die Arbeit der Wiener Chirurgengruppe in Bulgarien umfasste auch den erstmaligen Einsatz der Erkenntnisse der Bakteriologie zur Seuchenbekämpfung auf einem Kriegsschauplatz.

73

Unverwundet gefangen

5

Zwischen den heiteren und völlig unbeschwerten Stunden, die Burghard Breitner im Kreis der Familie und Freunde zu Beginn der Sommerferien Anfang Juli 1914 in Mattsee verbrachte und die im Schwelgen über Schillers *Ring des Polykrates* gipfelten, bis zu jenem 6. September, einem milden galizischen Spätsommertag, an dem er zum Gefangenen der zaristischen Armee wurde, lagen kaum mehr als zwei Monate. Zwei Sommermonate. Als Gavrilo Princip an jenem Sonntagmittag in Sarajevo die Pistole auf den Thronfolger und dessen Gemahlin richtete und die tödlichen Schüsse abfeuerte, war dieser verhängnisvolle Sommer erst eine Woche alt. Und als der in Bad Ischl weilende Kaiser nach dem Verstreichen des Ultimatums dem Königreich Serbien den Krieg erklärte, hatte der Sommer die Halbzeit noch keineswegs erreicht. Es war ein heißer Sommer. Ein in jeder Hinsicht heißer Sommer, in dem die Temperaturen durch die hitzigen Debatten über den Lauf der Dinge zwischen den europäischen Metropolen zusätzlich angeheizt wurden. Und die Vorfreude auf etwas, das kommen würde, von dem man aber noch nicht recht wusste, was es denn werden würde, fachte die Hitze weiter an. Als die Marschbefehle unmittelbar nach der Mobilmachung von den Briefträgern der k.k. Post in die Häuser und auf die Höfe gebracht, in Briefkästen landeten oder dem Empfänger direkt ausgehändigt wurden, multiplizierte sich die Erregung dieses Sommers um ein Vielfaches. Schweiß brach aus und Hände zitterten. Ein heißer Freudentaumel allenthalben, der zusehends abebbte, je näher die Front rückte. Selbst als für Breitner nur vier Wochen später im heute polnischen Frampol die Front zusammenbrach – er saß in warmer Herbstsonne auf einem erbeuteten russischen Munitionskarren und nahm wahr, *wie eine Flut von Hoffnungen verebbte, klaglos, erbarmungslos,* hatte der Sommer zwar den Zenit bereits überschritten, aber immer noch das Sagen. Der Sommer blieb, aber über Breitner brach der Frost herein. *Gewürgt von Schande und Scham. Aus Trotz nur schreibe ich. Ich bin wie gelähmt. Der Schädel klopft wie im Fieber.* Unverwundet gefangen. Das Ende des Sommers, zumindest das kalendarische, erlebte Breitner in Omsk, in jener westsibirischen

Stadt, in die die Zaren gerne ihre Widersacher in die Verbannung schickten. Fjodor Dostojewski war einer von ihnen. Nachdem er sich frühsozialistischen revolutionären Kreisen angeschlossen hatte, verhaftet und zum Tode verurteilt worden war, landete er schließlich nach der Begnadigung in Omsk, wohin ihn der Zar zum Militärdienst verdonnern ließ. Zwanzig Jahre früher traten jene Offiziere den Weg in die Verbannung an, die dem neuen Zaren im Dezember 1825 Ehrerbietung und Eid verweigert hatten. *Nun steht die Gnade der Nacht vor der vergitterten Luke unseres Kellerverlieses, und die unbewegten Schatten an den schmierigen Wänden ragen wie Grabsteine.* Am Nachmittag des 26. September 1914, der Herbst war drei Tage alt, war Burghard Breitner trotz all seiner Verzweiflung in der Lage, beschreibende Worte für seine Situation zu finden. Ein unbändiger Hass, der ihn erfasst haben musste, brachte Klarheit in den Kopf. *Ich bin völlig mit mir im reinen, jetzt, da ich den Strich unter mein Tagebuch ziehe. Die Briefe an die Menschen, die mir teuer sind, liegen bei meinen Habseligkeiten. Seltsam, wie alles Pathos und alle Geste von den Dingen abfällt. Ich habe zwei Worte gefunden, die gerade mein ganzes Leben umgreifen. Diese eine Bitte habe ich noch. Ihr müßt auf mein Grabkreuz setzen: ›Unverwundet gefangen‹.* Für den Grabstein auf dem Innsbrucker Westfriedhof wurde 42 Jahre später eine andere Inschrift ausgewählt: »Hast du bestanden? Du hast bestanden!« Allerdings wurde *Unverwundet gefangen* als Titel für das 1921 veröffentlichte Tagebuch über die Gefangenschaft im Osten Sibiriens gewählt, das zu Breitners erfolgreichstem Buch wurde und in sechs Auflagen erschien. Unverwundet gefangen. Eine Schmach für den Militär, der als Kind mit Zinnsoldaten Gefechtsstellungen nachgebaut hatte, eine Schmach für den Stabsarzt, der vom Gegner abberufen wurde, noch ehe er sich im Feld und an der medizinischen Versorgung der verwundeten Soldaten beweisen konnte.

Wie nah beieinander Glück und Unglück doch liegen. Der Abstand beträgt kaum mehr als der schmale Rand, der die zwei Seiten einer Münze voneinander trennt. Soeben noch in großer Verzweiflung, jegliche Hoffnung auf eine Änderung der Verhältnisse aufgegeben und in Ohnmacht gefesselt, um kurz darauf mit einer Veränderung zum Positiven konfrontiert zu werden, der den eben noch dominanten düsteren Gedanken beinah eine Fratze der Lächerlichkeit überzieht – wer kennt dieses Heiß/Kalt, Hell/Dunkel und die Paarung aus Verzweiflung und Hoffnung nicht? Um drei Uhr nachmittags war die Inschrift für den Grabstein gedankenfüllend, drei Stunden später kehrte das Leben zurück.

Dieses Wechselbad der Gefühle zwischen tiefer Verzweiflung und Freude darüber, eine Tätigkeit zu haben, gebraucht zu werden und helfen zu können, gab den Ton in Breitners Leben während der Gefangenschaft an. *Ich habe Arbeit vor mir! Ich werde helfen können. Ich bin tief erregt. Endlich einen Zweck sehen, ein Ziel! … Es ist ein Aufglühen in mir und wie verhaltener Jubel. In tiefer Scham lösche ich alles Gedenken an den Augenblick, da ich mich selbst aufgeben wollte. Um ein Leben älter trägt es mich aufwärts.*

Breitner litt unsäglich unter der Tatsache, dass er in Frampol nach nur wenigen Tagen an der Front zum Kriegsgefangenen wurde. Dass es die russische Armee war, doppelte die Schmach. Blanker Nationalismus gepaart mit einer großen Abneigung gegen alles vermeintlich Russische, gegen die slawische Seele und die Mechanismen der Gesellschaft, mit Unzulänglichkeiten jeglicher Art umzugehen. Breitners Blick war dabei stets von oben nach unten gerichtet, vom, wie er es sich vorstellte, »Herrenmenschen« zum »Untermenschen«. Diese Haltung stand durchaus im Widerspruch zu seinen sonstigen Gepflogenheiten im menschlichen Miteinander. Der große Menschenfreund war ein Russenhasser. Diese tiefe Abneigung war zum einen der hochgehaltenen Idealisierung alles »Deutschen« geschuldet, zum anderen der russischen Politik, die vor allem den österreichischen Interessen auf dem Balkan im Wege stand, und wohl auch seinen persönlichen Erfahrungen während einer privaten Reise nach Sankt Petersburg, während der er weitgehend ahnungslos in die Nachwehen der martialischen Ereignisse des Petersburger Blutsonntags geriet, in dessen Verlauf Hunderte friedlicher Demonstranten von blutberauschten Kosakenverbänden getötet worden waren. Halb war es wohl das Interesse an den Meldungen über die erwachende Revolution in Russland, die den Autor des sozialkritischen Dramas *Will's tagen?* im ausgehenden Wintersemester 1904/05 nach Petersburg lockte. Als andere Hälfte des Beweggrundes, in den Zug zu steigen, kann sein Interesse an Iwan Pawlow gelten, das er vorgab, um das für die Reise benötigte Visum zu erhalten. Pawlow wurde ein Jahr zuvor als erstem russischen Wissenschaftler ein Nobelpreis verliehen, es war der für Medizin, den er als Physiologe für die umfassende Erforschung der menschlichen Verdauung erhielt. Nachdem Breitner Hospitant in der Klinik Edmund von Neusser geworden war, nutzte er die Einladung zu einem gesellschaftlichen Abend im Haus des Professors, um von diesem eine Empfehlung für das Pawlowsche Institut in Petersburg zu erhalten. Er kam als Tourist an, um die Revolution zu erleben. Als er wieder im Zug zurück nach Berlin saß, konnte er nicht anderes, als seinem Retter zu danken, dass er noch am Leben war. Breitners Lebensretter, ein junger Maler, der sich den revolutionären Zirkeln angeschlossen hatte, war da schon nicht mehr am Leben. Er wurde am Tag nach dem Tumult, den die angreifenden Kosaken unter den Besuchern einer Veranstaltung angerichtet hatten, kaltblütig enthauptet.

Wochen nach der Gefangennahme war Burghard Breitner mit anderen Gefangenen in einer Kaserne in Omsk interniert und wartete auf die nächste Entscheidung des russischen Militärs. Weit und breit war niemand, der ihn zu retten imstande gewesen wäre. Breitner wand sich unter dem Schmerz, als Arzt einer brutalen russischen Willkür ausgesetzt zu sein, die allen Intentionen der Genfer Flüchtlingskonvention Hohn spottete. *Es gibt doch eine Genfer Konvention für den Krieg? Sie wird mir ein häßliches Gespenst, und ich kann es nicht greifen … Was ich um mich sehe und höre, unterstützt von empörenden Berichten Verwundeter – dies alles formt sich zum Bild einer seltenen Brutalität. Ein Bild, hinter dessen Tragik die Fratze eines asiatischen Haufens triumphierend über Vereinbarung und Recht aufscheint.* Am 17. Oktober war in Omsk erstmals die Rede davon, dass alle Gefangenen deutscher Zunge in das Gouvernement Irkutsk gebracht werden, während alle Slawen im Gouvernement Omsk gesammelt werden sollten. Knapp vier Wochen später, am 12. November kurz vor Mitternacht, kam Breitner mit Tausenden anderen Häftlingen in Nikolsk-Ussurijsk an. *Dies soll nun das Ende unserer Fahrt sein. Diese Wüste, die sie Stadt nennen; dieses Heerlager zerbrochener Menschen … Ärger als letzte Kerkersträflinge behandelt, kauern wir hier zusammengepfercht auf den Steinfliesen und warten.*

Östlicher ging es nicht mehr. Das große Gefangenenlager, in dem Breitner am 12. November 1914 spätabends eintraf, lag am Stadtrand von Nikolsk-Ussurijsk, einer Stadt im Süden der russischen Region Primorje, die früher Nikolskoje hieß und sich heute Ussurijsk nennt. Einhundert Kilometer südlich davon liegt die große Hafenstadt Wladiwostok, Endpunkt der Transsibirischen Eisenbahn. Vom Lager aus war es gleichweit bis zur chinesischen Grenze oder zur Küste des Pazifischen Ozeans, der sich dort Japanisches Meer nennt.

Nach Angaben des Internationalen Roten Kreuzes wurden im noch zaristischen Russland 2 111 146 Soldaten des österreichisch-ungarischen Heeres gefangen genommen. Für den überwiegenden Großteil endete der Krieg an der Front bereits nach wenigen Wochen, weil der österreichische Angriff auf allen Linien scheiterte und Conrad von Hötzendorf eine Niederlage nach der anderen einstecken musste, bis schließlich ganz Galizien mit Lemberg, der viertgrößten Stadt der k.u.k. Monarchie, und Krakau, der polnischen Königsstadt, in die Hände der Russen fiel. Über zwei Millionen gefangener und über eine Million gefallener Soldaten war die numerische Bilanz des Ersten Weltkriegs allein auf Seite von Österreich-Ungarn. Insgesamt starben im Zusammenhang mit dem Krieg neunundeinhalb Millionen Menschen im Fronteinsatz. Welch eine Schlachtbank zwischen Frankreich, Italien und Russland. Welch eine Lust nach Krieg in all den Metropolen der Zeit, die, wie sich am Ende des Gemetzels herausstellte, auf einem ungeheuren Drängen nach Veränderung beruht haben musste. Und alles in einer Geschwindigkeit, die das Flanieren der Vorkriegszeit in ein Hasten und Hecheln verwandelte, in die Geschwindigkeit des 20. Jahrhunderts.

Wie lange die Zugfahrt auf der Strecke der Transsibirischen Eisenbahn vom westsibirischen Omsk bis kurz vor die Pazifikküste tatsächlich dauerte, ist im Falle Burghard Breitners nicht exakt überliefert. Die Entfernung beträgt jedenfalls über 6 000 Kilometer und umfasst sieben Zeitzonen östlich von Moskau. Genau kennen wir nur die Markierungsdaten der Gefangennahme am 6. September, der zwischenzeitlichen Internierung in Omsk am 24. September *in einem feuchten eisigen Kellerloch in einer Baracke des Strafbataillons* und schließlich der Ankunft am 12. November in Nikolsk-Ussurijsk. *Lösche die Tage, Schicksal, lösche das Grenzenlose ihres Schmutzes und ihrer Bitternis!*

Nach der Gefangennahme, so ist in Georg Wurzers im Jahre 2000 erschienenen Dissertation *Die Kriegsgefangenen der Mittelmächte in Russland im Ersten Weltkrieg* zu lesen, formierten sich in der Regel größere Marschkolonnen mit einer Stärke von 400 bis 2 000 Mann, die dann oft noch aufgestockt wurden. Das Ziel dieser Märsche war eine Eisenbahnstation im Hinterland, von wo die Gefangenen den Transport ins Innere Russlands antraten. Elsa Brandström, die wie Breitner mit der Bezeichnung »Engel von Sibirien« geadelt wurde und sich als Tochter eines schwedischen Gesandten in Sankt Petersburg und als Krankenschwester in der russischen Armee mit großer Fürsorge und Beharrlichkeit um die in Russland gefangen gehaltenen Soldaten aus Deutschland und Österreich-Ungarn kümmerte, hielt in ihren Notizen fest, dass, je weiter weg die Soldaten von der Front kamen, desto strenger und rücksichtsloser die Behandlung war. Wie Herdenvieh wurden sie ihrer Beschreibung nach vorwärtsgetrieben, während die Kosaken ihre Säbel zogen und Nachzügler mit der Peitsche antrieben. Der Transport mit der Eisenbahn, auf den die Gefangenen nach den quälenden Märschen bei fehlender Unterbringung und Verpflegung oft lange warten mussten, wurde mit Güter- und Viehwaggons, den sogenannten Tepluski, durchgeführt. In der Mitte der Waggons stand ein Ofen, an den Seiten waren zweistöckige Holzpritschen angebracht, auf denen die Gefangenen schlafen sollten. In der Regel war jeweils ein Waggon für 40 Gefangene ausgerichtet, nicht selten wurden aber 50 bis 60 Mann hineingepfercht, was einen Teil der Männer dazu zwang, auf dem Boden zu schlafen. Wegen der dünnen Holzwände und der kleinen Luftlöcher über den Pritschen waren die Waggons im Sommer unerträglich heiß und im Winter bitterkalt. Und die Notdurft musste durch die geöffnete Wagentür des fahrenden Zuges verrichtet werden. In vielen Berichten wurde außerdem beklagt, dass die Waggons verwanzt, verlaust und in einem ekelerregenden Ausmaß verdreckt waren. Zum Großteil handelte es sich um dieselben Waggons, mit denen die russischen Soldaten an die Front transportiert wurden.

»Du wirst fort sein. Unerreichbar weit. Du gehst in einer Eishöhle aus und ein. Die Pflanzen erfrieren. Die Menschen erfrieren.« Die Weissagung seines Freundes Richard Teschner, nur wenige Stunden nach dem Attentat auf den Thronfolger, hatte sich voll und ganz erfüllt. Burghard Breitner sah dem ersten ostsibirischen Winter entgegen, eine Zeit, auf die sich der Begriff »Zukunft« nicht anwenden ließ. Das sollte Leben sein? Dafür müsste es irgendwelche Anknüpfungspunkte an das Leben geben, das bis zu Teschners Prophezeiung und einige Tage darüber hinaus Breitners Welt ausmachte: der Welt als Assistent von Eiselsberg, als Forscher, der sich mit dem Kropf auseinandersetzte und als Arzt, der er mehr und mehr geworden war auch in der Abkehr von der bis dahin verfassten Literatur, die er – unter dem Eindruck von Karl Kraus – durchaus selbstkritisch als Journalismus abtat. Aus der Abkehr von Oberflächlichkeit und dem Eingehen auf eine gesunde Selbstkritik erwuchs die einfache Feststellung, von Beruf Arzt zu sein. Das war noch vor dem Sommer, als die Enttäuschung über erfolglose Bücher wie das der Novelle *Fremdenlegion* und abgelehnte Manuskripte wie das des Novellenbandes *Kräfte des Lebens* verdaut werden mussten, möglichst sanft, um nicht daran zu ersticken. Arzt sein, noch dazu als Assistent des großen Eiselsberg, der der Chirurgie völlig neue Felder erschloss. Das verhieß eine Zukunft, in der jeden Tag aufs Neue Türen aufgestoßen wurden und aus den Fenstern das Glas brach, um dem Wind der Zukunft Raum zu geben. Und jetzt, knapp ein halbes Jahr später und zigtausend Kilometer vom Leben, das noch eine Zukunft kannte, entfernt, mündet alles in eine grenzenlose Weite, die keinen Horizont kennt, keinen Anfang und kein Ende, die – von der Entgrenzung geformt – den Einzelnen so nichtig macht und so knochenbloß zum Untertanen formt, wie es kein Gesetz zu bestimmen vermöchte.

Knapp zwei Wochen nach der Ankunft notierte Burghard Breitner unter dem Datum vom 25. November: *Betäubt schleppe ich mich von Tag zu Tag. Und fast scheint es mir, als stünde jenes grausamste Gespenst nahe: Haltlosigkeit.* Über ein Jahrzehnt formte der junge Mann an sich und ließ sich formen. Er kämpfte um seine Bestimmung, um seinen Platz in der Welt, den er schließlich in der Medizin fand, nachdem er dem Theater Adieu gesagt und der Literatur einen nachgeordneten Platz zugewiesen hatte. Er rang dem Eros den einen oder anderen Sieg ab und fand auch in diesem Labyrinth einen Weg zwischen Trieb, Lust, Versuchung und wohl auch Glück und Liebe. Dem Kampf der Geschlechter entzog er sich und fällte die Entscheidung eines Sowohl-als-auch. Viel später, als er sich, schon krank, mit dem Thema seiner Sexualität, der Bisexualität, aus medizinischer Sicht beschäftigte, sollte er schreiben, *daß wir an unserem Geschlecht sterben.* Im dreißigsten Jahr war davon selbstverständlich keine Rede. Und kurz danach war der Orkan entfacht, der ihn kurz vor der Küste des Japanischen Meeres in einem elendsgroßen Kriegsgefangenenlager auf den staubigen Boden warf, in die Wirklichkeit der kommenden sechs Jahre. In diesem immensen Einerlei des Ostens ließen sich weder Raum noch Zeit bestimmen. Die Grenzenlosigkeit als höchste Strafe für einen, der sich Jahre mühte, Haltung zu lernen und Haltung zu zeigen und – kurz bevor er das Miteinander von Haltung und innerer Persönlichkeit zu zeigen imstande gewesen wäre – in ein Leben geworfen wurde, in dem es täglich einen kniehohen Humus als Nährboden für Haltlosigkeit zu durchwaten galt. Am 30. November spätabends, zweieinhalb Wochen nach der Ankunft in Nikolsk-Ussurijsk, wurde Burghard Breitner vom russischen Generalarzt des Lagers zur Übernahme der chirurgischen Abteilung in dem für die Kriegsgefangenen improvisierten Lazarett bestimmt. Gleichzeitig wurden ihm auch Tisch und Bett im Lazarett zugewiesen. Es war sein Status als Assistent von Eiselsberg, dem er diese Übertragung medizinischer Arbeit und Verantwortung zu verdanken hatte. Als Schüler Billroths, der überragenden Koryphäe der Zweiten Wiener Medizinischen Schule, baute Eiselsberg die von ihm übernommene I. Chirurgische Universitätsklinik weiter aus und errang sich international den Ruf, einer der Pioniere der Unfallchirurgie zu sein. Als solcher widmete er sich im Ersten Weltkrieg, aber auch schon zuvor im Balkankrieg

Von November 1914 bis August 1920 war Burghard Breitner im ostsibirischen Gefangenenlager Nikolsk-Ussurijsk medizinisch tätig.

1912/13 der Kriegschirurgie, wofür er Chirurgengruppen für den Einsatz im Feld organisierte. Auch Burghard Breitners ursprünglicher Marschbefehl lautete auf die Teilnahme an einer der von Eiselsberg organisierten chirurgischen Feldgruppen. Der vor lauter Kriegsbegeisterung betriebsblind gewordene Breitner wähnte den Einsatz dieser Gruppen als vom Kampfgeschehen zu weit entfernt und sicherte sich auf eigene Faust einen Einsatz an der Front. Die Rechnung dafür wurde ihm mit Gefangennahme und Verbannung in den sibirischen Osten prompt präsentiert. Am 1. Dezember 1914 begann Breitner mit dem Ausbau der Lazarett-Chirurgie. Sein persönliches Schicksal, der weitere Verlauf des Krieges und vor allem die von Jänner 1919 bis Jänner 1920 stattfindenden Pariser Friedensverhandlungen zwangen ihn, bis zum Sommer 1920 auf diesem Platz zu bleiben. *Ich sehe mein ganzes Dasein mit anderen Augen. Ich bin auf einen Platz gestellt, ich habe eine Aufgabe einzulösen, ich kann arbeiten.*

Die Monotonie des Lageralltags, die sich stetig wiederholenden Plänkeleien, Reibereien und Kollisionen mit der russischen Verwaltung, die Ängste vor dem Ausbrechen politischer Konflikte im Krisendreieck Russland, China und Japan, die sich unmittelbar auf das Schicksal des Kriegsgefangenenlagers ausgewirkt hätten, die quälende Sorge um die Auswirkungen des Kriegsverlaufs in der Heimat, die ungeheure Sehnsucht nach geliebten Menschen und die permanente Angst vor der Willkür der russischen Siegermacht, die dem Leben von einer

Stunde auf die andere, von einer Sekunde auf die andere eine schmerzhafte, wenn nicht gar tragische Wende hätte geben können, das beinah ohnmächtige Hin und Her zwischen Flucht und Bleiben, zwischen dem Verderben in Gewissheit oder dem in schicksalhafter Abenteuerlichkeit – all das fiel auf jeden Einzelnen der zigtausend Gefangenen zurück. Die einen traf es weniger, die anderen umso härter. Geist und Körper hatten dem zu widerstehen und die Seele sollte auch intakt bleiben. Je nach Charakter, Veranlagung und situationsbedingter Laune halfen Alkohol und später auch amouröse Abenteuer, die Strapazen der Herausforderungen abzufedern.

Breitner hatte darüber hinaus die Verantwortung für sein Lagerspital zu tragen, in dem Erkrankungen an Typhus und die Todesfälle massiv zunahmen, und trug zudem die Sorge um das Genesen der Verwundeten. Und er wuchs kraft seiner Persönlichkeit zu einer Vertrauensperson heran, auch zu einem Vermittler zwischen den Kulturen. *Ich erlebe Stunden, in denen sich alle Qual und Hoffnung dieser Wochen in ein unbeschreibliches Wirrsal von Gefühlen drängt. Sobald die Möglichkeit unmittelbarer praktischer Betätigung nicht gegeben ist, bin ich wie im Fieber. Eine schwere Krankheit dünkt mich dann mein Leben seit der Gefangennahme. Eine hilflose Krankheit, die ungezählte Male das Grauen des Endes durchkosten läßt. Einem Sterbenden kann nicht banger zu Mute sein.* Von Alfred Roller, dem väterlichen Freund aus glücklichen Wiener Tagen und Hausnachbarn in Mattsee, wurde Breitner mit dem tröstenden Zuspruch von der *Allheilerin Arbeit* konfrontiert, den er beinah feindselig aufnahm, um Monate später am 24. September 1915 doch feststellen zu müssen, dass sich der Inhalt des Ratschlags bewahrheitete: *Allheilerin Arbeit!* Um diese Zeit jährten sich die Tage nach der Gefangennahme, was zu Stunden *grausamen Erinnerns* führte. Die Härte des Alltags ließ sich auch daran abmessen, dass die Tagesration an Fleisch für die Gefangenen vier Dekagramm ausmachte und einer der Männer, der wegen eines Fluchtversuchs mit dreißig Tagen Arrest bestraft wurde, in dieser Zeit nur neunmal Nahrung bekam.

Neben jeglicher Form von Willkür und der extremen Mangelernährung waren die im Lager grassierenden Infektionskrankheiten eine besondere Herausforderung. Breitner zählte in diesem Zusammenhang das sogenannte Rückfallfieber, das durch Kleiderläuse oder Zecken übertragen wird, ebenso auf wie die verschiedenen Formen einer Typhuserkrankung und kontrastierte die Seuchenprobleme mit der wohl durchaus gut gemeinten Unterstützung eines US-amerikanischen Jünglingsvereins, dessen Vorstand das Lager besuchte und dem russischen Oberst 6 000 Rubel zur Beschaffung von Tee und Zucker sowie Übersetzungen des Neuen Testaments ins Ungarische und 35 Mundharmonikas übergab. Welch ein Verkennen der tatsächlichen Grausamkeit des Lagerlebens und welch eine Fehleinschätzung in Fragen von Verantwortung, Vertrauen und Zuständigkeiten. Die rhetorische Frage Breitners, *Wann werden wir endlich Amerika den Krieg erklären?!,* gibt dem Zynismus ein Gesicht und der Ohnmacht eine Farbe. Angesichts der Speisenzuteilung zu Beginn des Februars 1916, die aus zwei Schöpflöffel Milch und einem Ei pro Mann und Tag bestand, was weniger als die Hälfte dessen ausmachte, was vereinbart war, ist die Zurückhaltung des Rumors kaum nachvollziehbar.

Ganz anders dagegen wurde der Besuch von Alexandrine Gräfin von Üxküll-Gyllenband gewertet, die nach 1915 über Vermittlung des dänischen Roten Kreuzes und mit Unterstützung der Zarin und der deutschen Kaiserin als Rot-Kreuz-Schwester einer kriegführenden Nation Gefangene im Feindesland besuchen durfte. Sie kam mit dem Recht in der Tasche, ohne Zeugen mit den Gefangenen sprechen zu dürfen und erhielt auch Zugang zu den jeweiligen Behörden, um auf die Einhaltung der Genfer Konvention zu pochen. *Die vier Stunden ihres Aufenthalts bedeuten unstreitig das größte Ereignis, das uns bis jetzt in der Gefangenschaft zuteilwurde. Eine außerordentliche Frau, die in ihren scheinbar leidenschaftslosen Kontroversen mit den russischen Ärzten und Offizieren seltene Schärfe des Urteils und der Verurteilung bekundete. Die fast männliche Klarheit und Sicherheit, mit der sie alle Einwände und Behauptungen des Generalarztes widerlegte und die diplomatisch gewandte Art von Stich und Gegenstich, von Angriff und Parade wird mir unvergessen bleiben.* Davor, währenddessen und danach starben die an Tuberkulose Erkrankten mit erschreckender Schnelligkeit. Als zu Beginn des Sommers, Breitner datierte den Besuch unter dem 11. Juli, ein weiteres Mal Amerikaner ins Lager kamen, unter ihnen auch der Emissär R. Ames Burr, der bereits Anfang des Jahres 1915 im Lager war, um mit anderen Abgesandten im Auftrag der US-amerikanischen Delegation die Verteilung von Geld, Schuhen, Kleidern und Wäsche zu beobachten, die von in China lebenden Deutschen und Österreichern gesammelt wurden, war Breitner von den meist leeren Versprechen der Amerikaner bitter enttäuscht und von der Ohnmacht, der er sich dadurch ausgeliefert sah, beinahe wie gelähmt.

Fremden Mächten ausgeliefert zu sein, sei es nun der Armee, die ihn gefangen genommen hatte, oder einer amerikanischen Delegation, die eine Kiste chirurgischer Instrumente versprach und dann nicht lieferte, war eine der bedrängendsten Erfahrungen, die ihn zugleich in eine existenzielle Randzone brachten. Und sich dabei auch noch verstellen zu müssen, welch eine Schmach. Das lässt ihn den Schluss ziehen, dass er, der unverwundet in Gefangenschaft Geratene, diese Gefangenschaft verdiene und er der Heimat, allem Großen und Freien nicht wert sei, solange er sich vor der Wahrheit wie eine Schlange verbiegen müsse. Was wenige Wochen nach dem Ankommen in der ostsibirischen Hölle, die zu Beginn der Gefangenschaft fast täglich den Gedanken an Flucht anfeuerte, als *Nüchternheit dieses amerikanischen Diplomaten* Eingang ins Tagebuch fand, war zweieinhalb Jahre später zu ätzender Verachtung geronnen, um nach einem weiteren halben Jahr ein deutlich milderes Urteil zu fällen, indem er zugab, dass er in der Beurteilung des ihn verwirrenden Burr zwischen Null und sympathischem Abenteurer schwanke.

Anders als in der Donaumonarchie der Habsburger und dem Deutschen Reich unter den Hohenzollern hielt die Monarchie in Russland nicht bis zum Ende des Krieges. Wladimir Iljitsch Uljanow, genannt Lenin, entfachte das revolutionäre Feuer bereits 1903 anlässlich des Parteitages der Sozialdemokratischen Arbeiterpartei Russlands in London, als er den Sturz der Zarenherrschaft und die Umgestaltung der SDAPR in eine revolutionäre Kaderpartei beantragte. Weil das nicht gelingen sollte, spaltete er sich mit einer eigenen Fraktion – den Bolschewiki – von den Sozialdemokraten ab und arbeitete mit aller Konsequenz auf einen Umbruch der Verhältnisse hin. Nachdem der Zar im März 1917 gestürzt worden war, die neue Regierung die Beteiligung Russlands am Krieg jedoch fortsetzte, drängten die Bolschewiken an die Macht. Mit der Oktoberrevolution 1917 und der darauffolgenden Gründung der Sowjetunion sollte ihnen das auch gelingen.

Weit abseits von den Ereignissen in Petersburg, wo Zar Nikolaus II. am 15. März 1917 zugunsten seines Bruders Michail Romanow abdankte und sich auch der nur einen Tag an der Macht halten konnte, ehe sich die Provisorische Regierung bildete, und noch weiter abseits von Ereignissen an der Front notierte Burghard Breitner unter dem Datum des 17. März: *Gestern die ersten unbestimmten Gerüchte, heute die Zeitungsnachricht über den Umsturz in Rußland. Für mich besteht nur die Frage, ob sich für die Gesamtheit der Gefangenen hier eine wesentliche Änderung ergeben könnte.* Diese Sorge sollte Breitner bis zur Rückkehr in die Heimat nicht mehr verlassen. Er sah deutlich die Gefahr, dass die prekären und politisch instabilen Verhältnisse auf seinen Kosmos, auf die Welt des Lagers, seines Krankenhauses und seiner Patienten Einfluss nehmen würden.

Wenn sich die Nachricht vom Sturz des Zaren rasch über das Reich zwischen Baltikum und Pazifik ausbreitete, ist davon auszugehen, dass auch die Ereignisse

Danksagung Anton Breitners an Friedrich Breitinger (1887–1966), dem eine Schlüsselstellung in der Versorgung der Kriegsgefangenen aus Salzburg zukam.

der vorangegangenen Februarrevolution ihre Verbreitung fanden. Möglicherweise war das Wissen um die politischen Veränderungen und die Ahnung von bevorstehenden Umwälzungen auch der äußere Anlass für eine biografische Inventur, der eine Standortbestimmung folgte. *Man muß die Kraft haben, seine Lage zu Ende zu denken.* Damit kam ein weiteres Mal jener Rigorismus in Breitners Denken und Handeln zum Tragen, den er bereits in den ersten Internatsjahren zu beschreiben imstande gewesen war und der ihm zeit seines Lebens als eine bestimmende Richtschnur diente. In der Selbstschau war Breitner keineswegs zimperlich. Er wusste nicht nur um seine Stärken und Schwächen, er war auch in der Lage, die richtige Sprache dafür zu finden. Sein Blick von außen auf ihn war unprätentiös. Er war eine Instanz. Auch als von den Russen unverwundet gefangen genommener Feldchirurg der österreichisch-ungarischen Armee blieb das Instanzenhafte bestehen. Wohl auch deshalb litt er so entsetzlich unter seinem Schicksal und behielt sich vor, dieses Leiden nur mit sich selbst zu teilen. An der Instanz Breitner durfte auch in der Gefangenschaft kein Weg vorbeiführen.

Breitners biografisch-intellektuell-künstlerische Inventur im Vorfrühling des Jahres 1917, die einen Vorgeschmack liefern sollte, wie es um die Reiche und ihre Machtzentren nach zweieinhalb Kriegsjahren tatsächlich bestellt war, fiel ernüchternd aus, gemessen an seinem Anspruch des Geistesadels, nicht an dem der tatsächlichen Verhältnisse im Lager. *Ich habe geglaubt, daß das Ethos vom Niederbruch des Intellekts und dem aller nüchternen Arbeit verschont bleiben könnte. Aber auch diese Kokotte hat zum Krückstock gegriffen und hinkt hinter den Resten. Der Nervenklumpen Hirn, dessen Zellkonglomerat der Gedanke der Ewigkeit zur Folie einer Nachmittagsverdauung werden kann, verfault so gut wie das hungrig schlagende Herz.* Der Befund dieser Tage im Vorfrühling liest sich wie eine Zäsur, wie das Schließen alter und das Öffnen neuer Türen. Äußere und innere Umstände waren dafür in gleichem Maß geltend zu machen. Die Arbeit an dem Buch *Feige Soldaten* war abgeschlossen, zumindest in der Grundfassung, und es kann durchaus davon ausgegangen werden, dass Breitner in der permanenten Konfrontation seines Selbst mit der realen Situation eines Kriegsgefangenen unter russischer Fuchtel an einem wesentlichen Punkt angelangt war, an dem einer gewissen Resignation. *Militärisch habe ich alles verwirkt. Der medizinische Bankerott trägt fast das Diadem einer Burleske.* Die Fülle künstlerischer Arbeit – er schrieb am *Johannes* – *fällt unter den unauslöschlichen Fluch des Kompromisses. Was blieb für den Einsamen? Ein verwüsteter Glaube, aber kein Wundmal des Leibes. Die restlose, durchgepflügte Objektivität in den Begriffen ›Tapferkeit‹ und ›Feigheit‹ – aber nicht ein Erinnern an eigene mutige Tat. … Mir ist unbeschreiblich bang zu Mute.*

Das Eingeständnis, im Feld versagt zu haben, zwang ihn vor sich selbst in die Knie zu gehen, das Faktum zu akzeptieren und trotzdem weiter zu leben. Er war in der Trauerarbeit einen wesentlichen Schritt weitergekommen und bereit, das Wundmal der Schmach anzunehmen und die Gloriole des siegreichen Soldaten durch eine stupende Beharrlichkeit zum Wohle der ihm anvertrauten kranken, verwundeten und sterbenden Soldaten einzutauschen. Der Schauplatz seines Krieges war der an den Lazarettbetten. Und auch hier waren Mut, Ausdauer, Kraft und vor allem strategisches Denken gefordert, um zu überleben.

Das mit dem Überleben ist oft so eine Sache. Je aussichtsloser die Lage, umso stärker ist der Wille zu kämpfen, um das Blatt vielleicht doch noch zu drehen. Im Hinterkopf macht sich das Klopfen der zweiten Instanz bemerkbar: Übertreib's nicht! Und eine Schicht darunter wächst mit zunehmender Schlagzahl die Ahnung, dass doch alles keinen Sinn mehr hat. Die Räder beginnen sich schneller zu drehen und bald ist's nur mehr ein Taumeln, wie es dem Schicksal eines Dieners dreier Herren entspricht: Ans Überleben, an das Hoffen darauf genauso wie an sein Erdulden waren stets Bedingungen geknüpft, die mit der Schicksalshaftigkeit der Ereignisse seit dem Sommer 1914 verbunden waren. Wenn auch blutgetränkt und von den Gaskartuschen blind gespritzt, so ließ sich doch noch ein Raster erkennen. Staat und Gesellschaft und damit Heimat, selbst wenn sie weltweit woanders war, gaben trotz allem Schutz und Halt und ließen als Atlanten die Hoffnung nicht versinken. Und mit einem Mal ist das alles aus. Die Säulen stürzen und die Dächer krachen auf das Fundament. Sommer 1918, die Olympiade der Vernichtung Europas neigt sich dem Ende zu. An der Marne im Westen erlebt das Deutsche Reich sein Waterloo und am Isonzo im Süden krepieren die Infanteristen Kakaniens, auch die Leichen der Italiener lassen sich zu großen Quadern stapeln. Die österreichische Offensive an der Südfront war im Sommer 1918 zusammengebrochen. Im Süden des Reichs und mit Meerblick war Burghard Breitners militärischer Intimbereich angesiedelt – Laufstall, Primanerbühne und Jungspund-Arena gleichermaßen. Zweimal ein halbes Jahr zuerst im Trentino, später auf den Karsthöhen und schließlich in Triest wurde er als Freiwilliger ausgebildet. Eine Prägung, die unter die Haut ging. Alles weg und damit auch ein Teil der Heimat. Und wenn sie wegbricht, bebt der Boden unter den Füßen und der Halt verliert sich an ein Irgendwo. Gut vier Jahre nach dem vermeintlichen Aufruf zur Frischzellenkur des sich bereits in Agonie übenden Habsburgerreiches nährte sich der Gedanke an den letalen Ausgang von Hunger und Elend. So unterschiedlich die Geschichte der beiden Reiche auch war, so sehr ähnelten sie sich im Untergang. Stechschritt und Leutnant Gustl in Nibelungentreue zusammengeschweißt.

Und möchten es auch zigtausend Kilometer mehr gewesen sein, die Burghard Breitner von zu Hause weg war, die Erschütterungen müssen ihn ins Mark getroffen haben. Am 17. August verfasste er ein handschriftliches Vermächtnis. Die Aufzeichnungen in Stenogrammen, die Manuskripte und Abschriften seiner Arbeiten am Roman *Worte*, am *Roten Traum*, am *Johannes* und am *Ring der Ringe* sollten dem Vater gehören. *Die Widmungen, die ich vorhatte, sind ja nach meinem Tod doch wertlos.* Das sich in einem vom schwedischen Roten Kreuz verwahrten Koffer befindliche Tagebuch gab er zur Veröffentlichung frei. Bargeld sollte

Vor der Abfahrt des Zuges aus dem Lager Nikolsk-Ussurijsk nach Wladiwostok, von wo die Kriegsgefangenen auf der *Nankai Maru* ihre Heimreise antraten.

an Wärter und Pfleger verteilt werden und die Fonds, die er vom städtischen Spital für seine Leistungen erhielt, an die Arbeitsleute. Mit wenigen Sätzen von enigmatischer Prägung fasste er Gegenwart und Vergangenheit zusammen. Da der Ausdruck von ungeheurer Sehnsucht nach großzügiger Arbeit, dort der Gedanke – mochte das Leben auch verfehlt und vertan gewesen sein: *Ich möchte es tausendmal durchlaufen. Alles ist ein glückliches Danksagen. Aber dafür hat die Sprache kein Wort. Lebt wohl!*

Was immer der unmittelbare Anlass gewesen sein mag, der ihn dazu bewog, sein Vermächtnis abzufassen, er muss schwerwiegend gewesen sein. Oder war es doch die Erschütterung, die das nahende Kriegsende samt den unabsehbaren Folgen auslösten? Das Vermächtnis enthielt noch einen weiteren persönlichen, sehr persönlichen Passus. Burghard Breitner bestimmte darin, was mit Briefen von E. S. und den entsprechenden Aufzeichnungen zu geschehen habe. Die Initialen verweisen auf Emilie Schlierholz, die große Geliebte, die Frau seines Herzens und Kosmos der Wollust.

Die Briefe sollten vernichtet werden. Niemals sollte die Nachwelt je im Atlas ihrer Leidenschaften blättern. Das Schicksalsjahr 1914, in dem die Schüsse von Sarajevo eine Zäsur setzten, war auch eines im Verhältnis zwischen Emilie Schlierholz und ihrem erheblich jüngeren Galan, Verehrer, Liebhaber und

Geliebten. Zu Weihnachten 1913 vollendete Burghard Breitner einen Text, dem er den Titel *Vision* gab und der Emilie gewidmet war: *In deine Hände lege ich diesen Traum einer unvergleichlichen Nacht.* Zwei Wochen später schrieb er an die *einzige Geliebte,* dass er die *Vision* vollendet habe und er sich nichts anderes wünsche, als sie ihr, der er mit ganzer Seele gehöre, zu Füßen zu legen.

Bei der *Vision* handelt es sich um einen unveröffentlicht gebliebenen Text, der in der Handschriftensammlung der Österreichischen Nationalbibliothek verwahrt wird und der die Nacht in Gorni Stup, einem Vorort von Sarajevo, vom 7. auf den 8. Mai 1913 beschreibt. Die Nacht, wie sie der Erzähler, das Alter Ego des Autors, erlebt, geträumt und imaginiert hat. Die zwischen Traum und Wirklichkeit changierenden Bilder vermengen und verdichten sich ebenso wie die innerlich und äußerlich wahrgenommenen Stimmen. Und auch ein Du taucht in dieser Phantasmagorie auf – ein Gegenüber des Erzählers, das identisch ist mit dem Gegenüber des Autors in der Person von Emilie Schlierholz.

Burghard Breitner erhielt am 3. Mai den Einberufungsbefehl, der ihn nach Gorni Stup bei Sarajevo befehligte. Bereits am Vormittag des nächsten Tages saß er im Zug, ohne sich von Emilie verabschiedet zu haben. Es blieb nur Zeit für ein paar eilig hingeworfene Sätze, die in der Notiz gipfelten, dass ihm so unglaublich bang zumute sei, da er sie nicht mehr sehen konnte. Das Unterbewusstsein arbeitet unablässig – und so verwundert es keineswegs, dass Breitner sie in der beschriebenen Nacht sogar physisch wahrnahm, wenn auch indifferent und bezeichnenderweise als Vexierbild zwischen Kind und Frau.

Zwischen der beschriebenen Nacht von Gorni Stup und dem Abschied von Emilie lagen ein Jahr und ein paar Monate. Im Mai 1913 konnte noch niemand die Schüsse vom 28. Juni vorhersehen – und doch erzählt die *Vision* von einer Ahnung, wie wenig greifbar und haltbar das Leben sein kann.

Der Kuss, lang und innig, der den Marschbefehl in der Jackentasche, wenn schon nicht vergessen machte, dann doch auf das reduzierte, was er war – ein Stück dünnes Papier mit Daten und Kürzeln, wie sie nur von einer Herde willfähriger Beamter ersonnen werden konnten –, dieses Symbol heißen Lebens gehörte ihr. Das Abschiedsgeschenk aber, der edle Wallach Rangö, der den tapferen Krieger an die Front begleiten sollte, um ihn spätestens zu Weihnachten wieder sicher in die Heimat zurückzubegleiten, blieb, wo er war: im Stall in Seeham, auf der anderen Seite des Sees. Im Sommer lag nur das Wasser zwischen ihnen. Für den sportlichen Mann und trainierten Schwimmer kein Hindernis. Es war eine geheime Liebe, eine ohne Namen, Daten und Geschichte. Ein unablässig wiederkehrender Reigen von Begehren und Hingabe. Ein großes Geheimnis.

Du meine wunderbare Geliebte, in fürchterlicher Verlassenheit, an der Grenze meiner Spannkraft, in wildem Verlangen rufe ich wieder nach Dir.

Unerbittlich hart und grausam stöhnt mir der Wind zu: Wann werde ich dich wiedersehen? Wann? Gebrochen an Seele und Leib, ein Zertrümmerter werde ich einst in Deine Arme sinken, wenn mir die Gnade eines Schicksals den Heimweg offenhält. Oh bleib mein bis dahin. Lösche mein Leben nicht mit dem Gedanken, daß ich Dich anders finden werde, als ich Dich verließ. Mir ist bang zumute, Du mein Einziges, unsäglich bang, Ende! Ende!

Ein Niemand im Niemandsland

6

Als die *Nankai Maru* am frühen Abend des 9. September 1920 nach mehreren Monaten der Vorbereitung mit 1 217 Kriegsgefangenen der ehemaligen k.u.k. Armee den Hafen von Wladiwostok verließ, hatte auch für Burghard Breitner die Gefangenschaft ein Ende genommen. Zumindest in praktischer Hinsicht, in Fragen des Lebensvollzuges sowie in der bevorstehenden Heimkehr. Ab diesem Abend war er auf dem Weg zurück in die Heimat, die er sechs Jahre zuvor mit viel Euphorie im Gepäck und der Gewissheit, das einzig Richtige zu tun, verlassen hatte. Von Wladiwostok, wo die *Nankai Maru* in See stach, führte die Reise über das Südchinesische Meer in die Straße von Malakka und weiter über den Indischen Ozean in Richtung Golf von Aden und Rotes Meer. Schließlich steuerte das Schiff von Port Said am Nordende des Suezkanals bis in den Hafen von Triest, wo eine wütende Bora die Einfahrt erschwerte. Biografisch um sechs Jahre älter, aber um Äonen gealtert und mit weißem Haar, ließ er die tatsächliche Welt der Schmach, des Zwangs und der Erniedrigung zurück, ohne gesichert zu wissen, welche Welt er zu Hause vorfinden würde. Die alte Welt war mit dem Untergang der Monarchie versunken und eine neue war erst im Entstehen begriffen. Und die Idee, wofür er sich im Sommer 1914 Hals über Kopf an die galizische Front gedrängt hatte, mit dieser großen Verpflichtung allem »Deutschen« gegenüber im Tornister, dieser innere Auftrag war längst zu Blut auf den Schlachtfeldern geronnen und in den Tränen während der Gefangenschaft versickert. Was blieb? Kaum mehr als ein Rinnsal aus Hoffnungslosigkeit.

Breitners Seetauglichkeit war bei dieser Überfahrt zu keiner Zeit in Frage gestellt, und trotzdem schwankte der Boden unter den Füßen, wie das bei Schiffsreisen so üblich ist. Zwischen dem knöchelhohen Morast im sibirischen Lager und dem staubigen Asphalt im mittlerweile republikanischen Wien waren es die blanken Holzlatten auf dem Deck der *Nankai Maru*, die ihn einen Boden unter den Füßen spüren ließen. Eine Zwischenwelt im Niemandsland auf hoher See zwischen Ozeanen und Kontinenten und dem einzigen Ziel, sicher im

Hafen von Triest anzulegen, auf eigenen Beinen von Bord zu gehen und sich mit jedem Tritt ein Stück sibirischer Gefangenschaft von der Ferse zu schütteln. Wie sehr die Welt nach dem Ende des Ersten Weltkriegs aus den Fugen geraten war und wie prekär sich die geopolitische Ordnung in Europa wie im fernen Russland der nachzaristischen Zeit darstellte, erlebte Breitner hautnah und spätestens mit dem Ausbruch der Oktoberrevolution täglich und existenzbedrohend. Während er abwechselnd mit russischen, chinesischen und japanischen Machthabern ums Überleben seines Lagerspitals verhandelte, war das Schicksal der österreichisch-ungarischen Kriegsgefangenen aufs Engste mit der Pariser Friedenskonferenz verbunden, die vom 18. Jänner 1919 bis zum 21. Jänner 1920 stattfand. Der zwischen der Republik Österreich und den alliierten sowie assoziierten Mächten geschlossene Friedensvertrag von Saint-Germain-en-Laye wurde am 10. September 1919 unterzeichnet und am 17. Oktober 1919 von der Nationalversammlung der Republik Österreich angenommen. Der eine Woche später ratifizierte Vertrag trat schließlich am 16. Juli 1920 in Kraft. In Wladiwostok, am östlichen Ende des fernen Sibiriens, führte Breitner in diesem zeitlichen Umfeld, bereits am 3. Juni, die ersten Gespräche über ein Spitalsschiff, das die Gefangenen nach Triest transportieren sollte. In den Wochen danach gaben sich bei ihm Diplomaten und Vermittler die Türklinken in die Hände, bis endgültig entschieden wurde, dass die *Nankai Maru* nach Kobe zum Umbau für die Unterbringung der Kranken gebracht werden sollte.

Die an Burghard Breitner gerichtete Anweisung für den Dienst an Bord der *Nankai Maru*.

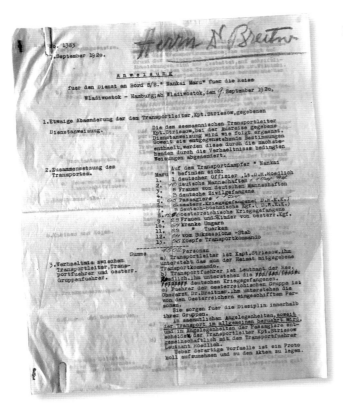

Es war alles in allem ein Schwebezustand, denn auch die Briefe aus der Heimat beinhalteten kaum mehr als das, was in den Zeitungen über die großen Verlierer des »Großen Krieges« zu lesen war. Dem ins Exil geschickten Kaiser weinte Burghard Breitner keine Träne nach, auch nicht der Monarchie und dem von ihr dominierten Gesellschaftsmodell. Vielmehr galt seine Sorge der Frage, wer zukünftig die Verantwortung für Staat und Gesellschaft tragen und wie diese gestaltet werden würde. Seine abgrundtiefe Abneigung gegen alles Kommunistische bezog auch die Politik der Sozialdemokraten mit ein. In welche Welt wird er zurückkehren, nachdem er in Triest von Bord der *Nankai Maru* gegangen sein und in dem bereitgestellten Zug, der die ehemaligen Kriegsgefangenen nach Hause bringen sollte, Platz genommen haben wird? *Im ›Luxuswagen‹ des permanenten Krankenzuges 17. Mit Herzlichkeit empfangen, mit Exaktheit und Tempo übernommen. Ist das das neue Österreich?* Welches Leben hatte er im Sommer 1914, als er noch das Leben mit Schillers *Ring des Polykrates* feierte, verlassen, und in welches Leben würde er, der für die deutsche Sache alles gegeben hatte, sechs Jahre später zurückkehren? *Ich war einmal ›ein militärischer‹ Held und beschloß diese Karriere als anrüchiger Gefangener mit dem niedrigsten Dienstgrad.* Im Vorwort zum sibirischen Tagebuch schrieb Breitner: *Ich bin als deutscher Soldat ins Feld gegangen. Als Soldat der deutschen Idee.*

Während die *Nankai Maru* im Indischen Ozean mit Kurs auf die afrikanische Ostküste unterwegs war, wurde in Wien das Bundes-Verfassungsgesetz von der Konstituierenden Nationalversammlung, die am 16. Februar 1919 gewählt wurde, beschlossen, womit der Prozess der Staatsgründung zu einem wesentlichen Teil abgeschlossen war. Unmittelbar nachdem die neugewählte Nationalversammlung erstmals zusammengetreten war, wurden das Habsburgergesetz und das Adelsaufhebungsgesetz beschlossen. Ein knappes halbes Jahr später folgte die bereits erwähnte Ratifizierung des Staatsvertrags von Saint-Germain-en-Laye, sozusagen die Geburtsurkunde der Republik Österreich, mit der unter alles Trachten und Schielen auf eine gemeinsame Sache mit Deutschland ein Schlussstrich gezogen wurde. Fundament und Gerüst für das neue Staatswesen waren komplett, als die *Nankai Maru* Anfang November im Hafen von Triest anlegte. Dieses Gerüst mit Leben zu füllen, stand dem Land, der Republik und ihren Bürgern noch bevor.

Auch Burghard Breitners Leben war auf die pure Existenz reduziert. Port Said, am 26. Oktober. *Und der wolkenlose ägyptische Morgen wird zur Farce: letztes Erraffenwollen einer einst stürmisch ersehnten Welt, Einsaugen eines Glanzes lechzender Möglichkeiten und erbarmungsloser Zerfall einer Scheinwelt von sechs Jahren, die in ihrer Freiheit eine grauenerregende Maske weist. … Das Brevier der sibirischen Jahre wird zum ersten Gesetz im ›neuen Leben‹. Nichts schwankt mehr. Alles fiel. Nichts zerbröckelt. Alles ist Schutt. Das Wundfieber der Menschheit schwingt vom Delirium zur Agonie. Ein infiziertes Schiff sucht den Heimathafen, um sich in die Akme der Pest zu stürzen. Herunter die gelbe Fahne! Was gelten Flaggen! … Zertrümmert die Boote. Wir sind nahe! … Es ist das Ende …!*

Es war weder der Höhepunkt einer alles zersetzenden Krankheit, der von Breitner beschriebenen Akme der Pest, noch war es das Ende. Es war ein Anfang, einer, der sich äußerlich triumphal gestaltete. Ein bunter Strauß vor kahlem Hintergrund. Das Ende einer Odyssee. Die Fahrt mit dem Zug von Triest nach Wien über Villach, Böckstein, Schwarzach, Hallein, Salzburg und Linz. In Wladiwostok eingeschifft am 9. September, in Wien aus dem Zug gestiegen am 7. November um 11 Uhr nachts.

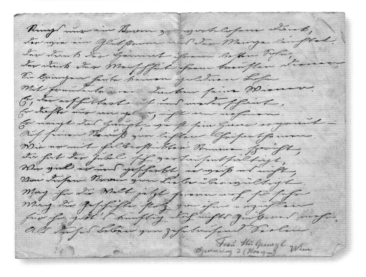

Erinnerungen einer
Zeitzeugin an Burghard
Breitners Ankunft in Wien.

»Er neigt das Haupt – wie ist sein Haar ergraut / Auf seinen Strauß von lichten Chrysanthemen / wie er mit halb erstickter Stimme spricht, / Da hat der Jubel sich vertausendfältigt / Wie viel er uns geschenkt, er weiß es nicht. Eine Stimme von Tausenden.« Eine gewisse Frau Stulpnagl aus dem 1. Wiener Gemeindebezirk hielt auf zwei A5-Seiten fest, was sich abspielte, als der Zug in den Hütteldorfer Bahnhof einfuhr. Die Menschen standen Kopf an Kopf gedrängt, sie schluchzten und die rot-weiß-roten Fahnen blähten sich im Wind. 1914, vor der Abfahrt vom Staatsbahnhof Wien in Richtung Osten, hatten die Flaggen noch eine andere Farbe getragen. Unter den vielen schriftlichen Glückwünschen zur Heimkehr fanden sich auch die Briefe von Hans von Haberer, seinem Vor-Vorgänger an der Chirurgie in Innsbruck und Vermieter des Hauses in der Siebererstraße, Breitners Zuhause zwischen 1932 und 1956; aber auch jene von Paul Clairmont, Chirurgie-Chef in Zürich und große Respektperson während der Jahre als Operationszögling, sowie vom Psychologen und Weininger-Intimus Hermann Swoboda. Hans von Haberer, später in den 1930er-Jahren NSDAP-Mitglied, hob in seinem Brief Breitners Pflichtgefühl und unzerstörbaren Idealismus hervor und stellte ihn als Beispiel dafür vor, »dass sich der besiegte und am Boden liegende Gegner nicht ohnmächtig in das traurige Schicksal fügen muss, sondern dass er immer noch Kraft genug hat, zu neuem Leben sich zu erheben. Dafür muss Ihnen das Vaterland und jeder Einzelne denselben Dank erweisen.« Paul Clairmont, Sauerbruch-Nachfolger in Zürich und Breitners freundschaftlicher »Erzieher« während dessen Ausbildung als Operationszögling, fand die persönlichsten Worte und Gesten: »Sie sind zurück! Wie gerne wäre jeder von uns, der Sie immer geliebt hat, das Kind gewesen, das Ihnen die Blumen gegeben hat! … Endlich hat sich alles für Sie erfüllt. Können Sie noch lachen wie früher? Können

Sie sich noch freuen, wie einmal? Wie sehen Sie aus? Wenn Sie irgendetwas brauchen …« Begegnungen, Begrüßungen, Umarmungen. Ein Herzlichkeitsrummel. Fast scheu dagegen das Aufeinanderzugehen der sich einst Liebenden. Überdauerte die Liebe? Konnten die Gefühle in der Wiederbegegnung Wort halten? In der Nacht vom 29. November schrieb Breitner an Emilie aus Mattsee: *Jedes Wort trägt mein Blut, jedes ist mir auch heute Gebet. Kein Erleben, keine Zeit mag zu trennen. Was Großes und Helles in mir wurde, wurde mir an Dir. Schmäh mein wildes Blut nicht, wenn es Rettung suchte. Der Wert meines Lebens liegt Dir zu Füßen. Vergib dem Mann, der die Ketten der nackten Natur trägt.*

Das Stadttheater Salzburg – das heutige Landestheater – setzte, von August Brunetti-Pisano und Hans Seebach wohl vorbereitet, für den 24. November 1920 eine »Dr. Burghard Breitner-Feier« mit einem bunten Reigen aufs Programm. Vor der Veranstaltung im Stadttheater huldigte eine Abordnung von Studenten dem Heimkehrer, offensichtlich auch von Brunetti-Pisano organisiert, wie einem Bericht in der Salzburger Chronik vom 25. November zu entnehmen ist. Vom Studiengebäude zogen sie singend und mit Fackeln in der Hand in die Franz-Josef-Straße, wo sie sich vor dem Haus Nr. 25 aufstellten, um Breitner – dem aus der Gefangenschaft Zurückgekehrten, dem aufopfernden Arzt und Fürsprecher der Gefangenen – die Ehre zu erweisen. Einer der Studenten pries in einer kurzen Rede Breitners »Pflichttreue und Opfermut« und dankte für die vielen nie zu vergeltenden Wohltaten an Vätern und Brüdern. Zum Abschluss seiner Lobrede versicherte er Breitner, dass dessen unbeugsamer Arbeitswille Vorbild für die Jugend sei. Breitners kurze Dankadresse gipfelte in dem Satz *Groß sein heißt rein sein.*

Kaum zwei Stunden später hatte der »Engel von Sibirien« in einer Loge des Stadttheaters Platz genommen, um einen Abend zu erleben, der seinetwegen und für ihn ersonnen, geplant und ausgeführt wurde. Ihm zum Dank, ihm zur Ehre und den Freunden zur Freude. Es war an einem Mittwoch, als um 19:15 Uhr der hymnische Reigen mit der Euryanthe-Ouvertüre von Carl Maria von Weber, gespielt vom Theaterorchester unter der Leitung des jungen Kapellmeisters Bertil Wetzelsberger, zu perlen begann. Warum Weber und nicht Mozart, fragte sich der Rezensent zwei Tage später in einer Besprechung, die in der Salzburger Chronik abgedruckt wurde, nicht ganz zu Unrecht. Warum dieser Auftakt? Die krude Geschichte des Librettos kann den Grund nicht geliefert haben. Möglicherweise war es eine musikalische Vorliebe Brunetti-Pisanos oder gar von Hans Seebach, dem Schriftsteller, Lehrer und Förderer von Burghard Breitner seit der Zeit auf dem Salzburger Gymnasium, der in wohlgesetzten Versen den Heimgekehrten dankbar begrüßte, sein Wirken hymnisch pries und vom »auserwählten Helden« und »großen Menschenfreund« sprach: »Was wünschenswert allhier, das werde dir zuteil / Wohltäter der Menschheit, Dir und den Deinen Heil / Nimm hin den Dank, da wir nun glücklich sind vereint, / Du auserwählter Held und großer Menschenfreund.«

Nach Seebachs Eloge, die zu einem tönernen Epitaph geriet, kam mit dem Stück *Madonna im Glück* ein Jugendwerk Breitners zur Uraufführung, über das der Rezensent im Salzburger Volksblatt einen Tag nach der Aufführung schrieb: »Es bleibt das Werk eines jungen ethischen Revolutionärs, eines reinen Apostels der Liebe und der Gläubigkeit übrig, und das ist an sich nicht wenig.« Das dreiaktige Stück handelt – um es knapp zu formulieren – von einer Dreiecksgeschichte zwischen einem älteren Militär, dessen jungen, hübschen Frau und einem noch unerfahrenen Oberarzt, der den an Krebs erkrankten Obristen behandelt. In der heutigen Wahrnehmung fehlt der Personenkonstellation jeglicher dramatische Appeal. 1908/09, als Breitner das Stück verfasste, waren erotisch aufgeladene Beziehungen zwischen einer verheirateten Frau aus dem bürgerlichen Milieu und einem jungen Galan – vornehmlich aus dem Offiziersstand – gang und gäbe, aber alles andere als gesellschaftlich akzeptiert. Breitner war 25 Jahre alt, als er das Stück verfasste. Arthur Schnitzler, der Großmeister in der Darstellung der therapeutischen Wirkung des feschen wie schneidigen Leutnants auf die somatische Befindlichkeit sich partiell überreizt gebender Damen der »besseren« Gesellschaft, war 22 Jahre älter und 1920, als für Breitner die Glocken der Freiheit läuteten, mit einem Megaskandal konfrontiert, als in Berlin die Uraufführung seines Dialogstücks *Reigen* als ein unerträglich krasser Spiegel des bürgerlichen Verhaltens im Separee oder hinter dem Paravent empfunden wurde, sodass er Aufführungen des Stücks auf der Bühne bis in die 1980er-Jahre sperren ließ.

Burghard Breitners Paraderolle auf der Bühne des Alltags war die des feschen und schneidigen Leutnants im Arztkittel, der bei den Damen viel mehr als nur einen guten Stand hatte. Die Herzen flogen ihm förmlich zu und Avancen wurden gestapelt ins Haus geliefert. Mit der Figur des Arztes war der Geehrte bestens vertraut. Er hatte sie erdacht, entworfen und beschrieben und ihr Worte in den Mund gelegt. Vielmehr noch, er war diese Figur selbst, er hatte sie auf den Brettern des wirklichen Lebens in Wien gelebt, ehe der Geist der Weltgeschichte einen Sturm entfachte, der den Kontinent verwüstete.

Breitners Bühnenstücken war vom Erstling *Will's tagen?*, den er noch als Gymnasiast verfasst hatte, bis *Die Farben*, *Treibeis* und *Johannes*, das er in der Gefangenschaft vollendete, bislang kein rauschender Erfolg beschieden. Das wird, wenn die Kritiker nicht völlig falsch liegen, auch für *Madonna im Glück* gelten. Die zögerliche und auf Einzelaufführungen beschränkte Rezeption hatte durchaus ihre Berechtigung, wie es sich Breitner von Zeit zu Zeit auch selbst eingestand, denn die Texte waren vom Dramaturgischen her nicht ausgereift und konnten von Seiten des Autors wohl auch deshalb nicht auf ihre Bühnentauglichkeit hin überprüft werden. Inhaltlich nahm Breitner selten Tiefenbohrungen vor, sondern blieb in der Darstellung der Thematik eher auf der Fallhöhe des Feuilletons, jedenfalls auf der äußerst riskanten Ebene des Allzugefälligen.

Wie viele Stunden der Bitternis, auf Momente und Augenblicke verdichtet, mögen sich zwischen Breitner in der Loge des Stadttheaters und dem Geschehen auf der Bühne geschoben und ihm die Ungleichzeitigkeit dieses »Theaters« schmerzhaft deutlich gemacht haben? Der Blick zurück öffnete mehrere Ebenen. Zurück zu den Tagen der Heimkehr, zur Ankunft der *Nankai Maru* in Triest, zu den Wochen auf dem Schiff und dem Zerschneiden der Fesseln in Kopf und Herz und dem Kappen der Bänder, die das Davor nicht loslassen wollten. Zurück zu den Momenten, in denen nur der glasklare Verstand das Sagen hatte, um die Bedürftigkeit des Herzens zum Schweigen zu bringen und die Existenz nicht zu gefährden. Zurück zu den ersten Wochen nach der Schmach der Gefangennahme und jenen Stunden, in denen die Qual der Gegenwart alle Zukunft und Vergangenheit vernichtet hatte und nur noch düsteren Abgrund zeigte. Zurück in den Frühsommer 1914 und den Verheißungen eines Lebens auf der Bugwelle des Glücks. Zurück und vorwärts, zurück und vorwärts. Als ihm auf offener Bühne die Lorbeerkränze der Stadt und des Landes überreicht wurden, mag er wieder festen Bühnenboden unter den Füßen gespürt haben. Eine Heldenfeier war's für einen, dem das Heldsein schnell ausgetrieben wurde und der sechs Jahre ausharrte – und damit wieder zum Helden wurde. Burghard Breitner, der als »Engel von Sibirien« gefeierte Lagerarzt, bot sich der österreichischen Nachkriegsbevölkerung, ohne dass es seine Absicht gewesen wäre, als Heldenfigur an und wurde entsprechend gefeiert.

Die Rückkehr Breitners an die Klinik Eiselsberg nach mehr als sechs Jahren war formal gesehen eine Selbstverständlichkeit, denn die Assistentenstelle, die er vor Ausbruch des Krieges übernommen hatte, wurde für ihn freigehalten. Zu Beginn des Jahres 1921, als Breitner den Dienst an der Klinik wieder aufnahm, entschied sich der Kollege, der die Position stellvertretend besetzt hatte, seine Tätigkeit als Chirurg in Java, heute eine der Inseln Indonesiens, fortzusetzen. *Es war für mich nicht leicht, ihn nun zu ersetzen. Mein chirurgisches Wissen und Können befanden sich auf dem Niveau von 1914. Wir schrieben 1921. Ich hatte in Sibirien nur einige Strumen operiert, am Magen konnte ich nur die damals gangbaren Methoden, als Höchstes die unilaterale Pylorusausschaltung. Unterdessen hatte gerade Nowak die Technik der Zweidrittelresektion des Magens mit ausgebaut und täglich einige Resektionen ausgeführt.*

Burghard Breitner kehrte als ein Niemand aus der Gefangenschaft in ein Niemandsland zurück. Sicher, er wurde gefeiert wie ein Held und war bekannt wie ein bunter Hund. Aber die übergestülpte Siegespose, die nichts anderes als den Mangel der Gefangenschaft, der unverwundeten Gefangennahme noch dazu, kaschieren sollte, galt dem Gewesenen, dem Krieg, der längst zu Ende war, und dem Wirken in Nikolsk-Ussurijsk, das am anderen Ende der Welt lag. Breitner hatte viel verloren. Die Vergangenheit war leer und ausgeräumt. Für die Gegenwart blieb ihm nur die pure Existenz, und die musste jeden Tag aufs Neue für die Zukunft gesichert werden. Als Arzt fehlte ihm die Praxis einer mittlerweile

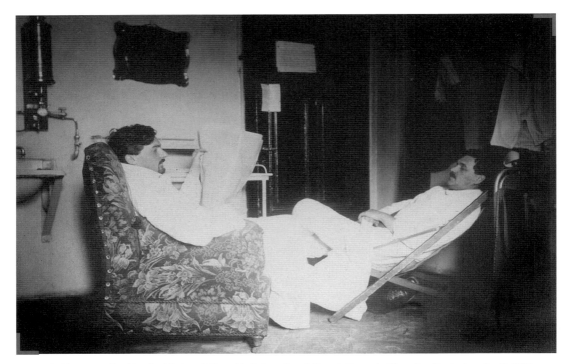

Peter Walzel (1882–1937) und Burghard Breitner teilten sich als Operationszöglinge ein Zimmer im Allgemeinen Krankenhaus der Stadt Wien.

98

fortgeschrittenen Medizin, als Wissenschaftler Öffentlichkeit und Austausch mit der Fachwelt, als Mann fehlte ihm zusehends eine Herzensvertraute, der Ankerplatz für Verzweiflung und Hoffnung. Und als Bürger, der auf der Suche nach dem neuen Staat war, fehlte ihm wirtschaftliche Sicherheit. Die finanziellen Zuwendungen, die er von elterlicher Seite vor dem Krieg erhielt, fielen zur Gänze aus, da sämtliches Barvermögen der Familie in den Kauf von Kriegsanleihen geflossen war. *Der Ausgang des Krieges hatte meine Familie um die letzten Besitztümer gebracht: um mich vom Schicksal loszukaufen, hatte mein Vater alles verfügbare Geld für Kriegsanleihen gezeichnet. Als ich zum erstenmal ins Elternhaus zurückkam, schleppten gerade ein paar neureiche Bauern Teppiche und Bilder in ihre Schlitten. Später kamen Kleider, Wäsche und Geschirr an die Reihe.*

Wie viele andere kehrte Breitner als ein Niemand aus Krieg und Gefangenschaft zurück, als ein Nichts, der auf der Suche nach einem Platz im Niemandsland, dem neuen Österreich, war. Aber, Breitner hatte auch gewonnen, Beträchtliches sogar. Die Schmach der Gefangennahme und die täglich neu aufzubringende Kraft, den Alltag in der Gefangenschaft zu bestehen, ließen einige Schichten glänzenden Lacks abblättern, Eitelkeiten verschwinden und einen Drang zum Wesentlichen wachsen. Breitner reifte in der Abwesenheit. Für die Gegenwart musste er dies aber erst unter Beweis stellen. Vergangenheit, Gegenwart und Zukunft mussten auf ein Gleis gebracht werden.

Im klinischen Bereich war Burghard Breitner gefordert, Wissen und Operationstechniken nachzuholen und durch wiederholte Erfahrungen und Übungen zu perfektionieren, um seinen Stand in der Runde der Assistenten zu festigen. Im wissenschaftlichen Bereich galt es Themen aufzugreifen, die der Klinik und ihrem Leiter zur Ehre gereichten und den Wissenschaftler einen Schritt weiter in Richtung Berufung an eine Universität brachten. Breitner brauchte kaum mehr als zwei Jahre, um wieder state-of-the-art zu sein und parallel dazu seine Habilitationsschrift zum Thema Zwerchfellhernien vorzulegen, womit er auch die Venia Legendi, die Lehrerlaubnis, an der Universität Wien erwarb. *Meine frohe Genugtuung war von der Überzeugung begleitet, daß ich unter tragfähigen Auspizien auf dem akademischen Boden Fuß gefasst hatte.*

Aus dem Niemand wurde wieder wer, und in der Gegenwart wurden Zukunft ermöglicht und Perspektiven geschaffen, sodass auch das Vergangene, das vor dem freudigen Eilen in den Krieg entstanden war, in einem feinen Bogen in die Gegenwart geholt und an den Zug in die Zukunft gekoppelt werden konnte.

Noch bevor Burghard Breitner im Klinikbetrieb wieder Fuß gefasst hatte und mit dem Erwerb der Venia Legendi zumindest einmal Dozent geworden war, feierte er auf einem ganz anderen Feld Erfolge. Es ging um das Feld der Felder, um das Feld, das ihn 1914 angezogen und mit übergroßem Eifer in den Zug getrieben hatte, der ihn und seinesgleichen an die Front im Osten gebracht hatte – an jene Front, die so denkbar schlecht vorbereitet war, dass die russischen Soldaten kaum mehr als ein paar Wochen gebraucht hatten, um fette Beute zu machen und ihn wie hunderttausend andere gefangen zu nehmen und in die Inhaftierung im fernen Osten zu verbannen. Nach der Veröffentlichung seines sibirischen Tagebuches, das im Spätsommer 1921 unter dem Titel *Unverwundet gefangen* erschienen war, wurde Breitner häufig zu Vorträgen eingeladen, um über seine Zeit der Gefangenschaft und über den Aufbau des Spitals im Lager zu berichten.

Burghard Breitner arbeitete seit Anfang 1921 wieder als Assistent an der Klinik Eiselsberg, habilitierte sich ein Jahr später und wurde 1927 zum außerordentlichen Professor ernannt.

Die Weihnachtstage 1920, nach sechs Jahren die ersten in Freiheit, verbrachte Burghard Breitner im elterlichen Haus am Vorderwartstein in Mattsee. Dort suchte er Ruhe und nach den anstrengenden Wochen einer beinah ununterbrochenen Feier des Wiedersehens einen sicheren Ankerplatz für den Rückzug, um neue Kräfte zu tanken und sich auf den Weg in das zurückgewonnene Leben in der Klinik und an der Universität zu machen. Vor allem aber nutzte er die Tage in Mattsee, um seine Tagebuchaufzeichnungen für den Druck vorzubereiten. Breitner war ein unermüdlicher Aufschreiber und Notierer, einer, dem es wichtig war, in den schriftlichen Notizen die mit den Erlebnissen und Erfahrungen verbundenen Emotionen mitklingen zu lassen, wie er überhaupt auf literarischer Ebene ein vom Affekt getriebener Schreiber war. Das verengte zuweilen den Blick und nahm den Texten Tiefe und Weite. Dieses handwerkliche Manko beim Verfassen literarischer Texte vermochte Breitner nicht zu kompensieren, weil er es seinen Texten gegenüber an jener Objektivität fehlen ließ, die ihm in der Betrachtung und Einschätzung von Situationen in vollem Umfang zur Verfügung stand und die er auch einzusetzen wusste. In den Tagebuchaufzeichnungen wirkte sich dieser Nachteil jedoch positiv aus, denn Breitner schaffte es, den Leser eng an seine Seite zu ziehen, sodass dieser schon fast den Stoff von dessen verschlissener Felduniform zu spüren meinte. Während das von einem Rezensenten als Schwäche beschrieben wird, wurde die Unmittelbarkeit des Erzählten und Beschriebenen durchaus geschätzt. Das sibirische Tagebuch mit dem Titel *Unverwundet gefangen* wurde, was die Verkaufszahlen betrifft, das erfolgreichste nichtmedizinische Buch des Vielschreibers. Es erschien im kurz zuvor gegründeten Rikola-Verlag des risikofreudigen Bankiers und dilettierenden Schriftstellers Richard Kolar, der mit dem Anspruch ans Werk ging, das größte Verlagshaus Österreichs zu schaffen. Der Verleger in spe war von Haus aus Bankier, aber nicht irgendeiner, sondern der des abgedankten Kaisers sowie der jungen Republik um Politikerpersönlichkeiten wie Karl Renner und Ignaz Seipel, wobei letzterer noch dem letzten Kabinett von Kaiser Karl I. als Minister für öffentliche Arbeit und soziale Fürsorge angehört hatte und maßgeblich für den Text der Abdankungsurkunde des letzten Habsburgerkaisers verantwortlich gewesen war. Der geweihte Priester und Theologe Seipel pflegte ein distanziertes Verhältnis zur neuen parlamentarischen Demokratie, letztendlich stand er aber doch hinter ihr. Seine Skepsis bezog sich auch auf die Bundesverfassung, deren Text noch druckfrisch war. Der spätere Obmann der Christlichsozialen favorisierte eine Neutralisierung des Parlaments zugunsten einer stärkeren Rolle des Bundespräsidenten. Seine große Antipathie galt den Sozialdemokraten, was 1920 zur Auflösung der Koalition der Christlichsozialen mit den Sozialdemokraten führte. Als mehrmaliger Bundeskanzler einer christlichsozialen Koalition mit der Großdeutschen Volkspartei unterstützte er den Aufbau rechter Milizen, forcierte deren militärische Effizienz und ließ seine Aufmerksamkeit und Unterstützung im Weiteren auch der Heimwehr zukommen. Dieser Ignaz Seipel war schließlich auch das Bindeglied zwischen Burghard Breitner und Richard Kolar, als es darum ging, einen Verlag für Breitners Tagebuch zu finden. Begegnet sind sich Breitner und Seipel in militärischen Zirkeln wohl noch zur Kaiserzeit, vor allem aber in der jungen Ersten Republik, die aufgrund der Pariser Verträge auf militärischer Ebene amputiert und kastriert war.

Die Erstausgabe des Tagebuchs unter dem Titel *Unverwundet gefangen* wurde im September 1921 ausgeliefert und erschien bis zur Liquidation des Verlags im Jahr 1923 insgesamt in sechs Auflagen. Leserinnen und Leser der österreichischen Tagespresse wurden schon im Sommer 1921 immer wieder auf das Erscheinen dieses Tagebuchs hingewiesen. So im Salzburger Volksblatt vom 2. Juli, oder im Neuen Wiener Journal vom 16. Oktober, wo es neben anderen Neuerscheinungen unter dem Prädikat »Das gute Buch« beworben wurde. Im Fachblatt Die Börse – die Ankündigung

war in diesem Fall der Bankierstätigkeit des Verlegers geschuldet – wurde die Leserschaft in der Ausgabe vom 1. September auf das Buch aufmerksam gemacht mit der Frage: »Haben Sie schon gelesen?«

Erwin H. Rainalter, Redakteur beim deutschnational ausgerichteten Salzburger Volksblatt, war der Verfasser einer der ersten Rezensionen. Er hatte in derselben Zeitung auch schon über den Breitner-Abend im Stadttheater berichtet. Rainalter trennte in seiner Rezension Inhaltliches und Formales und hob im ersten Abschnitt, der dem Inhaltlichen gewidmet war, hervor, dass dort das »Einmalige, Typische, Heroische beginnt, wo der deutsche Soldat zum Soldaten der deutschen Idee wird, wo Breitner jenen Altruismus in sein verzweifeltes Dasein bringt, an dem er sich selbst aufrichtet; wo er im fernen sibirischen Osten als Apostel der Menschenliebe zwischen getretenen, zerschlagenen, stumpfen Menschenkreaturen umhergeht und ihnen den Glauben an die Güte wiedergibt.« Die andere Seite, die formale, beleuchtete Rainalter folgendermaßen: »So entstand ein Skizzenbuch, willkürlich, lapidar, oft sprunghaft, mitunter Eindrücke nur in Schlagworte prägend. Aber gerade diese Prägung ist von erstaunlicher Treffsicherheit, und immer vermittelt das Wort ein klares, durchdringendes, unerbittliches Schauen, ein tiefes und reiches Fühlen. … So ist dies Tagebuch, über sein menschliches Interesse hinaus, vielleicht auch ein Versprechen für das fernere künstlerische Schaffen dieses deutschen Arztes.« Das große Echo auf das sibirische Tagebuch wurde auch außerhalb der Grenzen Österreichs vernommen. So verfasste Robert Hohlbaum, der einflussreiche und vielgelesene völkische Autor der Zwischenkriegszeit, eine sehr ausführliche Rezension in der Unterhaltungsbeilage der in Berlin erschienenen Täglichen Rundschau vom 11. August 1922: »Wenn er sich entschloß, sein Tagebuch der Öffentlichkeit zu übergeben, so war die Triebfeder nicht die Sucht nach Ruhm. Er, der gefeiert wurde wie

6. Juni 1922

Einer der letzten Briefe von Emilie Schlierholz an Burghard Breitner, mit dem sie seit 1907 leidenschaftlich verbunden war.

kaum ein Zweiter, geizt nicht mehr danach. Nein, er will Klarheit schaffen.« Hohlbaum schließt seine Besprechung, die in der Hauptsache aus der Nacherzählung der Aufs und Abs in der Gefangenschaft besteht, mit der Feststellung, kein Verbitterter sei zurückgekommen, sondern ein Klarschauender und Geläuterter, um am Schluss doch noch einmal Breitner zu zitieren: *Wir sind keine Helden gewesen, aber wir sind Menschen mit offenen Augen, wir sind hart geworden, aber nicht vertiert.*

Viel wichtiger als Besprechungen in den Tageszeitungen war jedoch ein Brief, der aus München abgeschickt und mit dem Datum vom 21. November 1921 versehen war. Der Absender war kein Geringerer als Ferdinand Sauerbruch, der 1918 zur Leitung der Chirurgischen Universitätsklinik von Zürich nach München berufen und zum Geheimen Hofrat ernannt wurde. Sauerbruch bedankte sich in diesem Brief persönlich für die Zusendung des mit einer persönlichen Widmung versehenen Tagebuches und ließ Breitner wissen, dass er ihn gerne noch einmal zu einem Vortrag nach München einladen wolle, damit er über die Erlebnisse während der Gefangenschaft zu einem größeren Publikum sprechen könne. Sauerbruch wollte die deutschnationalen Bewegungen und ihre Parteiorganisationen dafür gewinnen, dass sie Breitner noch einmal nach München einladen. Den ersten Vortrag hatte Anton von Eiselsberg, Breitners Lehrer, bei Sauerbruch eingefädelt. »Bei meiner Rückkehr aus Spanien finde ich Ihr Buch mit der Widmung vor. Ich habe wohl jeden Abend in ihm gelesen und jedes Mal denselben Eindruck gehabt, wie damals, als Sie in dieser wundervoll erhebenden Stimmung uns Ihre Erlebnisse in der Aula mitteilten ...« Zwischen Ferdinand Sauerbruch und Burghard Breitner entwickelte sich im Laufe der Jahre eine innige Freundschaft, die auf einer tiefgreifenden Übereinstimmung und großem Vertrauen beruhte, aber auch nicht frei von Irritationen war. Die große Übereinstimmung zwischen den beiden Chirurgen, die ein Altersunterschied von neun Jahren trennte, und eine umfassende Wertschätzung beruhten im Wesentlichen auf den Prinzipien einer national ausgerichteten Denkweise und dem Engagement auf dem Feld des militärischen Sanitätswesens und der Feldchirurgie. So war Sauerbruch Generalarzt und Breitner hatte seine diesbezügliche Punzierung im ostsibirischen Lager erhalten. Die große gedankliche Nähe zu den nationalen

Grundströmungen machte beide Männer anfällig für den aufkommenden Nationalsozialismus. Sauerbruch hatte schon sehr früh persönlichen Kontakt mit Adolf Hitler in München und Burghard Breitner bewegte sich in einem ideologischen Milieu, wo die Grenzen zwischen deutschnationaler Grundstimmung und Sympathien für den Nationalsozialismus fließend waren. Bezeichnend für die Ungleichzeitigkeit von Wahrnehmungen und Einschätzungen politischer Entwicklungen und Entscheidungen selbst für Männer, deren Chronometer im Gleichklang tickten, waren die Divergenzen, die während eines Besuchs von Breitner – er war mit Eugen Bircher, dem Militärarzt aus der Schweiz und rechtsgerichteten Politiker unterwegs – bei Sauerbruch in Berlin im Jahr 1935 auftraten. Sauerbruch prangerte im Gespräch die Misshandlungen von Juden durch die Nationalsozialisten an. Breitner hielt die Schilderungen für *ein freches Märchen* und sagte in diesem Zusammenhang die baldige Bekehrung Sauerbruchs zum Nationalsozialismus voraus. Das war 1935. Drei Jahre später, im Frühsommer 1938, als Breitner von der Universität entfernt werden sollte, weil er den »Großen Ariernachweis« nicht erbringen konnte, war es auch Sauerbruch, der ihm zu Hilfe kam und über seine persönlichen Kontakte zu Emmy Göring in der Reichskanzlei bei Hitler für Breitner intervenieren ließ. 1938 sollte mit dem Einmarsch Hitlers nicht nur zum Schicksalsjahr für Österreich werden, sondern auch für Burghard Breitner, der innerhalb weniger Monate mit den Abgründen des Naziregimes konfrontiert wurde. Temporäre Unstimmigkeiten prägten die Freundschaft bis zum Tod Sauerbruchs Anfang Juli 1951, als auch Breitner schon wusste, dass er unheilbar erkrankt war.

Nur ein Wahrzeichen ist das beste: Das Vaterland zu beschirmen. Breitner griff für das Motto des letzten Kapitels in seinem Buch *Feige Soldaten!* ganz im Sinne des Historismus, den er im Haus seines Vaters in allen Details kennenlernte, auf ein Zitat Homers zurück. Im 240. Vers des 12. Gesangs gibt Hektor, Trojas Heerführer im zehnjährigen Krieg, seinem Gefährten Polydamas zu bedenken: »Ein Wahrzeichen nur gilt, das Vaterland zu erretten. / Doch was zitterst denn du vor Kampf und Waffengetümmel?« Ja, wer zittert nicht vor dem Kampf mit den Waffen? Neben den Aufzeichnungen für das Tagebuch rackerte sich Breitner durch die Kulturgeschichte des Kampfes, die immer auch eine der Furcht war. Kampf und Furcht gehen Hand in Hand und mit der anderen wird die Waffe gehalten, um die Furcht zu zügeln.

Breitner ging von der Notwendigkeit des Krieges aus und sah ihn auch als integralen Bestandteil der Menschheitsgeschichte. *Das Problem des Krieges hat das Alter der Geschichte der Menschheit.* Mit der Bildung des modernen Staates und dessen Akzeptanz müsse das Sich-Abfinden mit dem Staat einhergehen. *Aber*, so Breitners Einschränkung, *das Problem ist nicht eher gelöst, bis nicht die freie Überzeugung, der von jedem Machtzwang freie Wille aller Bürger des Staates sich in ihm geeinigt hat.* 1922, als Breitners Abhandlung über Mut, Tapferkeit und Feigheit in die Buchhandlungen kam, war Ignaz Seipel als Chef der Christlichsozialen Partei Bundeskanzler geworden, womit alle Weichen für eine Politik der nationalen Idee und eine deutliche Annäherung an die Politik der Weimarer Politik gestellt wurden. Im Linzer Tagblatt erschien Ende Mai 1922 eine kurze Besprechung von Breitners Abhandlung mit dem Titel »Feige Soldaten!«, wobei der Rezensent auch auf das ein gutes halbes Jahr zuvor erschienene sibirische Tagebuch eingegangen ist. Stil und Sprache wiesen dabei eher auf eine unwillige Pflichtübung hin als auf eine kritische Beschäftigung. Das Tagebuch wurde als eine zu lang geratene ich-psychologische Studie beschrieben, während *Feige Soldaten!* dem Rezensenten zu breit abgehandelt und mit zu vielen Zitaten gespickt erschien. Beide Positionen hätten es sich verdient, etwas ausführlicher dargelegt zu werden. Das wäre für den erklärten Anti-Sozialdemokraten aber dann doch zu viel der Aufmerksamkeit gewesen. Schade für den Rezensenten ist jedenfalls, dass er es wohl übersehen hat, dass nicht nur das Tagebuch, sondern auch *Feige Soldaten!* während der Zeit der Gefangenschaft geschrieben wurde, sodass er Breitner fälschlicherweise unterstellte, nicht mit der Zeit zu gehen und sich geistig noch immer in der feldgrauen Uniform zu bewegen. Durchaus amüsant ist das Bemühen des Autors wahrzunehmen, wie er dann doch noch versucht, für die sozialdemokratische Klientel der Zeitung ein positives Momentum zu skizzieren, indem er den Schlussgedanken der Studie einen schalen Sozialismus zubilligt. Breitner brachte seine Kritik an den roten Revolutionären allerdings mehr als unverhohlen zum Ausdruck: *Das blutrünstige Herumreden und rhetorische Revolutionieren wird immer das Eden des kleinen Mannes sein, der in den aufbrausenden Versammlungen den Orgasmus erlebt für seine politischen Erektionen.* Breitner und die seinen mussten für dieses Vergnügen ins Feld.

Fast zeitgleich mit *Feige Soldaten!* erschien im Jahr 1922 auch ein dramatischer Text mit dem Titel *Johannes*. Erste Skizzen stammten noch aus der Zeit vor dem Krieg. Aus den in Briefform verfassten und an Emilie Schlierholz gerichteten Aufzeichnungen geht hervor, dass Breitner bereits am 10. Dezember 1914, wenige Wochen nach der Ankunft im Lager Nikolsk-Ussurijsk, die letzten Striche der großen Linien vorgenommen hatte. Darin schrieb er über *Johannes* als *meine Auseinandersetzung mit der Welt und Gott.* Ein knappes halbes Jahr später lesen wir: *Johannes liegt ganz vergessen. Und ›Feige Soldaten‹ ruhen auch.* Dennoch ist in der gedruckten Fassung, die im Wiener Avalun-Verlag 1922 erschien, zu lesen, dass es im Frühling 1915 in russischer Kriegsgefangenschaft geschrieben wurde. Dieses Mal war es Leo Brüll, Kamerad und Arztkollege in Sibirien, den das weitere Schicksal nach Shanghai verschlug und der bei seinem Bruder, der den Avalun-Verlag gegründet hatte, für Breitner intervenierte. Seine Auseinandersetzung mit Welt und Gott sollte es werden, eine Auseinandersetzung mit seiner Haltung gegenüber staatlicher Obrigkeit und Autoritäten der Kirche ist es geworden. Verfangen in den Aporien des eigenen Ichs schaffte es Breitner ein weiteres Mal nicht, die Fesseln des subjektiven Ichs zu Gunsten einer Objektivierung des literarischen Ichs zu lösen. Von der textlichen Anlage her und von der Wahl des Themas fügt sich *Johannes* durchaus in die literarische Kategorisierung des expressionistischen Dramas der Zehnerjahre des 20. Jahrhunderts ein. Sprachlich ist es meilenweit davon entfernt. Während das expressionistische Drama von der Auflösung der sprachlichen Form lebt und die früheren Vertreter durchaus als Vorläufer der avantgardistischen Literatur, die im Dadaismus ihren ersten Höhepunkt feierte, gesehen werden können, blieb Breitner der Ästhetik des Historismus verhaftet. Dieses Manko, gepaart mit der zeitversetzten Veröffentlichung, die erst zu einem Zeitpunkt erfolgte, an dem entweder avantgardistisch-experimentell geschrieben wurde oder die Neue Sachlichkeit den Ton angab, ließ Breitner literarisch ein weiteres Mal scheitern. *Nur zwischen Knecht und Herr müßt ihr die Wahl bekennen! / Denn eines ist Gesetz: Es gibt kein drittes Reich.* Tertium non datur, oder als Kalenderspruch: Eins bist dem Leben schuldig, / kämpfe oder duld in Ruh. / Bist du Amboß sei geduldig, / bist du Hammer, schlage zu.

Der Rezensent Walter Angel, offensichtlich geblendet vom hohen Ton der Sprache, schrieb dazu in einer Rezension in der Neuen Freien Presse vom 14. Jänner 1923: »Hier wagt ein Dichter in diesen Tagen äußerlichsten Strebens, in der Zeit flachster Sensationsdramatik, den Weg der Verinnerlichung zu gehen – und dieser Dichter ist überdies ein Sohn des Landes. Fühlt da jenes Theater, das Staatstheater genannt wird, keinerlei Verpflichtung? Oder fehlt der Mut, es mit dem noch nicht geeichten und erfolgsgekrönten neuen Mann zu versuchen?« Es war keine Frage fehlenden Mutes. Das Desinteresse der Theater war viel mehr durch die künstlerischen Defizite des Stücks begründet. Es lag dem Ton der Zeit in krass diametraler Form entgegen. So verwundert es nicht, dass *Johannes* nur einmal das Licht der Bühne erblickt hat. Über Vermittlung von Hermann Wittgenstein, Cousin des Philosophen Ludwig Wittgenstein, dem Sprachphilosophen – er war Mediziner wie Breitner –, kam es zu einer Lesung des Textes im Wiener Musikverein durch den jüdischen Schauspieler Wilhelm Klitsch.

Burghard Breitner war hauptberuflich Mediziner und nicht Schriftsteller und als solcher fest in das Gefüge der Eiselsbergschen Chirurgischen Universitätsklinik und des dazugehörigen Universitätsbetriebs eingebunden. Nachdem er sich mit einer Arbeit über die Zwerchfellhernie habilitiert hatte, war er endlich auch gerüstet, um die Stelle als 1. Eiselsberg-Assistent anzuvisieren. 1924 war es schließlich soweit. Egon Ranzi, der 1932 Nachfolger von Eiselsberg wurde, nachdem dieser seine Funktionen zurückgelegt hatte, übernahm die Leitung der Chirurgischen Universitätsklinik Innsbruck. Diese Position war neu zu besetzen, weil Lehrstuhlinhaber Hans von Haberer, auch einer der Assistenten aus dem Kreis um Eiselsberg, nach Graz berufen worden war. Breitner war bei dem Besetzungskarussell die äußerst undankbare Rolle des Zaungastes vorbehalten. Sein besonderes Vertrauensverhältnis Eiselsberg gegenüber verschaffte ihm zwar Zugang zu dessen Ringen um die richtigen Entscheidungen, was die Besetzung von Lehrstühlen und damit selbstverständlich auch die Festigung der eigenen wissenschaftlichen Position betraf. Über mehrere Jahre musste er sich jedoch mit der Rolle des Zuhörers und unbedankten Stichwortgebers begnügen. Für den »Helden« eine besonders herausfordernde Zeit, denn es waren die eigenen

In den letzten Jahren an der Klinik arbeitete Burghard Breitner als 1. Assistent von Anton von Eiselsberg.

Unzulänglichkeiten, die ihn gefangen hielten und die er nicht zu kompensieren vermochte. Der jeweils im Raum stehende Generalvorwurf zielte darauf ab, Breitner mangelnde Ernsthaftigkeit in seinem Tun und Schaffen zu unterstellen. In Wirklichkeit ging es um sein wenig angepasstes Verhalten dem Wissenschaftsestablishment gegenüber, um seine Künstlernatur und um die unausgesprochene Weigerung, sich gesellschaftlich zu etablieren, ja, letztlich auch darum, dass er nicht verheiratet war und dies auch nicht zu tun beabsichtigte. Der Held hatte sich in Geduld zu üben und war vom Wohlwollen jener abhängig, die die Zügel der Macht in den Händen hielten, wenn es darum ging, Macht zu verteilen und weiterzugeben.

Breitner richtete seine medizinisch-wissenschaftliche Tätigkeit nicht nach klassischen Karrieregesichtspunkten aus. Es war auch gegen sein Selbstverständnis, für sich selbst zu werben und sich für zukünftige Positionen in Stellung zu bringen und dafür auch Zugeständnisse zu machen. Der Fortgang seiner Beschäftigung mit der Pathophysiologie der Schilddrüse liefert dafür ein beredtes Beispiel. Sich mit den Ursachen der Volkskrankheit Kropf zu beschäftigen – damit betrat Burghard Breitner nach seinem Eintritt in die Klinik Eiselsberg das Feld der Wissenschaft. Die Strumenforschung begleitete die längste Zeit seines wissenschaftlichen Arbeitens und war auch das Thema seines letzten Vortrages, wenige Tage vor seinem Tod, als er in der Gesellschaft der Ärzte in Wien seine Erkenntnisse unter dem Titel »Jubiläum einer Wiener Hypothese« noch einmal zusammenfasste. Dabei ist durchaus spannend zu verfolgen, wie Thema und Forscher sich annäherten und gegenseitig eroberten. Für die Erklärung der Funktionsweise der Schilddrüse pochte Breitner auf den Gedanken vom Zerfall der Integrität, der bedeutet, dass es zwischen der Leistung eines Organs und seiner Tätigkeit zu unterscheiden gilt. Unermüdliche Tätigkeit heißt nicht per se große Leistung. Überträgt man das Bild auf den Menschen, wird deutlich, dass jemand sehr tätig sein kann, ohne viel zu leisten und umgekehrt. Dieser Gedanke hatte viel mit Breitners Persönlichkeit zu tun, und die Erfahrung, mit geringem Aufwand gute und beste Ergebnisse – sprich Beurteilungen und Noten – zu erzielen, geht bereits auf die Zeit im Rupertinum zurück. Das gab ihm eine Sicherheit, die zu einem fast spielerischen Umgang mit wissenschaftlichen Themen führte. *Das Pathos der Bedeutung habe ich immer belächelt. Vielleicht trat dadurch das Spielerische allzu sehr in den Vordergrund. Und nichts führt rascher zu Gegnerschaft und Ablehnung als die, wenn auch nur scheinbare, Geringschätzung von Arbeiten, die für andere von besonderer Bedeutung zu sein scheinen.* Selbst Eiselsberg ermahnte ihn, die Dinge ernster zu nehmen oder zumindest so zu tun. Einen umwälzenden Gedanken in der Behandlung einer Volkskrankheit tendenziell salopp auf die Bühne der Wissenschaft zu bringen und nicht alle Thesen hinreichend zu untermauern, ist von Haus aus konfliktträchtig. Noch dazu, wenn es gilt, einen der wirkmächtigsten Vertreter der herrschenden Lehre davon überzeugen zu müssen, dass er seine Auffassung unter Umständen doch der neuen Entwicklung anpassen müsse. Die Rede ist von Julius Wagner-Jauregg, dem Nobelpreisträger für Medizin des Jahres 1927, der von Breitners These vom Zerfall der Integrität wenig bis gar nichts hielt und mit seinem Diktum »Kropf ist gleich Kropf« die Bühne weiterhin beherrscht hielt. Der Lauf der Zeit gab Breitner Recht, aber es gelang ihm nicht, sich den Koryphäen gegenüber durchzusetzen.

Seine Arbeiten in der Strumenforschung blieben aber trotzdem nicht unbemerkt. So wurde er auch auf das Zutun von Eiselsberg hin 1927 zur ersten Internationalen Kropfkonferenz nach Bern eingeladen. Und diese Teilnahme führte wiederum zur Einladung der American Association for the Study of Goiter zu einer Vortragsreise in die Vereinigten Staaten von Amerika. *Diese Reise wurde für die Zeit, in der sie sich abspielte, ein großer Erfolg. Die Fürsorge für meine Bequemlichkeit begann, als ich in Wien in den Schlafwagen stieg, und sie endete, als ich wieder daheim war.*

Persönlich war die Reise mit einer schweren Hypothek belastet. Breitners Vater hatte sich wenige Wochen nach seinem 70. Geburtstag zum Sterben ins Bett gelegt. August Brunetti-Pisano, häufig zu Gast bei den Breitners in Mattsee, redete Burghard Breitner im Brief vom 12. Mai 1928 deutlich ins Gewissen, vor der Abreise in die USA noch

Die Teilnahme an einem Kropfkongress 1928 in Denver fand im Zuge einer Vortragsreise durch die USA statt.

einmal nach Mattsee zu kommen: »Dein Besuch wird den alten Herrn ungeachtet des Trennungsschmerzes innerlich aufrichten im Gemüt und dir das Bewusstsein verleihen, vor deiner Fahrt noch alles getan zu haben, was möglich war.« Ob Breitner vor seiner Abreise noch einen Besuch am Krankenlager machen konnte, ist nicht überliefert. Am 30. Mai ist Anton Breitner »dem Leben Dank stammelnd« für immer eingeschlafen. In Burghard Breitners im Amalthea-Verlag erschienenes Reisejournal, *Mormonen und Medizinmänner*, ist unter dem Eintrag vom 3. Juni Folgendes zu lesen: *Dort brennt und funkelt New York in die Nacht. Aber es sind 21 Jahre vergangen. Ein banges, grausames Gefühl beherrscht mich ganz, als ich allein über Deck durch den rieselnden Nebel gehe, der den Hafen hüllt. Am Ziel. Niemals am Ziel. 8 Uhr früh. Die Post. Das Telegramm von Vaters Tod.*

Die Zeit an der Klinik Eiselsberg, zuletzt als 1. Assistent des Namensgebers, neigte sich nach 20 Jahren ihrem Ende zu und es war mehr als eine Fügung von Daten und Jahreszahlen, dass dieses Ende ganz im Zeichen der Erinnerung an Theodor Billroth stand. Anton von Eiselsberg, ein Schüler Billroths – Burghard Breitner, ein Schüler Eiselsbergs. »Dieser Gedenktag«, so heißt es im Aufruf des Festkomitees, »wird am 9. und 10 April in Wien feierlich begangen werden, in der Stadt, die ihm zur zweiten Heimat wurde und die er durch sein ruhmvolles Wirken und Schaffen zu unauslöschlichem Danke verpflichtet hat.« Burghard Breitner wurde dazu bestimmt, eine Huldigung für den großen Chirurgen und heimlichen Komponisten zu verfassen. Ein siebenstrophiger Hymnus entstand, den Breitner mit der Zeile enden ließ: *Laß uns Dein Erbe hüten und vollenden!* Diesen Imperativ richtete er nicht nur an die große Billroth-Gemeinde, sondern an die Medizin insgesamt und damit auch an sich selbst.

In wenigen Wochen würde er vom Allgemeinen Krankenhaus in die Rudolfstiftung im 3. Wiener Gemeindebezirk wechseln und anschließend – hoffentlich recht bald – den ersten Lehrstuhl erklimmen.

An Theodor Billroth.

Burghard Breitners
Huldigungsschrift für
Theodor Billroth, einen
der bedeutendsten
Mediziner des
19. Jahrhunderts.

Wenn Du, der Großen Großer, unser Kommen siehst
Als Grüßende, mit Kränzen in den Händen –
Laß unser Wort, das mit der raschen Zeit verfließt,
Sich im Gedenken der Erinnerung verschwenden.
Wir sind die Diener einer Zeit, die Du gesegnet,
Die über Tod und Ferne Deinem Geist begegnet.

Dies ist der Boden, der Dich trug, hell und verträumt,
Ein Mensch wie wir, im Ende selbst uns nicht entrückt,
Kein Meteor, das jäh den Himmel säumt, –
Ein freundliches Gestirn, das unsere Nacht geschmückt,
Bis Dich der Tod in seine Schatten hüllte.
Unsterblich ward, was sterblich sich erfüllte.

Darum erlaß uns mühseliges, verbrauchtes Unterfangen,
Das Dich als *Arzt,* als *Forscher* preisen sollte.
Erlaß die Klage, daß als *Lehrer* Du dahingegangen,
Wie keiner mehr zu jungen Herzen sprechen sollte.
Gib uns die Worte frei zu anderen Lebenswerten,
Die als ein zweiter Himmel Deinen Tag verklärten.

In Deiner Seele war Musik und fernes Ahnen
Und warst uns dennoch nahe und vertraut,
Du standest auf der Erde, auch in Wolkenbahnen
Auf festem Grund ist fest Dein Werk gebaut.
Und zogst Du auch durch fremde Welten Deine Spur –
In Deinem Schreiten war das Wandern aller Kreatur.

109

Darum der reife Klang der Sicheln Deiner Tage,
Darum der Chor der Schnitter in der späten Saat,
Darum ein feierliches Lied und keine Totenklage,
Darum geeignet jede Stätte, die Dein Fuß betrat.
Du hast gelebt – was Du Vergängliches errungen,
Daß Du es schufst, hat ihm Unsterblichkeit erzwungen.

Denn so wie Berg und Meer in Deinen Blicken hingen,
Als Du zum letztenmal umfingst, was Dir verwandt,
So blieb Dein Dasein auf geweihten Schwingen
Als reifes *Lebenskunstwerk* festgebannt.
Groß wie das Meer und kühn wie aufgetürmte Erde,
Ein *Mensch,* von Gott geschaffen, daß er für ihn Zeugnis werde!

Wir aber, fern von Deinen lichten Tagen,
Wir fühlen, wie wir dieser Welt verkettet sind:
Wir dienen, wenn wir deinen Königsmantel tragen,
Wir herrschen, wenn wir Deine Diener sind.
Dies sagt Dir jeder Kranz in unsern Händen.
Laß uns Dein Erbe hüten und vollenden!   B. Breitner

Gut-Sein ist höchste menschliche Pflicht!

7

Um die Stelle des Vorstands der Chirurgischen Klinik an der Rudolfstiftung in Wien hatten sich neben Burghard Breitner sechs weitere Ärzte beworben. Das Bestellungsgremium, bestehend aus Direktoren und Vorständen der Wiener öffentlichen Fondskrankenanstalten, setzte ihn mit 43 zu 2 Stimmen primo loco, an die erste Stelle. Mit Ende Mai 1929 wurde er damit aus dem Assistentendienst enthoben und bezog fortan ein Jahresgehalt von 5452 Schilling, außerdem erhielt er einmal pro Jahr einen Zuschlag von 817 Schilling. Mit dem Wechsel in die Rudolfstiftung endete Breitners Zeit an der Klinik Eiselsberg, in die er im Oktober 1909 als Operationszögling eintrat, an der er im Sommer 1913 zum Assistenten ernannt wurde und an der er sich nach der Rückkehr aus der Gefangenschaft habilitierte. Er verließ die Klinik als 1. Assistent Eiselsbergs in der Nachfolge des von ihm hoch verehrten Paul Clairmont. Sein Vorgänger als Leiter der Chirurgie in der Rudolfstiftung war Egon Ranzi, dem Breitner wenige Jahre später auch als Leiter der Chirurgischen Klinik an der Universität Innsbruck nachfolgen sollte.

Die Goldenen Zwanziger Jahre, der heiße Tanz auf dem brodelnden Vulkan – in Wien verhaltener auf den dreckigen Boden gesteppt als in Berlin, aber nicht minder orgiastisch. Der neue Staat und die sich aus dicken modrigen Mänteln schälende Gesellschaft war nicht nur der Notnagel des zur Selbstständigkeit verpflichteten Restösterreichs, sondern auch eine Verheißung für das neue Jahrhundert, das aus den Schlachtfeldern Galiziens, Frankreichs und am Isonzo über zehn Millionen geopferter Soldaten erwuchs und unter dessen Geburtswehen jahrhundertealte Reiche in den Abgrund stürzten und eine Brache hinterließen, die mit einer unbändigen Gier nach Leben gefüllt wurde. Es kam zum Ausbruch, was schon zuvor nur mühsam mehr im Zaum gehalten werden konnte. Sex und Eros, Gier und Lust bestimmten den Lebenstakt. Die Anleitung dazu schuf der Schriftsteller und Dramatiker Arthur Schnitzler, dessen *Reigen* bei der Uraufführung am 23. Dezember 1920 im Kleinen Schauspielhaus in Berlin den Theaterskandal des 20. Jahrhunderts anzettelte. Jene zehn Dialoge, die Schnitzler einst ersann, um Eros und Sexualität nicht nur einen Namen, sondern auch eine gesellschaftliche Aufgabe zu geben, wurden zum Dekalog von Lust und Begierde, der 1968 zur Vollendung gebracht wurde, als das Schweigen über den zweiten großen Krieg des 20. Jahrhunderts durch die gesellschaftspolitische Instrumentalisierung der Sexualität gebrochen wurde. Zu diesem Zeitpunkt war Burghard Breitner jedoch schon seit über zehn Jahren tot.

Die neue Republik, die Breitner nach der Rückkehr aus der Gefangenschaft vorfand, war zwar im politischen Sinne neu, wurde aber, vor allem auch an den Universitäten, von Persönlichkeiten gestaltet, die vom 19. Jahrhundert und seinen Idealen geprägt waren und von einem System, das fein austariert war und Zugang zu Karriere und Ruhm von primär gesellschaftlichen Faktoren abhängig machte. Die Goldenen Zwanziger Jahre begannen für Breitner erst am Ende des Nachkriegsjahrzehnts zu glänzen, weil mit dem Wechsel in die Rudolfstiftung auch der Betrieb einer Privatordination verbunden war. *Das Glück war mir hold. Die Privatpraxis begann bald und steigerte sich rasch. Zahlreiche Konsilien in der Umgebung Wiens, in Mähren, in Salzburg, gelegentlich in der Türkei und die immer stark besuchten Kurse in der American Medical Association gestatteten mir eine wirtschaftliche Erholung in einem Ausmaß, daß ich mir nichts versagen musste. Meine Patienten stammten aus den besten Gesellschaftskreisen und meine operative Tätigkeit war sichtlich von Glück begleitet.* Breitner genoss nicht nur die mit dem Primariat verbundenen finanziellen Erleichterungen, sondern auch eine Freiheit, *die mir die Klinik niemals bieten konnte.* Diese Freiheit nutzte Breitner, um so oft wie möglich in die Schweiz zu reisen, wo er an Tagungen der Schweizerischen Gesellschaft für Chirurgie teilnahm und mit maßgeblichen Medizinern, Professoren und Klinikvorständen freundschaftliche Bande knüpfte. Unter ihnen waren auch Ernst Ruppanner, Eugen Bircher und Eugen Enderlen, der zu dieser Zeit bereits Leiter der Chirurgie an der Universitätsklinik Heidelberg war. Die Nähe zu Bircher und wohl auch zu Enderlen ergab sich aus dem Umstand, dass beide Chirurgen, so wie Breitner, auch dem Militär zugetan waren. Enderlen wirkte während des Ersten Weltkriegs als Generalarzt und Bircher war Oberstdivisionär der Schweizer Armee sowie Militärhistoriker und in der Zeit des Nationalsozialismus in militärärztlichen Missionen des Schweizer Roten Kreuzes auf deutscher Seite involviert. Zu einer besonderen Freundschaft wuchs die Begegnung

Als Vorstand der Chirurgischen Abteilung an der Rudolfstiftung eröffnete Burghard Breitner eine Privatpraxis in der Schwarzspanierstraße unweit von Beethovens Sterbehaus, in dem sich Otto Weininger das Leben nahm.

PROF. DR. BURGHARD BREITNER
emer. I. Assistent der Klinik Eiselsberg,
Vorstand der I. chirurg. Abteilung der Krankenanstalt „Rudolfstiftung"

erlaubt sich mitzuteilen, daß er ab 17. Juni

Wien, IX., Schwarzspanierstraße 4, Mezz. 8

von 3—4 Uhr nachm. ordiniert.

Telephon: A 26-1-65. Bei Nichtmelden „Ärztezentrale" (U 20-5-50).

mit Ernst Ruppanner, der als Schüler Enderlens das Kreisspital Oberengadin in Samedan leitete und mit Breitner wissenschaftlich auch über die Strumenforschung verbunden war.

Im Sommer 1932, Anton Eiselsberg stand vor der Emeritierung, spitzte sich die Frage zu, wer ihm nachfolgen würde. Die Wahl fiel auf Egon Ranzi, der zu dieser Zeit Vorstand der Chirurgischen Klinik an der Universität Innsbruck war. Ende Juli ging es dann Schlag auf Schlag, die Ministerialbürokratie war angelaufen und Burghard Breitner wurde zu seinem Nachfolger ernannt. Die Aula der Leopold-Franzens-Universität Innsbruck war überfüllt und der Applaus wollte nicht enden, als Burghard Breitner seine Inaugurationsrede als neuer Ordinarius der Chirurgischen Universitätsklinik mit einem glühenden Appell zum Dienst am deutschen Volk schloss. *Es gibt etwas, vor dem Sie bestehen müssen, mag Ihr Leben welchen Lauf immer nehmen, mag Erfüllung oder Verzicht ihr Schicksal sein: Ihr Volk … das große, unbesiegte, herrliche deutsche Volk, dem wir dienen wollen, mit allem, was wir haben … bis ans Ende!* Es war am Vormittag des 27. Oktober 1932, als Breitner im Beisein von Bischof Sigismund Waitz, Apostolischer Administrator von Innsbruck-Feldkirch, des Innsbrucker Bürgermeisters Franz Fischer und des Tiroler Landeshauptmanns Franz Stumpf sowie zahlreicher Ehrengäste, unter ihnen auch die Professoren und Ordinarien Anton von Eiselsberg und Hans von Haberer, seinen offiziellen Einstand gab. Neben Heinrich Helferich, dem ehemaligen Ordinarius für Chirurgie an der Kieler Universität, war auch der Präsident der schweizerischen Gesellschaft für Chirurgie Ernst Ruppaner nach Innsbruck gekommen. Paul Clairmont, die für Breitner prägendste Persönlichkeit aus dem Assistentenkreis um Eiselsberg, war beruflich ebenso verhindert wie Ferdinand Sauerbruch. »Wegweisende Worte an junge Mediziner«, titelten die Innsbrucker Nachrichten tags darauf, als sie in großem Stil über die Rede berichteten.

Der Bogen war weit gespannt. Burghard Breitner grenzte zu Beginn den Begriff der Wissenschaft von dem der Forschung ab und kam dabei zwangsläufig auf den der Tradition zu sprechen. Wenn die hehre Sphäre der Wissenschaft vom revolutionären Forschergeist in Bedrängnis gebracht wird, steht immer auch die Tradition auf dem Prüfstand. Der Suche nach dem unentdeckten Land, dem Ansporn jeglichen Forschens, steht das Traditionelle gegenüber, *ein Halt von lähmender Größe*. Breitner zeigte das unausbleibliche Aufeinanderprallen der Welten am Beispiel seiner eigenen Forschungsarbeit auf, die die Sicht auf den Kropf und auf die Wirkweise der Schilddrüse revolutionierte und sprach auch von den Anfeindungen, denen er ausgesetzt war. Und er blieb den Studenten wie dem festlichen Publikum auch seine Sicht auf den Umgang mit Tradition nicht schuldig. *Das Erreichte achten als das Lebenswerk schaffender Geschlechter, das Bleibende sondern von dem Veralteten, dem Geist derer treu bleiben, die all ihr Können und all ihre Tatkraft an die Entschleierung der großen Rätsel gewendet haben, der Wahrheit dienen um der Wahrheit willen – das ist Tradition.*

Das Ziel der universitären Ausbildung sei es, dass alle Studierenden die Sicherheit empfangen, später als praktischer Arzt das entscheiden und durchführen zu können, was von einem Praktiker an chirurgischer Leistung verlangt werden kann. Diese Leistung realisiert sich in jedem Mediziner anders, sind doch die Begabungen höchst individuell ausgerichtet. Hier die Intuition, dort der *bewusste Drang zur Entschleierung* – und dazwischen sieht Breitner den Skeptizismus angesiedelt, an dem es nicht mangeln dürfe. *Aber kein Wissen, kein Zweifel, keine schöpferische Ekstase darf Ihnen die Ehrfurcht vor dem Mysterium des Lebens nehmen. Und nicht die Achtung vor jeder einzelnen Existenz.* Was die Ausübung des Arztberufes an sich betrifft, hält der neue Ordinarius seinen Studenten den ethischen Pflichtenkatalog vor Augen und dessen maßgebliches Gebot, wonach es keine Unterschiede geben dürfe, was Alter, Geschlecht und Stand der Patienten angeht. *Die Majestät des Leids mache alle gleich.* Die ultimative Erfüllung dieses Pflichtenkatalogs besteht für Breitner, der sich auch in Aufsätzen und Reden mit dem Thema der ärztlichen Ethik beschäftigte, jedoch darin, gut zu sein, was er von seinen Studenten auch unmissverständlich einfordert. *Groß-Sein ist eine Gnade. Stark-Sein ein Geschenk. Gut-Sein ist höchste, menschliche Pflicht! Beugen Sie sich dieser Pflicht und ihr Leben hat ein Zeichen gesetzt.*

Bevor sich Breitner an diesem späten Donnerstagvormittag zur Apotheose des deutschen Volkes aufschwingen wird, kommt er noch auf den Umgang mit ausländischen Studenten zu sprechen. Seine Forderung an die Studierenden ist eindringlich und unmissverständlich. *Fesseln Sie fremde Art durch die makellose Treue zu ihrem eigenen Blut, nicht durch Geringschätzung der anderen.* Hier der liberal eingestellte Geist und Weltbürger, dort der Mann mit seinem Heldengesang auf alles »Deutsche«.

Ende Oktober 1932 war die labile österreichische Innenpolitik nach der Übernahme des Kanzleramts durch Engelbert Dollfuß keineswegs stabil geworden. Die Koalitionsregierung aus Christlichsozialen, Landbund und Heimatblock war auf unsicherem Terrain gebaut, während die aufstrebenden Nationalsozialisten bei den Landtagswahlen in Wien, Salzburg und Niederösterreich beachtliche Gewinne einfuhren und ihre Agitationsarbeit im Herbst 1932 im Rahmen von »Gautagen«, auf denen vornehmlich der spätere Reichspropagandaminister Joseph Goebbels und SA-Führer Ernst Röhm als zündelnde Redner auftraten, intensivierten. Bis Dollfuß die Demokratie mit Füßen trat, das Parlament ausschaltete und die Erste Republik begrub, sollte es nur mehr ein gutes halbes Jahr dauern. Die Weimarer Republik war mit der Ernennung Adolf Hitlers zum Reichskanzler noch schneller. Als sich Burghard Breitner nach der Antrittsvorlesung den Nachklängen entzog und mit Adolf Winkelbauer, einem seiner Assistenten, und einigen anderen »Jungen« zu einem Mittagessen im Freien zum Hotel Mariabrunn auf die Hungerburg fuhr, war höchstwahrscheinlich auch Otto Hoche mit von der Partie. Hoche war jener Operationszögling aus dem Kreis um Eiselsberg, den Breitner sich als Assistenten aussuchte, als er die Primarstelle im Rudolfspital übernahm und der mit ihm auch nach Innsbruck wechselte. Er wurde ein Mitarbeiter von *vorbildlicher fachlicher Tüchtigkeit, ein blendender Organisator, ein treuester Kamerad.* So war Hoche von Breitner beauftragt, ein Automobil zu erwerben, es sollte ein offener *Steyr XII* werden, der nur den Nachteil hatte, schon ziemlich ausgefahren zu sein. Mit diesem damals sehr modernen Gefährt mit 6-Zylinder-Reihenmotor und 4-Gang-Getriebe ging's durch die Stadt und hinauf zur Hungerburg. Es muss ein milder Oktobertag gewesen sein, der die Fahrt im offenen Wagen und das Essen auf der Terrasse zuließ. *Wir waren ehrlich jung.* Es wurde gefeiert. Breitner war 48, Winkelbauer 42 und Hoche mit 34 Jahren der Jüngste unter den bekannten Teilnehmern an der Sause, nach dem steifen Ritual im hehren Tempel der Wissenschaft.

Erst mit 48 Jahren zum ersten Mal zum Ordinarius berufen zu werden, war für die damaligen Verhältnisse an den Universitäten nichts Außergewöhnliches. Hans von Haberer, Breitners Vor-Vorgänger an der Innsbrucker Chirurgie, war eine rühmliche Ausnahme, als er mit 34 Jahren an die Leopold-Franzens-Universität berufen wurde. Berufen fühlte sich Breitner freilich schon viel früher. Mit dem Universitätsbetrieb war er aufs Engste verwachsen und spätestens seit seiner Habilitierung und dem Beginn der Vorlesungen als Dozent an der Wiener Universität war er als Lehrender in seinem Element. Wenn Breitner las, waren die Säle übervoll. Heute würde es salopp heißen: Er rockte die Uni. Sein guter Draht zu den Studierenden war legendär, er machte sich nicht gemein mit ihnen, aber er war ihnen nahe, weil er nach wie vor wie sie fühlte. Die Jugend mag es zurecht nicht, wenn man ihr ihre Vorteile vorhält. Darauf wies Breitner immer wieder hin. Er selbst präsentierte sich als jugendlicher Held mit dem Gütesiegel des Unvergänglichen. Was in den Hörsälen gut ankam, führte in den Stuben der wissenschaftlichen Zirkel zu pikiertem Naserümpfen und überlegener Distanz, mochte sie auch noch so gut getarnt sein. Wenn es nur das gewesen wäre. Breitner war zudem unverheiratet und immer wieder schriftstellerisch tätig. Obwohl ihm der Erfolg versagt blieb, nahm er vom literarischen Schreiben nie ganz Abschied. Was ihm vom Umfeld der akademischen Zirkel angekreidet wurde, war auch nicht das Schreiben an sich, sondern vielmehr die Wahl der Themen. So soll, beglaubigten Aussagen nach, die Auffassung vertreten worden sein, *daß ein Mensch, der den ›Johannes‹, ganz besonders aber einer, der ›Sonja‹ geschrieben habe, niemals Ordinarius in Innsbruck werden könnte.*

Es ist keinesfalls von der Hand zu weisen, dass Breitner tatsächlich keinen Lehrstuhl bekommen hätte, wäre es nicht zu jenem dringend notwendigen Krankenbesuch beim damaligen Heeresminister Carl Vaugoin gekommen, infolgedessen er von diesem gefragt wurde, welchen der beiden aktuell in Österreich freigewordenen Lehrstühle für Chirurgie er bevorzugen würde. In *Hand an zwei Pflügen* beschreibt Breitner die Situation recht ausführlich. Selbst wenn er sich in einem Detail irrte – Vaugoin war im zeitlichen Umfeld seines Schwächeanfalls nicht Bundeskanzler und schon gar nicht Ministerpräsident, ein Regierungsamt, das es auch in der Ersten Republik nicht gab –, hat sich die beschriebene Begegnung so zugetragen. Breitner und Vaugoin, der einer heute noch bestehenden Silbermanufaktur-Unternehmerfamilie im siebenten Wiener Gemeindebezirk entstammte, kannten sich schon von früheren Begegnungen in militärischen Zirkeln und blieben, wie aus der Korrespondenz hervorgeht, bis zu Vaugoins Tod im Jahr 1949 miteinander in Verbindung. In den Jahren, als Breitner neben der Leitung der Chirurgischen Abteilung in der Rudolfstiftung eine Privatpraxis betrieb, war er auch Hausarzt der Familie Vaugoin. Als solcher wurde er wohl zum Heeresminister gerufen, nachdem dieser ohnmächtig geworden war. Hätte diese auf Grund eines Schwächeanfalls dringend notwendig gewordene nächtliche Konsultation tatsächlich während Carl Vaugoins kurzer Kanzlerschaft zwischen Ende September und Anfang Dezember 1930 stattgefunden, wären die besagten Lehrkanzeln nicht zu besetzen gewesen. Die Leitung der Chirurgischen Klinik in Graz lag von 1928 bis 1931 in den Händen von Wolfgang Denk und die in Innsbruck von 1924 bis 1932 in jenen von Egon Ranzi.

Selbst wenn wir Burghard Breitners Verzweiflung darüber, dass er bei den Berufungen auf die jeweils vakanten Lehrstühle nicht berücksichtigt wurde, ins Kalkül ziehen und drüber spekulieren, ob er die Bekanntschaft mit dem amtierenden Heeresminister für seine Zwecke instrumentalisiert haben könnte, gibt es dafür erstens keinerlei Indizien und zweitens hätte das auch nicht unbedingt dem Stil Breitners entsprochen. In dem noch nicht geordneten Teilnachlass, der im Salzburger Stadtarchiv verwahrt wird, befindet sich ein Brief Breitners an seinen um zwei Jahre jüngeren Kollegen und Freund Peter Walzel, der – ebenfalls in Warteposition auf ein Ordinariat – als Primar die Chirurgie am Wiener Wilhelminenspital leitete. In seinen Erinnerungen heißt es dazu lapidar, dass Walzel Graz für sich reklamiert hätte, damit dort einer seiner Söhne Technik studieren kann. Wie aus dem mehrseitigen, allerdings nie abgeschickten Brief Breitners vom 16. Juli 1932 an Walzel hervorgeht, war ihm bewusst, dass er ins Hintertreffen geraten war: Weil er sich geweigert hatte, im Karussell der Eitelkeiten eine Rolle zu übernehmen und auf dem gesellschaftlichen Parkett zu reüssieren.
Breitner musste immens unter der Situation gelitten haben, nicht zum Zug zu kommen, jedenfalls viel intensiver, als er öffentlich zugeben wollte. Nicht im Hörsaal stehen und den medizinischen Nachwuchs heranbilden zu können, grenzte für ihn an den Zustand, nicht zu leben. Es darf durchaus angenommen werden, dass es weniger plötzlich aufgekommene Skrupel waren, den Vertrauten früherer Jahre, dessen Karriere bis zur Übernahme des Ordinariats in Graz fast parallel zu der Breitners verlief, mit kaum verhohlenen Vorwürfen und bitter gewürzten Komplimenten zu konfrontieren, sondern sich die Anzeichen und Signale häuften, dass der eine für den Lehrstuhl in Graz, der andere für den in Innsbruck vorgesehen war.

Wenn sich Breitner in dem Brief, der in vielen Passagen an eine klassische Spiegelfechterei denken lässt, beklagt, dass es niemanden gäbe, der sich für ihn einsetzt, so klingt das nicht nur wehleidig, sondern ist auch unrichtig. Am 23.

Burghard Breitner (Mitte) mit Ärzten und Schwestern der Chirurgischen Abteilung an der Rudolfstiftung, die er von 1929 bis 1932 leitete.

Juli schrieb der Bundesminister für Handel und Verkehr an den mit Breitner befreundeten Journalisten Georg Bittner, dass er den Kollegen Dr. Josef Resch, Minister für soziale Verwaltung, auf die Bewerbung Burghard Breitners um die Stelle als Vorstand der Chirurgischen Klinik der Innsbrucker Universität besonders aufmerksam gemacht habe und die Ernennung des Genannten auf das Nachdrücklichste befürworte. Bittner arbeitete zu dieser Zeit bereits als Korrespondent deutscher Blätter in Paris. Drei Tage später hielt Burghard Breitner ein Schreiben des Bundesministeriums für Unterricht in den Händen, in dem er angefragt wurde, ob er die nach Professor Ranzi freiwerdende Lehrkanzel in Innsbruck übernehmen wolle. Und wie er wollte. Aus der vagen Absicht, Medizin zu studieren, die ihn im Herbst 1902 nach Graz führte, war 30 Jahre später sein innigster Wunsch in Erfüllung gegangen. Sein Drang zum Lehrfach, von dem auch im Brief an Walzel die Rede war, wurde gehört. Der Zeitpunkt war gekommen, um die Antrittsvorlesung vorzubereiten.

Der Widerstand gegen einen Ordinarius Breitner hatte sich nicht nur in den Professorenzirkeln, sondern auch an der innenpolitischen Front geformt. Mit der Übernahme des Kanzleramtes 1932 durch Engelbert Dollfuß und der Leitung des Unterrichtsministeriums durch Vizekanzler Kurt Schuschnigg ab September 1933 wurde das Zeitfenster für eine Berufung aus innenpolitischen Gründen immer kleiner. Vaugoins Intervention war im sprichwörtlichen Sinne das Aufspringen auf einen abfahrenden Zug. Dabei darf mit Fug und Recht angenommen werden, dass der tages- und machtpolitisch durchaus als naiv zu bezeichnende

Mit seiner Tätigkeit als Vorstand der Chirurgischen Universitätsklinik Innsbruck war Burghard Breitner ein Mann des öffentlichen Lebens geworden.

Breitner dafür kein Sensorium zur Verfügung hatte. Als ebenso leidenschaftlicher wie gelehriger Nietzsche-Anhänger war ihm alles Politische ein Graus. *Da ich nicht in Innsbruck studiert hatte, waren mir die weltanschaulichen Verhältnisse unter den Studenten unbekannt. Nun erfuhr ich die Macht des katholischen CV, dem damals nur der freiheitliche Teil des Corps, der Burschenschaften und der übrigen schlagenden Verbindungen gegenüberstanden. Die Sozialdemokratische Partei spielte keine bemerkbare Rolle. Da ich ›völlig bindungslos‹ war, fiel mir eine objektive Stellungnahme nicht schwer, wenn ich auch seit meiner Antrittsrede durchaus als ›freisinnig‹ gewertet wurde.*

Völlig bindungslos. Es gehört zum Wesen des Helden, dass er unabhängig handelt, um als Solitär wahrgenommen zu werden. Das »Heldenleben« Burghard Breitners, das in der pubertären Phase während der Zeit im Salzburger Internat zu sprießen begann und sich Etappe für Etappe weiterentwickelte, erreichte mit der Professur in Innsbruck im Jahr 1932 einen vorläufigen Höhepunkt. Es gehört zum Schicksalsbogen in Breitners Biografie, dass die Realisierung seines lang gehegten Wunsches zeitlich und räumlich mit dem Erstarken des Nationalsozialismus auf eine intensive Weise korrelierte. Er, der durch und durch deutschnational ausgerichtet war, kommt an eine Universität, an der die Studentenschaft schon früh große Sympathien für den Nationalsozialismus zeigte und sehr geneigt war, der politischen Idee durch gewaltsames Agieren zum Durchbruch zu verhelfen. Persönlich betroffen, und das auch noch in einem besonderen Maß, fühlte sich Breitner, als er sich damit konfrontiert sah, dass sein Assistent Otto Hoche 1934 wegen seiner Zugehörigkeit zur NSDAP aus dem Universitätsdienst entlassen wurde und er keine Handhabe hatte, sich dagegen zu wehren. Seine Interventionen blieben erfolglos, sowohl beim Polizeidirektor wie auch beim Chef des Sicherheitsdienstes der Gendarmerie. Schon gar nicht fand er Gehör bei Kurt Schuschnigg, der nach der Ermordung von Engelbert Dollfuß nicht nur das Amt des Bundeskanzlers, sondern auch das des Unterrichtsministers innehatte. Als Schuschnigg in der Innsbrucker Hofburg allgemeine Audienzen, insbesondere für Anhänger des Kaiserjägerbundes, zuließ, witterte Breitner als Angehöriger des Traditionsregiments eine Chance, sich für Hoche einsetzen zu können. Ohnmächtig musste er allerdings feststellen, dass ihn der Kanzler kalt abblitzen ließ. *Alle Entscheidungen waren diktiert von dem unerbittlichen: ›Aug um Aug, Zahn um Zahn‹.*

Als Burghard Breitner im Juni 1934 seinen 50. Geburtstag feierte, wurde der Juliputsch, der letztlich gescheiterte nationalsozialistische Umsturzversuch in Österreich, bereits klammheimlich vorbereitet. Medial wurde Breitner in diesem zeithistorischen Kontext ein weiteres Mal im Sinne einer prolongierten Heldenehrung als »Engel von Sibirien« gefeiert. Im Grazer Tagblatt vom 10. Juni 1934 richtete der schreibende Gratulant die Frage an das heutige Österreich, was es denn getan habe, »um den Helfer und Retter von Sibirien zu ehren? Breitners Kampf um die Befreiung der letzten Gefangenen und Rückkehr mit den Unglücklichen aus der ostasiatischen Hölle wird solange leben, solange von Krieg und Kriegsgefangenschaft gesprochen und geschrieben wird.« Knapp 14 Jahre nach Breitners Rückkehr aus Sibirien hob das Salzburger Volksblatt in seiner Gratulation vom 6. Juni einen anderen Aspekt in den Mittelpunkt. Dabei ging es um den Literaten Breitner, womit das Blatt seiner Linie treu blieb, ihn nicht nur als Arzt und Hochschullehrer zu porträtieren, sondern auch immer wieder auf seine literarische Arbeit hinzuweisen. Zum Fünfziger griff das Blatt, das schon über Breitners Vater Anton sehr wohlwollend schrieb, den Gedanken auf, worin denn für Breitner die Triebfeder des literarischen Schreibens bestehen

Beitrag im Grazer Tagblatt zum 50. Geburtstag Burghard Breitners.

könnte und lieferte die Antwort gleich mit: »Die Bücher sind die Ausfüllung der Räume, die selbst vor dem härtest abseits vom Buche Arbeitenden noch fordernd offen bleiben, wenn er in jeglichem Tätigsein die Qual fühlt, sich nicht ganz mitteilen zu können.« Erfrischend einfacher ist der Ton im Allgemeinen Tiroler Anzeiger vom 9. Juni, der unter der Rubrik »Aus Stadt und Land« auf Breitners runden Geburtstag hinweist: »Die Innsbrucker, die stolz sind, ihn als Lehrer an ihrer Hochschule zu haben, und die ihn, obwohl er erst seit zwei Jahren hier tätig ist, schon vielfach als ganz hervorragenden Redner, hervorragenden Arzt und edlen Menschenfreund kennengelernt haben, schließen sich den aus aller Welt kommenden Glückwünschen mit Freude an.«

Wie die gesamte innenpolitische Situation in Österreich nach dem Juliputsch unter den verhärteten Fronten zwischen dem klerikal verbrämten austrofaschistischen Regime unter Schuschnigg und den noch im Untergrund agierenden und polternden Nationalsozialisten litt, so wirkten sich die Spannungen selbstverständlich auch auf die Innsbrucker Universität aus, was auch der Lehrbetrieb zu spüren bekommen hatte. Die Situation eskalierte zusehends und zog Breitner verstärkt in einen Strudel an Auseinandersetzungen zwischen radikalisierten Studenten und der Universitätsverwaltung hinein, nicht zuletzt, da er im Studienjahr 1936/37 als Dekan der Medizinischen Fakultät amtierte.

Mit dem Einmarsch Hitlers in Österreich änderte sich auch für Breitner die Situation schlagartig. Zum einen in beamtenrechtlicher Hinsicht, zum anderen auf parteipolitischer Ebene. Denn die in Innsbruck residierende Gauleitung der NSDAP verpflichtete ihn, auf der ersten großen Frauen-Wahlversammlung zu sprechen und stellte ihn auf Handzetteln als »Pg«, was Parteigenosse bedeutet, vor. Aus einem Schreiben an Wolfgang Widter, das nicht datiert ist, sich aber eindeutig dem Zeitabschnitt zwischen dem 13. März und dem 10. April 1938, dem Tag der Volksabstimmung, zuordnen lässt, geht deutlich hervor, in welch tragischer Zwickmühle Breitner steckte. Wolfgang Widter – er stammte aus der Familie der ersten Frau Anton Drehers, Burghard Breitners Großvater väterlicherseits, war in der Schwechater Brauerei tätig und mit der Familie Breitner freundschaftlich verbunden – war im Auftrag Breitners darum bemüht, Licht ins Dunkel der Abstammung seiner Großmutter väterlicherseits zu bringen. Einerseits sah die Partei in ihm ein wichtiges rhetorisches Zugpferd, auf das sie keinesfalls verzichten wollte und dabei auf formale Aspekte keine Rücksicht nahm. Andererseits wusste Breitner um die Konsequenzen, sollte sich herausstellen, dass seine Großmutter Rosa Anna tatsächlich jüdischer Abstammung war. Unmittelbar nach Bekanntwerden seiner Ankündigung als Redner wandte sich Breitner an den Vertrauensmann des Spitals, der seinen Einwand jedoch mit der Bemerkung abwiegelte, *dass ich mich in der ganzen Zeit in jeder Hinsicht so restlos als zur Partei gehörig benommen habe, dass bei mir von einer formalen Zugehörigkeit Abstand genommen werde. Daraufhin wurde ich als Redner für die einzige Werbeversammlung der Frontkämpfer bestimmt und ich habe meine Rede gehalten.* Damit aber nicht genug, Breitner führte in dem Brief weiter aus, dass man ihm eine Ehrenstellung bei der SA angetragen habe. *Da habe ich aber fest erklärt, man möge doch die Entscheidungen nach der Volksabstimmung abwarten, ehe man von mir eine Zusage erwarte. Ich wisse noch nicht, wo man jetzt mein Wirkungsfeld bestimmt habe, auch wolle ich alle diese Fragen noch mit Dr. Hueber besprechen.* Damit war Franz Hueber gemeint, der mit Paula Göring, der jüngeren Schwester von Hermann Göring, verheiratet war und sich 1927 als Notar in Mattsee, dem Heimatort Breitners, niedergelassen hatte. Zwischen den Familien Hueber und Breitner bestanden enge nachbarschaftliche und freundschaftliche Beziehungen. Der ehemalige Heimwehrführer Hueber trat 1934 in die NSDAP ein, war bei der Besetzung Österreichs einer der maßgeblichen Strippenzieher im Hintergrund und wurde auf Druck Hermann Görings zum Justizminister im sogenannten Anschlusskabinett von Bundeskanzler Arthur Seyß-Inquart ernannt. *Du weißt, warum mich all das beunruhigt. Ich will eine vollständig klare reinliche Lage … kein Zwielicht und keine ›Gnade‹ …!! Ich habe daher sachlich zu sagen: Von Dokumenten fehlen wichtige.*

Was fehlte und nicht beigebracht werden konnte, war ein unangefochtener Nachweis der »arischen« Geburt von Burghard Breitners Großmutter väterlicherseits. Die Personenstandsbücher der Israelitischen Kultusgemeinde waren zum Zeitpunkt der Nachforschung bereits verwahrt und nicht mehr öffentlich zugänglich. Einzig ein aufmerksamer Blick in das Taufbuch der Pfarre Wien St. Margarethen hätte Klarheit über die jüdische Abstammung von Burghard Breitners Vater und damit auch der Großmutter verschafft. Offen bleibt die Frage, ob Wolfgang Widter, den Breitner mit Nachforschungen zur Abstammung seiner Großmutter beauftragt hatte, und damit auch er selbst über diese Quelle zum Beleg der jüdischen Abstammung Bescheid wussten, oder ob sie tatsächlich im Dunkeln tappten. *Wenn es dir doch noch gelingen sollte, über meine Großmutter väterlicherseits etwas Verlässliches in Erfahrung zu bringen, was ihrer reinrassigen arischen Abstammung widerspricht, wäre ich in einer unerträglichen Lage. Was soll ich also tun???? Ich will einen a b s o l u t   r e i n e n Tisch!!!! Soll ich die ganze Sachlage meiner obersten Behörde, dem Unterrichtsminister Menghin oder soll ich sie Dr. Hueber vortragen ??!?! Mir kommt es nur auf Sauberkeit an.* Die Wohnhäuser Huebers und Breitners sowie das Sommerhaus Menghins in Mattsee lagen keine halbe Gehstunde voneinander entfernt.

Wäre die jüdische Abstammung seiner Großmutter benannt worden, hätte das für Burghard Breitner den Amtsverlust bedeutet und er wäre mit 54 Jahren in den Ruhestand versetzt worden. Dem Gesetze nach war er nämlich ein »Vierteljude«. Nach dem Einmarsch Hitlers kam auch in Österreich das Gesetz zur Wiederherstellung des Berufsbeamtentums vom 7. April 1933 zur Anwendung. In der ersten Durchführungsverordnung, die mit 11. April 1933 datiert ist, wurde ein sehr rigider »Arierparagraph« definiert. Er besagte, dass alle Staatsdiener entlassen werden konnten, denen ein einziger jüdischer Großelternteil nachgewiesen wurde. Mit dieser legistischen Festlegung wurde der Begriff des »Vierteljuden« geschaffen. So ein »Vierteljude« war auch Breitner auf Grund der jüdischen Abstammung seines Vaters.

Lange dauerte es nicht, bis die Universität Innsbruck den gesetzlichen Bestimmungen zufolge vom Reichserziehungsminister den Auftrag erhielt, Breitner vom Dienst abzuziehen und ihn in den dauernden Ruhestand zu versetzen. Das Aus mit 54 Jahren. 16 Jahre vor Erreichung des gesetzlich festgelegten Pensionsalters. Nach dem Pensionsgesetz von 1870 musste jeder Professor nach Vollendung des 70. Lebensjahres pensioniert werden. Es lag im Ermessen des Unterrichtsministers, ob ein anschießendes »Ehrenjahr« gewährt wurde, was gar nicht so selten der Fall war. Bis zur Machtergreifung Hitlers in Österreich konnte Breitner davon ausgehen, zumindest bis 1954 im Dienst bleiben zu können. Dementsprechend groß war die Erregung, als er sich mit der bevorstehenden Zwangspensionierung konfrontiert sah. Dass Breitner schließlich trotz des »Anschlusses« und des »Arierparagraphen« im Gesetz zur Wiederherstellung des Berufsbeamtentums sowie trotz des Zweiten Weltkriegs und der Entnazifizierung zu Beginn der Zweiten Republik bis zum 71. Lebensjahr im universitären Dienst und als Leiter der Chirurgie im Amt bleiben konnte, kann durchaus als Ironie der Geschichte gelesen werden. In jedem Fall war es ein schlagendes Beispiel für die Lebenshaltung Breitners, die in der Selbstbeschreibung gipfelte: *Ich war immer irgendwie dazwischen.*

Um seinen Verbleib an der Universität zu sichern, fand der mit dem Nationalsozialismus sympathisierende Burghard Breitner in Rektor Harold Steinacker, einem bekennenden Nationalsozialisten, einen engagierten Fürsprecher. Es war Breitners Glück, dass Steinacker, der seit 1934 illegales Parteimitglied war, im März 1938 zum kommissarischen Rektor ernannt wurde, nachdem der amtierende Rektor Karl Brunner wegen seiner Nähe zur Vaterländischen Front von den Nationalsozialisten als untragbar angesehen und abgesetzt wurde. Steinacker unterstützte Breitner nach Kräften und baute in den Eingaben um Aufhebung der Zwangspensionierung sowie um eine vorläufige Verlängerung des Dienstverhältnisses Breitner zu einem umfassend agierenden Nationalsozialisten auf. Wie Ina Friedmann und Dirk Rupnow in ihrer Universitätsgeschichte, die anlässlich des 350-jährigen Bestandsjubiläums der Innsbrucker Universität im Oktober 2019 erschienen ist, zitieren, wurde Breitner als »Häuptling der Nazipartei«, der an der Fakultät denunziert worden wäre, stilisiert. Parallel zu Steinackers Bemühungen, Breitner zum Verbleib als Vorstand der Chirurgischen Klinik zu verhelfen, wandte sich der Betroffene seinerseits über die familiär-freundschaftlichen Beziehungen zur Familie Hueber und über sein persönliches Naheverhältnis zu Ferdinand Sauerbruch direkt an die Parteispitzen in Berlin, wobei Emmy Göring, der zweiten Frau des Preußischen Ministerpräsidenten, eine wesentliche Rolle zugeschrieben wird. Sauerbruch, Burghard Breitner schon seit dem ersten Vortrag an der Münchner Universität über seine sibirische Gefangenschaft sehr verbunden, war seit 1928 Ordinarius der Chirurgischen Klinik an der Berliner Charité und von Hermann Göring 1933 zum Präsidenten des Preußischen Staatsrates ernannt worden.

Nachdem der Zeitpunkt für die angeordnete Ruhestandsversetzung mehrmals verlängert wurde, kam es zu einer Fristsetzung für Ende November 1939. Aber auch dieser Termin hielt nicht und wurde schließlich auf Juni 1940 verlegt. Waren es nun die fürsprechende Eingabe des Rektors Steinacker oder doch die auf privatem Weg vorgebrachten Interventionen für Breitner, die in Berlin zu der Entscheidung führten, dass Breitner seine Position als Vorstand der Chirurgie behalten konnte? Legt man der Einschätzung Erfahrungswerte zu Grunde, kann darauf geschlossen werden, dass es ein Zusammenspiel gewesen sein wird. Hier die von der NSDAP durchwirkte Ministerialbürokratie, die im Fall Breitner bereit war, mehr als nur ein Auge zuzudrücken. Und dort die Parteispitze, für die die ungelöste Abstammungsfrage eine nicht zu übersehende Größe darstellte. Im entscheidenden Schreiben des Reichsministers für Wissenschaft, Erziehung und Volksbildung vom 26. April 1940 hieß es, dass die Bewilligung einer Ausnahme für Breitner im Reichsinteresse als vertretbar angesehen wurde. Dafür wurden einerseits seine Verdienste während der russischen Gefangenschaft sowie das mannhafte Eintreten für die »großdeutsche Sache« ins Feld geführt. Andererseits wurde stark in Zweifel gezogen, ob eine »Mischlingseigenschaft« überhaupt gegeben sei. Auch hier folgte das Ministerium der Argumentationslinie des Rektors, wonach davon auszugehen ist, dass Breitners Großmutter nicht jüdischer Abstammung gewesen sei, sondern nur adoptiert worden wäre.

Entscheidend für das weitere Schicksal Burghard Breitners als Universitätsprofessor und Klinikvorstand war der vom 26. Juli 1941 datierte und von Hans Heinrich Lammers gezeichnete Bescheid der Reichskanzlei, mit dem Breitner die vom »Führer« getroffene Entscheidung mitgeteilt wurde. »Der Führer hat den Universitätsprofessor und Leiter der chirurgischen Universitätsklinik Dr. Burghard Anton Paul Maria Breitner, geboren am 10. Juni 1884 in Mattsee (Salzburg), deutschblütigen Personen gleichgestellt. Die Gleichstellung bezieht sich nicht auf den Bereich der Nationalsozialistischen Deutschen Arbeiterpartei und ihrer Gliederungen. Die Gleichstellung gilt für den Bereich der Wehrmacht mit Ausnahme der für Berufssoldaten geltenden Vorschriften.« In einem zweiten Absatz wird ergänzend ausgeführt, dass die Gleichstellung auch für Breitners Nachkommen gilt, »soweit nicht etwa bei ihnen ein fremdrassiger Bluteinschlag von anderer Seite hinzukommt.«

Die Einberufung zum Militärdienst folgte auf dem Fuß, was als Indiz für die Richtigkeit der Darstellung Breitners zu werten ist. Er wurde mit der chirurgischen Leitung des zu schaffenden Reservelazaretts II im Range eines Oberarztes und später Oberstarztes beauftragt. Darüber hinaus wurde er zum beratenden Chirurgen des XVIII. Armeekorps bestellt.

Die von der Kanzlei des Führers ausgesprochene Parteiunwürdigkeit wird Breitner im Weiteren nicht berührt haben, zumal er an einer Parteimitgliedschaft ohnehin keinerlei Interesse zeigte, zu keinem Zeitpunkt. In diesem Desinteresse ist er durchaus ernst zu nehmen und es ist auch seiner Darstellung Glaube zu schenken, dass er sich nie um eine Aufnahme in die NSDAP bemüht habe. Breitner log nicht, aber er legte im Umgang mit dem Regime in der Außenwirkung eine Haltung zutage, die das System des Nationalsozialismus unterstützte.

Immer irgendwie dazwischen. Das Prinzip zog sich durch. Und es war Breitner selbst, der dem Muster des Zwiespalts und der Doppelbödigkeit Vorschub leistete. Insbesondere gilt das auch für die Positionierung Breitners gegenüber dem nationalsozialistischen Regime. In dem nachvollziehbaren Bemühen, dass seine berufliche Position an Klinik und Universität aufrecht erhalten bleibt, wurde die Darstellung seines Verhaltens als vermeintlicher »illegaler Nationalsozialist« des Ständestaates überzeichnet, wobei außer Zweifel steht, dass Breitner Studenten, die wegen unerlaubter politischer Aktivitäten in die Bredouille kamen, kameradschaftlich aus der Patsche geholfen hatte. Diese Überzeichnung gilt für die Darstellung Steinackers im Schreiben an das Erziehungsministerium in Berlin gleichermaßen wie für die Darstellung von Geschehnissen rund um ein Attentat auf den Tiroler Heimwehrführer Richard Steidle. Im Nachlass Breitners befindet sich diesbezüglich der Durchschlag eines Briefes an den Reichsstatthalter, womit Arthur Seyß-Inquart angesprochen war, der diese Position vom 15. März 1938 bis zum 30. April 1939 innehatte. Der Brief endet mit der Grußformel »Heil Hitler!« und ist mit den Initialen L. G. gezeichnet. Der Briefschreiber gab sich aber durch die Angabe verschiedener Funktionen, die er als Kriegsgefangener in Sibirien innehatte, zu erkennen. In diesem Schreiben geht es um die Besetzung der Position des Vorstands der ehemaligen Klinik Eiselsberg, die vakant wurde, nachdem Egon Ranzi von den Nationalsozialisten von seiner Position als Klinikchef enthoben und in »Schutzhaft« genommen worden war. Wie sich schon der kommissarische Leiter und Eiselsberg-Schüler Friedrich Schürer-Waldheim an Breitner wandte und diesen anflehte, die I. Chirurgische Klinik zu übernehmen, so sprach sich auch der Briefschreiber selbst dafür aus. Schürer-Waldheim leitete die Klinik kommissarisch, bis er 1939 zum Kriegsdienst eingezogen wurde. Als eine der zu berücksichtigenden Leistungen führte der Briefschreiber an, »dass Breitner anläßlich des Attentates auf den Heimatschutzführer S t e i d l e in Innsbruck wegen illegaler Betätigung, wenn auch nur für kurze Zeit, in Haft gesetzt wurde.«

Zu zivilem und militärischem Dienst zugelassen. Das eine wurde mit dem Einzug zur Wehrmacht umgesetzt, der mit der Funktion des Chirurgischen Leiters des zu errichtenden Reservelazaretts verbunden war. Das andere – der zivile Einsatz – führte dazu, dass Breitner wie andere Vorstände Chirurgischer Kliniken auch dazu ermächtigt wurde, Zwangssterilisationen von männlichen Zivilpersonen durchzuführen.

Wie häufig in seinem Leben und Wirken manövrierte Breitner ein weiteres Mal zwischen allen nur denkbaren Stühlen, was sein Verhältnis zum nationalsozialistischen Regime betraf. Wenn wir seiner Ausführung in den Memoiren Glauben schenken, dann waren seine Erlebnisse, Erfahrungen und Wahrnehmungen rund um die Pogromnacht im November 1938, die in Innsbruck besonders brutal und grausam verlief, eine Art von Damaskuserlebnis, was Hitler und den Nationalsozialismus betraf. *Im Zusammenhang mit dem nächtlichen Judenmassaker in Innsbruck erhielt damals die völlige Verdammung eines verbrecherischen Systems für immer die Oberhand.* Selbst wenn er tatsächlich nicht wusste, dass seine Großmutter väterlicherseits jüdischer Abstammung war und damit auch sein Vater, obwohl er ein halbes Jahr nach der Geburt katholisch getauft wurde, war ihm doch bewusst, dass es so sein könnte, dass er ein »Mischling« war und die Gewalt des braunen Mobs auch ihm galt. Ihm, der ein gutes halbes Jahr zuvor im Auftrag der NSDAP in Innsbruck eine große Rede vor ehemaligen Frontkämpfern anlässlich der bevorstehenden Volksabstimmung hielt. Dem Satz zur Wahrnehmung der Pogromnacht sieht man es förmlich an, dass um ihn gerungen wurde. Seziert ihn der Leser Wort für Wort, Silbe für Silbe, spürt er eine deutliche Distanz zwischen dem Inhalt, der in die Worte gepresst ist, und der Emotion, die dabei unterdrückt wurde. Das wäre, käme es darauf an, kein verwertbares Bekenntnis, keine confessio in iure, nicht einmal im metaphorischen Sinn. Was ist es dann? Unter Umständen die Unfähigkeit, die Einsicht in die Abgründe beim Namen zu nennen und die schambesetzte Erkenntnis, es nicht getan zu haben, sich selbst verleugnet zu haben?

Für die Zeit zwischen dem Sommer 1940 und dem Ende des Krieges, immerhin fast fünf Jahre und damit die längste Zeit des Krieges, fand Breitner nur wenige Sätze. Äußerst knapp skizzierte er einige wenige Wahrnehmungen während der regelmäßig stattfindenden Inspektionsfahrten in die Reservelazarette des XVIII. Armeekorps, wobei es sich dabei ab 1941 um das neu organisierte XVIII. Gebirgs-Armeekorps handelte. Explizit nannte er das Lager russischer Kriegsgefangener im Kärntner Wolfsberg, wobei er sich an die vor Hunger tobenden Gefangenen erinnerte, oder an die Hilferufe eines jungen Tiroler Arztes, der als Assistent zu den Einfrierungsexperimenten nach Dachau beordert worden war. Alles knapp und sachlich dargestellt, ohne Kommentar und Emotion. Ebenso knapp skizzierte Breitner die vielfachen Berührungsnotwendigkeiten mit den höchsten Parteistellen in Innsbruck und mit vorübergehend anwesenden Größen des Regimes, die nicht aus dem Rahmen des darüber sattsam Bekannten fielen. An anderer Stelle verwies er – ebenso knapp – auf die von der Partei an ihn gerichtete Aufforderung, den Kontakt zur jüdischen Offiziersfamilie Hecht-Eleda abzubrechen, der Breitner aber nicht nachkam. Margot Hecht-Eleda war eine der Töchter des jüdischen Generalmajors Wilhelm Hecht von Eleda und seiner Frau Adele, geborene Oppenheimer aus Magdeburg. Wilhelm Hecht von Eleda wurde 1912 in den Adelsstand versetzt. Margot, am 18. März 1896 geboren,

Burghard Breitner mit Margot Hecht-Eleda (Mitte) und seiner Mutter bei einem Skirennen.

studierte Medizin und wurde an der Universität Wien promoviert. Ihr um zwei Jahre älterer Bruder Felix fiel 1917 als Oberleutnant an der österreichisch-italienischen Front und hinterließ seine Aufzeichnungen als *Kriegstagebuch vom Cavento*. Die Verbundenheit der Familien blieb über den Tod von Margot im Jahr 1949 hinaus bestehen. Ihre Schwester Elisabeth, Liesl genannt, erhielt eine Wohnung im Haus Hörlgasse, im 9. Wiener Gemeindebezirk, das im Besitz der Familie war. Die Begegnung, aus der eine lang anhaltende Liaison erwuchs, fand in der Zeit statt, als Breitner 1. Assistent von Eiselsberg war und das Verhältnis zu Emilie Schlierholz, der Herzensdame vieler Jahre, abgekühlt war.

Geburtstage wurden und werden auch in Kriegszeiten gefeiert. Breitners Sechziger fiel in eine Zeit, die für das Geschehen im Verlauf des Zweiten Weltkriegs bestimmend war. Vier Tage vor seinem Geburtstag landeten die Alliierten an der Atlantikküste vor der Normandie. Zwölf Tage danach, am 22. Juni 1944, antwortete die Rote Armee mit dem Angriff auf die Heeresgruppe Mitte und stieß dafür 500 Kilometer nach Westen bis an das Ostufer der Weichsel vor. Das Datum war von hohem Symbolgehalt. Auf den Tag genau drei Jahre früher hatte das »Unternehmen Barbarossa« begonnen, womit der Überfall der deutschen Wehrmacht auf die Sowjetunion codiert war.

Der von Kindheit an deutschnational geprägte Burghard Breitner war im Grunde seines Herzens ein durch und durch liberal eingestellter Mann, der sich dem engen Korsett gesellschaftlicher Zwänge zu entziehen wusste. Die Distanz

Breitners zu den Machthabern und ihren Sphären war äquidistant justiert. Sein Platz war stets außerhalb jeglicher Machtkonstruktionen. Er hatte es auch nie darauf angelegt, sich durch die Nähe zur Macht Vorteile zu verschaffen. Breitner war sein eigenes Reich, so überzogen das auch klingen mag, aber das war seine Wirklichkeit. Und diese Wirklichkeit kollidierte mit der des Totalitarismus im Dritten Reich. Der Held versengte sich die Flügel, der Held ging zu Bruche. Helden sind keine Engel. Breitner wusste, dass es einer Duldung geschuldet war, überhaupt noch im Amt zu sein, in der Klinik wie an der Universität. Der Preis der Duldung war ein sehr hoher. Er bezahlte ihn mit seinem Leben, gewissermaßen.

Wir sterben an unserem Geschlecht, wird er Jahre später in der populärwissenschaftlichen Abhandlung über die Bisexualität schreiben. Wir sterben aber auch an unseren Taten, an den begangenen und unterlassenen. Zu den unterlassenen Taten Burghard Breitners zählt, sich nicht spätestens dann gegen das *menschenunwürdige System* gestellt zu haben, als es darum ging, den hippokratischen Eid zu brechen. Wie die jüngsten zeithistorischen Forschungsergebnisse an der Universität Innsbruck deutlich belegen, wurde auch Burghard Breitner, da er trotz seiner nach außen hin ungeklärten Abstammung für den zivilen und militärischen Einsatz im Reich als »würdig« empfunden wurde, dazu ermächtigt, an der Klinik Zwangssterilisationen und »freiwillige Entmannungen« vorzunehmen. Dirk Rupnow und Ina Friedmann haben in ihrem Abschlussbericht detailliert aufgezeigt, dass es an der Chirurgischen Klinik der Universität Innsbruck, der Breitner vorstand, im Zeitraum zwischen 1940 und 1945 zu mindestens 40 Eingriffen kam. Durchgeführt wurden diese von Breitners Assistenten Georg Hans Bartsch und weiteren Ärzten. Breitner hatte nach aktuellem Forschungsstand keine Eingriffe persönlich vorgenommen, war jedoch mit den Vorgängen betraut und trug als Klinikvorstand und ermächtigter Arzt Verantwortung für die Zwangseingriffe. Es lässt sich auch noch nicht abschließend sagen, ob Burghard Breitner später zu den Zwangssterilisationen Stellung bezog oder sich von den Vorgängen distanzierte.

Der Zusammenbruch des ›Reiches‹ löste in mir zwiespältige Gefühle aus: einerseits empfand ich Genugtuung über die Auslöschung eines menschenunwürdigen Systems, andererseits erschütterten mich die Begleitumstände, unter denen das Reich zusammenbrach. … Die wüsten Plünderungsszenen in den Magazinen der Stadt am Tag vor der Waffenstreckung zeigten, wie weit die Bevölkerung durch diese Jahre des Krieges wieder zu den Urinstinkten zurückgeführt worden war.

Das Leben ist im Grunde nichts

8

Der Übergang von der nationalsozialistischen Gewaltherrschaft in die demokratischen Strukturen der Zweiten Republik verlief in Österreich auf allen Ebenen und in allen gesellschaftlichen Bereichen fließend. Selbst mehr als ein Dreivierteljahrhundert nach Beendigung des Zweiten Weltkriegs gibt es ausreichend Gründe, auf dieses Defizit hinzuweisen und Klage darüber zu führen, dass es – was ein durchaus größeres Manko aufzeigt – in einzelnen Fällen viel zu lange dauerte, bis eine Auseinandersetzung über fehlende Ablösung und unzureichende Abgrenzung zu ehemaligen nationalsozialistischen Eliten in Politik, Wirtschaft und Kultur stattfand. Dies gilt gleichermaßen für Burghard Breitner wie für die Universität Innsbruck.

Breitner kam in einer politisch bereits prekären Zeit nach Innsbruck. Die Unterhöhlung demokratischer Strukturen in der Ersten Republik, der katholisch geprägte faschistische Ständestaat, die Machtübernahme durch Hitler, die Einverleibung Österreichs in das Dritte Reich und schließlich der Zweite Weltkrieg prägten seine Jahre in Innsbruck, aber auch der Zusammenbruch der nationalsozialistischen Diktatur, das Kriegsende und der Übergang in die Demokratie der Zweiten Republik. Mehr als zwei Jahrzehnte lang hatte Breitner den Lehrstuhl für Chirurgie inne, um den er zweimal hart kämpfen musste. Die Gegner waren unterschiedlich, denn die Gesetze und Verordnungen des Deutschen Reichs hatten grundlegend andere Ziele vor Augen als die der jungen Zweiten Republik. Diese war auch keinesfalls geeignet, die verheerenden Auswirkungen der anderen »wiedergutzumachen«. Die nationalsozialistischen Vertreibungen nach dem März 1938 waren rassistischer Natur und völkisch-ideologisch untermauert vom Unrechtsstaat des nationalsozialistischen Regimes. Sie zielten auf Zerstörung und Vernichtung der Existenzen ab. Die Entnazifizierungsmaßnahmen der österreichischen Regierung, die mit Anfang des Jahres 1946 begannen, waren der Notwendigkeit geschuldet, den Aufbau der Demokratie unter Abgrenzung zur nationalsozialistischen Ideologie voranzutreiben. Die intendierte »Reinigung«

kann heute nur als fiktionales Konstrukt begriffen werden, das zum Scheitern verurteilt war, weil der Staat durchaus auf einen gar nicht so geringen Teil der Funktionseliten, so sie nicht als schwer vorbelastet eingestuft wurden, angewiesen war. Mit dem Entfernen der NS-Eliten aus Ämtern und Positionen war das Virus der NS-Ideologie keinesfalls vernichtet. Der Auf- und Ausbruch der Kindergeneration dieser Eliten im Zuge der Revolten von 1968 haben das hinlänglich deutlich gemacht. Und selbst die dritte Generation, die Enkelkinder der Eliten wie der Chargen und Mitläufer, hatte noch erhebliche Mühe, Gedanken- und Verhaltensmuster als nationalsozialistisch kontaminiert zu enttarnen, sich davon zu distanzieren und als dritten Weg den einer Diskurskultur zu wählen.

Vor diesem Hintergrund war der Ansatz des im Jahr 1950 in Salzburg ins Leben gerufenen Sozialen Friedenswerks kein gänzlich falscher. Der auf Initiative des Salzburger Fürsterzbischofs Andreas Rohracher gegründete Verein hatte die Zielsetzung, die Jugend zu fördern und sozial schwache Menschen zu unterstützen. Dass sich der Verein in der Hauptsache um die Familien ehemaliger Nationalsozialisten kümmerte und bis heute dem Dritten Lager verpflichtet ist, zählt zu seiner Bestimmung. Die Idee hatte viele positive Ansätze, die Umsetzung ist tendenziell misslungen, weil die Sprache mit der Idee nicht Schritt halten konnte, und die Entnazifizierung eben keine Rechtlosigkeit und Unmenschlichkeit darstellte, wie dies Andreas Rohracher in einer Rede an der Universität Innsbruck 1947 noch in Richtung des Auditoriums polterte, sondern eine demokratiepolitisch höchst notwendige Maßnahme war.

1946, als mit der Entfernung von Nationalsozialisten aus den Reihen des universitären Lehrkörpers begonnen wurde, sah sich Burghard Breitner nach 1938 zum zweiten Mal mit dem vorzeitigen Ende seiner Hochschullaufbahn konfrontiert. »Das Ministerkomitee zur Säuberung der höchsten Staats- und Wirtschaftsstellen von Nazielementen hat mit Beschluss vom 14.4.1946 den Vorstand der chirurgischen Klinik der Universität Innsbruck o. Universitätsprofessor Dr. Burghard Breitner mit Wirksamkeit ab Ende des Sommersemesters 1946 seiner Stelle als Professor der Universität Innsbruck enthoben. Die Veranlassung zu dieser Maßnahme war die Feststellung, dass Dr. Breitner in seinem Personalakt der Universität Innsbruck als Mitglied der NSDAP seit November 1932 unter der Mitgliedsnummer 7.292.580 verzeichnet erschien.« Dieser Sachverhalt wurde im Schreiben der Generaldirektion der öffentlichen Sicherheit an das Ministerkomitee zur Säuberung der höchsten Staats- und Wirtschaftsstellen von Nazielementen im Bundeskanzleramte mit der Zl. 95.853-2/46 vom 31. Mai 1946 und gezeichnet mit Bundesminister Helmer festgehalten. Die gesetzliche Grundlage für die Entnazifizierung bot zu diesem Zeitpunkt das am 8. Mai 1945 erlassene Gesetz über das Verbot der NSDAP (Verbotsgesetz). Das sogenannte Nationalsozialistengesetz trat erst am 18. Februar 1947 in Kraft. Im Zentrum der Auseinandersetzung um Burghard Breitner stand damit also ein weiteres Mal der oben angeführte Eintrag seiner Zugehörigkeit zur NSDAP im

Personalakt der Universität Innsbruck. Unabhängig von der grundsätzlichen Bewertung dieses Eintrags ist diese gerade zitierte Darstellung jedoch falsch, denn unter der oben genannten Mitgliedsnummer fand die Aufnahme Breitners in die NSDAP im Dezember 1939 statt, wie Unterlagen im Österreichischen Staatsarchiv sowie im Bundesarchiv Berlin belegen. Eine andere Frage ist in diesem Zusammenhang, wie diese Mitgliedschaft, die am 16. Dezember 1938 beantragt wurde, zustande kam und ob Burghard Breitner sie selbst vorantrieb oder ob sie nicht vielmehr im Zuge des auch vom Rektor der Universität Innsbruck unterstützten Gesuchs vom 21. November 1938 angestrengt wurde. Auf dieses Gesuch antwortete der Reichsminister und Leiter der Staatskanzlei mit dem schon erwähnten Schreiben vom 26. Juli 1941, mit dem Breitner die Gleichstellung mit »deutschblütigen« Personen mitgeteilt wurde.

Das nationalsozialistische Regime hat mich in seinen führenden Vertretern keineswegs als Gesinnungsgenossen gewertet. Ich war geduldet, von Vielem ausgeschlossen, in nichts gefördert. Meine Haltung gegenüber der Familie des Generals Hecht-Eleda genügte dem Kreisleiter, um mir die Alternative zu stellen, Verzicht auf den Verkehr mit der Familie oder neuerliche Enthebung vom Lehramt. Selbstverständlich verzichtete ich nicht auf den Verkehr mit Frau Dr. Hecht, die Volljüdin ist. … In dem Bewusstsein, kein Parteimitglied zu sein und keines sein zu wollen, sah ich mich als unentwegter Österreicher, der die nationalsozialistischen Doktrinen schärfstens abgelehnt hat, nicht bemüssigt, auch nur in Nebensächlichkeiten meine Person politisch bemerkbar zu machen.

Breitner legte nach und wandte sich in einem weiteren Schreiben vom 1. April 1946 direkt an das Ministerkomitee, das auch im Österreichischen Staatsarchiv liegt, in dem er die gegenständliche Eintragung seiner Parteimitgliedschaft als Fälschung darlegte. Außerdem nahm er Bezug auf eine Meldung der Sicherheitsdirektion Innsbruck *an die obergeordnete Stelle in Wien von Ende 1938, dass ich niemals der Partei angehört habe.* In dieser Eingabe an das Ministerkomitee führte er auch zwei Zeugen an, die eine dezidierte Anti-Nazihaltung Breitners darlegten. Wilhelm Heizmann, Regierungskommissar für die Rückführung der österreichischen Kriegsgefangenen bei der Landesregierung von Tirol, nicht registrierungspflichtig, erklärte, dass er Breitner seit vielen Jahren persönlich kenne. Registrierungspflichtig nach dem »Verbotsgesetz« waren Parteimitglieder sowie Parteianwärter. »Herr Prof. Dr. B. Breitner hat in der Nazizeit aus seiner Einstellung gegen das nationalsozialistische Regime nie einen Hehl gemacht und seine Stellungnahme nicht nur theoretisch sondern auch praktisch zum Ausdruck gebracht. Er steht seit vielen Jahren in enger Verbindung mit Frau Dr. Hecht, die Volljüdin ist, und hat diesen Verkehr trotz Aufforderung der Partei nicht nur nicht aufgegeben, sondern im Gegenteil Frau Dr. Hecht und ihre Familie in jeder Beziehung geschützt.« Der zweite Zeuge, der Innsbrucker Rechtsanwalt Dr. Karl Polacek, selbst auch nicht registrierungspflichtig, führte an: »Aus genauer Kenntnis seiner Person und seiner Einschätzung kann ich mit bestem Gewissen sagen, dass er die nationalsozialistischen Doktrinen und die Haltung der NSDAP auf das Allerschärfste abgelehnt hat und aus dieser seiner Einstellung nie einen Hehl gemacht hat. Nach meiner Auffassung hat er es nur seiner überragenden Persönlichkeit und seinem weit über die Grenzen des Landes hinaus bekannten Wirken zu verdanken gehabt, dass er trotz seiner Einstellung von der Partei nicht gemassregelt wurde.«

Die Sicherheitsdirektion Innsbruck listet in ihrer Sachverhaltsdarstellung an das Ministerkomitee vom 31. Mai 1946 den aktuellen Stand der Ermittlungen penibel auf und verweist auch auf den bereits erwähnten »Führerentscheid« vom Juli 1941, wonach »der Genannte deutschblütigen Personen gleichgestellt wurde.«

Dem standen jedoch die Eintragungen im Personalbogen der Universität gegenüber, der von Breitner persönlich unterschrieben war. Die Beweiskraft dieses Dokuments, so die Sicherheitsdirektion, sei aber durch folgende Feststellungen erschüttert: In der Rubrik »seit wann Mitglied der NSDAP, Mitgl. Nr., Eintritt in das NSFK« hatte Breitner ursprünglich als handschriftliches Zeichen eine Null (0) mit einem Querstrich geschrieben. Ein Blick in die umfassende Korrespondenz Breitners belegt vielfach, dass die Null mit dem Querstrich eine mehr als gewohnte schriftliche Form einer Verneinung war. Diese Null wurde offenbar getilgt und maschinenschriftlich durch das Datum »Nov. 1932« ersetzt. Außerdem führt die Sicherheitsdirektion an, dass »für die Richtigkeit dieser Annahme der Umstand spricht, dass in dem der Bundespolizeidirektion Innsbruck zur Einsicht vorgelegten Fragebogen der Ärztekammer Prof. Dr. Breitner am 24.11.1938 die Zugehörigkeit zur NSDAP ausdrücklich verneint hat. In ihren detaillierten Erhebungen und Einvernahmen wurde dieser Widerspruch bereits teilweise dahin aufgeklärt, dass diese nachträglichen Korrekturen im Personalbogen die dem Dr. Breitner ergebenen Assistenzärzten (sic) Dr. Otto Hoche bezw. Dr. Georg Hans Bartsch ohne sein Wissen veranlasst haben dürften. Allerdings hat Dr. Breitner, wie seine Haushälterin bei der Einvernahme erklärt hat, davon Kenntnis gehabt, dass für ihn auch Beitragsleistungen für die NSDAP bezahlt werden.« Als Konsequenz der Erhebungen beantragte das Bundesministerium für Inneres, dass das Ministerkomitee den Beschluss vom 14.4.1946 rückgängig machen solle »und das eingeleitete Enthebungsverfahren bis zur rechtskräftigen Entscheidung der Frage der Parteizugehörigkeit des Prof. Dr. Burghard Breitner auszusetzen.« Wenige Tage vor der Sachverhaltsdarstellung der General-Direktion für die öffentliche Sicherheit veranlasste der Staatssekretär im Innenministerium ein kurzes Schreiben an das Bundeskanzleramt mit dem Tenor, dass sich die Sache wesentlich anders darstelle, als sie bisher gesehen worden sei, zumal auch die Vertreter aller Parteien den Einspruch erheben, Breitner wäre nie bei der Partei gewesen. Nachdem Breitner auch den Vorbehalt, er hätte den ehemaligen deutschen Gesandten in Wien, Dr. Kurt Rieth, in seiner Klinik verborgen gehalten, entkräftet hatte, erließ die Landeshauptmannschaft für Tirol unter dem Datum vom 3. Oktober 1946 den Bescheid, dass »dem Begehren auf

Burghard Breitner am Schreibtisch in seinem Haus in der Siebererstraße, das er von 1932 bis zu seinem Tod bewohnte.

Streichung des Prof. Dr. Burghard Breitner … aus der Liste der Nationalsozialisten gem. § 21 der NS.-Registr.-Vdg., StGBl. Nr. 18/45 Folge gegeben wird.« Da gegen diesen Bescheid keine Rechtsmittel eingelegt worden waren, wurde Breitner aus der Liste der Nationalsozialisten gestrichen.

Über all den administrativen Verrenkungen, Gesuchen und Kniefällen, den Bitten und Hoffnungen schwebt die Frage hin und her, wie es Breitner tatsächlich mit den Nationalsozialisten hielt. Wo lag die Wahrheit, wie stellte sich die Wirklichkeit dar, was war Schein, List oder Willkür? Griffen doch Lüge und Feigheit, geboren aus Leichtfertigkeit, um sich? Dominierte die Naivität oder doch das Kalkül und wie viel war der Notwendigkeit, Amt und Beruf zu erhalten, geschuldet? Die einzige Chance auf eine verbindliche Antwort ging in der Nacht auf den 28. März 1956 mit Burghard Breitners jähem Tod für immer verloren.

Der von der Entnazifizierungswelle erfasste Breitner hatte allerdings durchaus einen triftigen Grund, selbst bei der Polizeidirektion Innsbruck vorzusprechen und eine Klärung seiner Stellung zur NSDAP zu erreichen. Denn seine geplante Wahl zum Präsidenten der Österreichischen Gesellschaft vom Roten Kreuz im Jahr 1950 schien ernstlich in Gefahr zu geraten. *Anläßlich der geplanten Wahl des Präsidenten der Österreichischen Gesellschaft vom Roten Kreuz in Wien, wurde auf eine Anfrage des Ministeriums für soziale Fürsorge bei der Polizeidirektion in*

Innsbruck vom Journalbeamten die Auskunft erteilt, daß ich Mitglied der NSDAP gewesen sei. Diese Schilderung in den Erinnerungen hat nicht nur einen anekdotisch anmutenden Beigeschmack, sie umreißt die Problemlage auch nicht in ihrer Gesamtheit.

Gegner und Befürworter, Freunde und Feinde Breitners hielten sich in etwa die Waage. Ein Dazwischen gab es für beide Seiten kaum. Das entsprach auch seinem Wesen, das zwischen erschreckender Schroffheit und generöser Liebenswürdigkeit changierte. Auffallend ist der Unterschied, wie die beiden Lager sich artikulierten. Die Stimmen der Befürworter waren vielfältiger, aber leiser, die der Gegner vereinzelter, aber umso lauter. Die Wahrnehmung seiner Persönlichkeit mag sich nach dem Ende von Krieg und Naziherrschaft noch weiter ausdifferenziert haben. Diese Polarisierung übertrug sich selbstverständlich auch auf die unterschiedlichen Kreise, die sich auf Landes- und Bundesebene für den flächendeckenden institutionellen Aufbau des Österreichischen Roten Kreuzes engagierten, der in den Anfangsjahren der Zweiten Republik auf Grund der Einteilung der Republik in vier Besatzungszonen sehr regional dominiert vonstatten ging.

Aus dem Nichts Strukturen zu entwickeln oder Vorhandenes neu auszurichten, dazu hatte Breitner während seiner Zeit in sibirischer Gefangenschaft hinreichend Gelegenheit. Auf diesen Erfahrungsschatz konnte er nach dem Mai 1945 zurückgreifen, als es in Innsbruck darum ging, den Landesverband Tirol des Österreichischen Roten Kreuzes zu gründen und aufzubauen und den Tätigkeitsbereich mit Leben zu füllen. Genau das tat Breitner. Am Ende der Aufbauphase des Landesverbands Tirol stand die Gründung des Zentralinstituts für Bluttransfusion, das Breitner im alten Chirurgiegebäude einrichten ließ und dessen Leiter sein Assistent Hans Reissigl wurde. Der Blutspendedienst des Österreichischen Roten Kreuzes nahm von Innsbruck aus seinen Anfang. Breitners medizinisches Interesse für das Thema der Bluttransfusion führte bis in die Anfangszeit seines Studiums an der Universität Wien und seines Praktikums am Pathologischen Institut zurück, an dem der spätere Hämatologe und Nobelpreisträger Karl Landsteiner zu jener Zeit als Assistent von Richard Paltauf tätig war. Die anderen Bundesländer begannen erst 1952 mit dem Aufbau von Blutspendediensten, initiiert auch von Breitner, nachdem er Präsident des Österreichischen Roten Kreuzes geworden war.

Breitners öffentliche Welt war nach 1945 durch die Entnazifizierung der Hochschulen und seinen Kampf um den Verbleib an der Universität geprägt. Die »Heldenreise« war jedoch keinesfalls beendet, allenfalls unterbrochen. Breitner wusste seine Kräfte zu bündeln. Die private Welt war in der zweiten Hälfte der 1940er-Jahre von Tod und Krankheit umrahmt. Am 11. November 1945 starb Breitners Mutter in Mattsee, am 15. September 1949 verschied Margot Hecht-Eleda. Sie war nach Emilie Schlierholz die Frau an seiner Seite gewesen. Während die Liaison mit Emilie, deren Beginn mit Breitners Aufnahme des Studiums in Wien zu datieren ist, sich als eine lange Kette wiederholter Liebesschwüre darstellte und der Außenwelt mit Ausnahme der Familie verborgen blieb, trat die promovierte Hautärztin jüdischer Abstammung auch öffentlich an seiner Seite auf. Wie aus dem Personalakt der Innsbrucker Universität hervorgeht, erhielt Burghard Breitner zu Beginn des Jahres 1949 vom Bundesministerium für Unterricht die Mitteilung, dass er vom Bundespräsidenten mit Entschließung vom 12. Jänner 1949 auf Antrag des Bundesministers Felix Hurdes zum ordentlichen Professor für Chirurgie an der Universität Innsbruck ernannt wurde. Damit hatte ein über zehnjähriger Kampf um die innere und äußere Existenz ein Ende gefunden. Dieser Kampf blieb körperlich keineswegs folgenlos. Nachdem Ruhe eingekehrt war und gewichtige Kapitel seines Lebens geschlossen wurden, machte sich seine Erkrankung breit. Als ein Prostatakarzinom diagnostiziert wurde, war es bereits zur Bildung von Metastasen an der Wirbelsäule gekommen. Lebensfreude und Schaffenskraft blieben davon weitgehend unberührt.

Der österreichische Bildhauer Gustinus Ambrosi fertigte im Jahr 1950 eine Büste von Burghard Breitner an.

Die »Heldenreise« wurde fortgesetzt. Breitner positionierte sich wieder und begann damit in jenem Metier, das ihm stets die höchsten Beliebtheitswerte sicherte. Vorträge im Allgemeinen und speziell die Vorlesungen im Hörsaal. *Das Genie des Lehrens. Paul Clairmont* lautet der Titel eines kleinen Bandes, dessen Einband mit einem Porträt des Ordinarius für Chirurgie an der Universität Zürich geschmückt ist. Der im Inn-Verlag im Jahr 1948 erschienene Text hatte zweierlei Funktionen zu erfüllen. Zum einen war er ein Nachruf auf Paul Clairmont, der den am 1. Jänner 1942 verstorbenen Arzt und Hochschullehrer, der ein knappes Jahr zuvor aus gesundheitlichen Gründen seine letzte Vorlesung gehalten hatte, porträtieren sollte. Zum anderen war es ein weiteres Hohelied auf die Zweite Wiener Medizinische Schule, die insbesondere von Theodor Billroth begründet und geprägt wurde. Breitner zählte wie Clairmont, obwohl neun Jahre jünger, zur Enkelgeneration des großen Chirurgen und blieb ihm über den Tod hinaus in großer Verehrung verbunden. *Nichts an diesem Mann war halb. Nichts war erfroren. Jede Stunde wurde gelebt, als wäre sie durch das Bewußtsein ihrer Unwiederbringlichkeit gezeichnet.* Billroth, Eiselsberg, Clairmont, Breitner.

Die Genealogie als Standortbestimmung für den Neustart nach dem Absturz. Otto Maurice Schürch, Ordinarius für Chirurgie an der Universität Basel, bezeichnete den Autor in seinem knappen Nachwort sehr zutreffend als Sänger der Chirurgenschule Billroths: »Er singt das Lied der Schule Billroths. … Das Lied Breitners tönt voll, uns Schweizern ungewohnt, vielleicht überschwänglich. Soll er darum sein Lied nicht singen, soll er besser einen trockenen Beitrag zur Geschichte der Chirurgie schreiben?«

Burghard Breitner wusste, was er tat, er hatte Boden gutzumachen. Diese Strategie lag offensichtlich auch der nächsten, im Jahr darauf im Europa-Verlag Wien erschienenen Publikation zu Grunde. In *Auflehnung gegen das biologische Gesetz*, ein schmaler Band mit kaum mehr als 100 Seiten, versuchte Breitner der Frage nachzugehen, ob Kriege der Unerbittlichkeit des biologischen Gesetzes geschuldet seien und ob es eine Möglichkeit gäbe, dieses Gesetz zu brechen. Ein paar Jahre nach Ende des Völkerschlachtens ist die Stimme Breitners zahm geworden, was die Frage nach der Unabwendbarkeit von Kriegen betrifft. Um eine allgemeingültige Antwort zu umgehen, verlagert er die Voraussetzung für Krieg und Frieden auf die subjektive Ebene und in die individuelle Entscheidung des einzelnen Staatslenkers. Intellektuell, so sein Resümee, sei es nicht mehr abzulehnen, dass das biologische Gesetz nicht doch beeinflussbar sei und dass das Entstehen von Kriegen nicht per se einer naturgesetzlichen Logik entsprechen muss. Auf geistiger Ebene sei die bewusste und siegreiche Auflehnung gegen das biologische Gesetz eine unbestreitbare Tatsache. *Sie war die Seele großer Religionen, sie wurde die Wiege aller Hochkulturen, denn sie bedeutet den Augenblick der Menschwerdung. Welcher Erscheinung in unserem Dasein könnte man eine größere Bedeutung zusprechen?*

Sieben Jahre nach dem Zusammenbruch des Dritten Reichs und dem Ende des Zweiten Weltkriegs wählte Breitner für seine Rede anlässlich der Inauguration als Rektor der Innsbrucker Universität ein zumindest vordergründig politisch durch und durch unverfängliches Thema. Unter der Überschrift *Der ewige Eid* beschäftigte er sich mit dem Eid des Hippokrates, den die Studenten der Medizin am Ende ihrer Ausbildung zu leisten haben. Dabei hob er insbesondere jenen Aspekt hervor, *der die jungen Adepten neben der streng-ethischen Auffassung des Berufes zur Mitarbeit an den immer lebendigen Fragen der ärztlichen Wissenschaft verpflichtet, zur Mehrung der Erkenntnis, zur Vervollkommnung unseres Könnens.* Der ewige Eid, seit 1947 tritt er in der Form des Genfer Gelöbnisses auf, ist dem tagespolitischen Geschehen tatsächlich zur Gänze enthoben. Wie jedoch die Verpflichtung des Eides in Hinsicht auf Forschung und Wissenschaft einzulösen ist, dafür gibt es unterschiedliche Denkschulen und wissenschaftstheoretische Zugänge, die die jeweilige Forschungspolitik prägen. Die Welt war immer noch brüchig und keinesfalls selig, als Burghard Breitner mit Beginn des Studienjahres 1952/53 zum Rektor der Alma Mater Leopoldina Franciscea gewählt wurde. Es war eine eminent politisch ausgerichtete Welt im Zeichen des

Kalten Krieges, in der die zwei ideologischen Blöcke des Landes massive Pflöcke in die Böden von Staat und Gesellschaft trieben und den Ausbau ihres jeweiligen Herrschaftsanspruches mit allen verfügbaren Mitteln forcierten. Politisch äußerst bewegte Zeiten. Unter dieser Überschrift ließe sich Breitners Professur in Innsbruck treffend

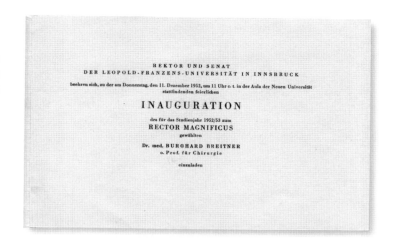

beschreiben. Er, der Unpolitische, dem das politische Tagesgeschäft ganz im Sinne Nietzsches zuwider war, was nicht hieß, dass er kein politisch denkender und handelnder Mann war, hatte auf diesem dünnen Eis einen schweren Stand und verfügte über keinerlei Fähigkeiten, sich ein sicherndes Gerüst zu schaffen. Nach der Wahl um das Amt des Bundespräsidenten im Jahr 1951, die für das konservative Lager überraschend verloren ging, war Breitner mit den Abgründen tagespolitischer Scharmützel und persönlicher Angriffe konfrontiert. Er litt unter den Verletzungen und bereute es zutiefst, sich überhaupt für die Kandidatur bereitgestellt zu haben, aber er trotzte dem Sturm. *Das Verwerfliche beginnt mit der verlogenen Darstellung der eigenen Ziele, mit der Anwendung charakterloser oder gewalttätiger Mittel zu ihrer Erreichung und mit dem unfairen Verhalten gegen Andersdenkende.*

Gezeichnet von der unheilbaren Krankheit trat er im festlichen Ornat samt schwerer Brustkette vor die Zuhörer in der übervollen Aula und legte seine Sicht der Verpflichtung zu Forschung und Wissenschaft dar. Er trug sein Vermächtnis vor, sein Testament als Arzt und Wissenschaftler, der von Eiselsberg im Geiste Billroths ausgebildet und von der Zweiten Wiener Medizinischen Schule geprägt wurde und der Innsbrucker Schule nachhaltig seinen Stempel aufdrückte.

Was ist von diesem Eid zu halten, der von »tausendjährigen Schwüren« – wie sie in der Zeit des Nationalsozialismus zu leisten waren und mit Hingabe geleistet wurden – dominiert und auf vielfältige Weise pervertiert wurde? Was ist von diesem Eid überhaupt zu halten und welchem Wissenschaftsideal ist er verpflichtet? Was gilt er dem einfachen praktischen Arzt, *der durch die Sicherheit seiner Beobachtung und durch die Exaktheit seiner Befunde zur Erreichung jener Lichtziele beiträgt?* Es lässt jedenfalls aufhorchen, wenn Breitner in seiner Rede sieben Jahre nach Ende des Naziterrors den hippokratischen Eid *in Verfallszeiten nur zu oft zu Feigheit und Helotentum entstellt* beschrieb. Und er stellte die Frage, ob die Universitäten in ihrer heutigen Organisation, in der Art ihres Unterrichts und in der Auffassung ihrer Aufgabe überhaupt noch berechtigt seien, solch

Einladung zur Inauguration als Rector magnificus am 11. Dezember 1952.

137

In seiner Antrittsrede als Rektor der Universität Innsbruck widmete sich Burghard Breitner ganz dem „Ewigen Eid".

einen Eid zu fordern. Als Beleg für die Notwendigkeit seiner Frage führte er den spanischen Philosophen und Essayisten José Ortega y Gasset an, der als liberaler Denker dem Elite-Gedanken nahestand. In der 1952 erschienenen Schrift *Schuld und Schuldigkeit der Universität* forderte er den Ausbruch aus dem Opportunitätsprinzip. Und dem Nützlichkeitsdenken sei zu entsagen, denn von idealen Forderungen nichts wissen zu wollen, sei Sache eines konservativen Leistungsprinzips.

Im Grunde referierte Breitner einen Zwiespalt innerhalb der universitären Welt, der sich zwangsläufig ergibt, wenn der universale Auftrag aufgespalten wird: hier brave Lehre, dort geniale Forschung. Selbstverständlich bedingen sich die beiden Wirkungsbereiche, wobei die jeweilige Schwerpunktsetzung eine ideologische ist. Diese Frage begleitet die Universitäten seit ihrem Bestehen. Wie von Breitner nicht anders zu erwarten, furchte auch in dieser Rede der hohe Ton spätbarocker Wortbildmalerei den Boden seiner Gedanken. Dabei hatte er Schuld und Schuldigkeit der Universität im Sinne von Ortega y Gasset in zweifacher Hinsicht im Blick. Zum einen in der Erfüllung ihres Auftrages von Wissenschaft, Forschung und Lehre und, zum anderen, in der Willfährigkeit der Universitäten dem nationalsozialistischen System gegenüber. Verständnis zeigte er auch in der Frage nach dem Zeitgemäßen, wenn Angehörige des Senats einer Universität aus Anlass einer Inaugurationsrede in schwarzer Robe auftreten, gleichsam als *Schweizergarde der Verwesung*. Er gestand ein, darin einen schweren Anachronismus sehen zu können. Aber schon zwei Sätze später machte er deutlich, worin er die Notwendigkeit solchen Zeremoniells begründet sah. *Die durch die Jahrhunderte erworbene Form bedeutet nicht nur ein Bekenntnis zur Tradition, sondern heißt auch, dass die Untrennbarkeit von geistiger Diszipliniertheit und äußerlicher Unterwerfung einem gehobenen Dasein zum Gesetz werden musste.* Dieses Gesetz beschrieb er als den innersten Kern aller Hochkulturen.

In veritate libertas. In der deutschen Übersetzung bedeutet der die Aula zierende lateinische Sinnspruch so viel wie: Wahrheit kann nur durch freie Forschung gewonnen werden. Breitner ging auch auf die Wandelbarkeit des Begriffs der Wahrheit ein, jener Wahrheit als Deutung der Wirklichkeit, die dem menschlichen Intellekt erreichbar ist. Nach dieser Wahrheit zu trachten, die in geerdetem Ton auch als Laune der Zeit beschreibbar ist, gilt als die Erfüllung universitärer Verpflichtung. Zum Ende seiner Rede brachte der Rektor, der auf eine zwanzigjährige Tätigkeit als Ordinarius für Chirurgie an dieser Universität zurückblickte, die doppelte Bindung des Eides zur Sprache. Die unablässige Suche nach Wahrheit und eine damit aufs Engste verbundene ethische Haltung. Darüber hinaus konfrontierte er die Studenten mit einem vierfachen Imperativ. *Machen Sie das Wort Machiavellis zuschanden, wonach in der Welt nichts als Pöbel herrscht. Strafen Sie das Wort Lügen, dass das Wissen von heute immer nur der Irrtum von morgen ist. Vernichten Sie den Katechismus aller Revolutionäre, dass Pflichten immer nur der andere habe. Seien Sie ein Vorbild an Leistung, an Opferbereitschaft. Und ein Vorbild an Güte.*

Mit präsidialer Stimme

9

Der Gedanke des Roten Kreuzes gehört zu den weltumspannenden Gedanken. Es gibt deren nicht viele … es ist kein Bekenntnis der Schwäche, der Zaghaftigkeit, des Defaitismus … es ist ein Bekenntnis auf einer höheren Stufe … es ist ein mannhaftes Bekenntnis, und es weist auf tapfere Ziele. … Der edle Zweck des Einsatzes verleiht dem Opfer den Ölzweig. Schwere Kost. Wie so oft, wenn in Breitners Texten die durch Punkte markierten Leerstellen überhandnahmen, versagte dem Autor die Sprache, um die Gedanken zu bändigen, um sie auf den Punkt zu bringen. Dem übervollen Herzen war die Sprache nicht gewachsen, um Mittler – verdienstvoller Dritter zwischen Gefühl und Verstand – zu sein. Die eingangs zitierten Gedanken sind einer kleinen Broschüre entnommen, die anlässlich Breitners 70. Geburtstags 1954 als Festschrift von der Österreichischen Gesellschaft vom Roten Kreuz herausgegeben wurde. Neben seiner Tätigkeit als Hochschullehrer zählten sein Engagement für den Gedanken des Roten Kreuzes und die Verbundenheit mit den einschlägigen österreichischen und internationalen Institutionen zu jenen Tätigkeiten und Verpflichtungen, die ihm neben der Lehre die größte Erfüllung brachten. Breitner war, seinen eigenen Angaben nach, beseelt zu helfen, und zwar in einem ganz umfassenden Sinn und vor dem Hintergrund der großen Idee, die Welt zu einer besseren zu machen. Breitner war mit diesem Gedanken eine Ehe eingegangen, eine Vermählung, wie er sie im bürgerlichen Leben nicht vollzogen hatte. Dieses Engagement war seine bessere Hälfte. Für etwas anderes war kaum mehr Platz vorhanden.

Die wesentliche Nahrung für den Imperativ, die Welt durch Hilfe zu einer besseren zu machen, speiste sich für Breitner vor allem aus der medizinischen Ausbildung durch seinen Lehrer und Mentor Anton von Eiselsberg. Als der 25-jährige Doktor der Medizin als Operationszögling anheuerte, hatte Eiselsberg gemeinsam mit Julius Hochenegg europaweit die ersten Unfallstationen gegründet und damit nicht nur Medizingeschichte geschrieben, sondern praktisch und unmittelbar auf die Erfordernisse einer von Industrialisierung

Zu Burghard Breitners 70. Geburtstag ließ das Österreichische Rote Kreuz eine Broschüre publizieren.

und Technisierung geprägten neuen Welt geantwortet. Industrielle Fertigungstechniken und die zunehmende Motorisierung bargen Risiken und führten zu Unfällen mit Folgeschäden, die bis dahin unbekannt gewesen waren. Die lange Zeit des Friedens – die letzten großen kriegerischen Auseinandersetzungen fanden 1866 mit der Schlacht bei Königgrätz statt – hatte zur Folge, dass sich die Versorgung von Unfallopfern zuerst im zivilen Bereich entwickelte. Mit den Unruhen auf dem Balkan und dem Ausbruch des Ersten Balkankrieges 1912 öffnete sich auch der militärische Bereich für den Durchbruch der damaligen Unfallchirurgie. Das große Ansehen Eiselsbergs und seine hohe fachliche Reputation führten unmittelbar nach Ausbruch der kriegerischen Auseinandersetzung zwischen dem Osmanischen Reich und dem Königreich Bulgarien zu einer Anfrage der bulgarischen Königin bei Eiselsberg, ein Chirurgenteam nach Adrianopel, dem heutigen Edirne, das im Grenzbereich der drei Staaten Türkei, Griechenland und Bulgarien liegt, zu entsenden. Eiselsberg beauftragte Paul Clairmont, seinen 1. Assistenten, mit der Leitung des Teams, dem auf intensives persönliches Drängen auch Burghard Breitner angehörte. Damit war der junge Operationszögling zum ersten Mal am Ziel seiner Wünsche angelangt. Er war mitten im Kriegsgeschehen und hatte den Auftrag, Verwundete zu versorgen und an der Eindämmung einer grassierenden Choleraepidemie mitzuwirken. Der Ruf nach Eiselsberg gründete nicht nur in der chirurgischen Expertise der Klinik, sondern auch in bakteriologischer Hinsicht. Gemeinsam mit Generalstabsarzt Anton von Frisch hatte er bereits 1884 einen Cholera-Kurs bei Robert Koch in Berlin besucht. Die medizinische Intervention der Eiselsberg-Truppe um Paul Clairmont gilt als der weltweit erste Einsatz der Bakteriologie zur Seuchenbekämpfung auf einem Kriegsschauplatz. Die dabei gemachten Erfahrungen und daraus gezogenen Lehren führten zu einer Sanitätsreform des Österreichischen Roten Kreuzes für den Kriegsfall. Der Einsatz führte aber auch auf dem Gebiet der Pflege und Betreuung der verwundeten Soldaten zu nachhaltigen Änderungen. Sowohl Clairmont als auch Breitner schilderten die massiv wahrgenommenen Defizite in der Ausbildung des weiblichen Pflegepersonals, sodass es auch hier zu gesetzlichen Maßnahmen zur Optimierung der beruflichen Ausbildung von Krankenschwestern und Pflegerinnen kam. Das Rote Kreuz, resümierte Breitner in seinem Kriegstagebuch, *ist der verkörperte Ausdruck dessen, was man männliches Mitleid nennt. Ein Mitleid, das entschlossen ist zu helfen, nicht zu beweinen, entschlossen, sich selbst in der Pflege aufzuopfern, anstatt zu klagen.* Der »Held« hatte gesprochen und seine Stimme wurde gehört. Seit 1922 war Breitner Präsident des österreichischen Zentralverbandes für das Rettungswesen, ehe er 1928 zum Vizepräsidenten des Österreichischen Roten Kreuzes ernannt wurde. Auch nach dem Krieg setzte sich die Karriere fort: Er wurde Vizepräsident des Landesvereins Tirols vom Roten Kreuz und war von 1945 bis 1950 Präsident des Landesverbands Tirol; zudem war er seit 1949 auch Präsident des Arbeitsausschusses des Roten Kreuzes in Österreich.

Nach der Wiederbegründung des Österreichischen Roten Kreuzes wurde der ehemalige Wiener Bürgermeister Karl Seitz zum Präsidenten gewählt und löste damit den vorläufig tätigen Vorsitzenden Adolf Pilz ab. Präsident des Arbeitsausschusses blieb Burghard Breitner.

Der »Held« saß ein weiteres Mal tief in den Nesseln. Erstmals in der Geschichte des Österreichischen Roten Kreuzes sollte ein Mann der Praxis das Amt an der Spitze der Institution bekleiden. Breitner war nicht der Typus Mann, der ein Amt aus Prestigegründen bekleidete und sich mit der Erfüllung formaler und formeller Obliegenheiten begnügte. Dafür hatte er, wie das zu dieser Zeit sonst niemand in der Republik hätte leisten können, einen sehr wertvollen Schatz an praktischer Erfahrung, professioneller Expertise, Verhandlungsgeschick und nachhaltiger Kontakte bis in die oberste Spitze der internationalen Liga des Roten Kreuzes im Talon. Wer schaffte es schon, durch seine beherzte Kritik die Ausbildung der zukünftigen Rot Kreuz-Schwestern anzustoßen und dafür schmerzhafte Schmähungen in Kauf zu nehmen und nur ein gutes Jahr später vor der Herausforderung zu stehen, im Osten Sibiriens ein Lazarett für Kriegsgefangene aufzubauen und über sechs Jahre für Tausende gefangene Soldaten ein weitsichtiger und fürsorglicher Fürsprecher zu sein? Wer sonst war über einen Zeitraum von dreißig Jahren bei nationalen und regionalen Einrichtungen an vorderster Stelle präsent? Alle Fäden liefen auf Breitner zu. Idealer hätte die Personalie nicht gelöst werden können, noch dazu, da Breitner bis zur Emeritierung nur mehr wenige Dienstjahre an der Universität vor sich hatte. Allein die Schatten der jüngeren Vergangenheit lähmten die Flügel des »Helden« und schienen ein Abheben fürs Erste unmöglich zu machen.

Wie sehr in den ersten Jahren nach dem Zusammenbruch des Dritten Reichs auch persönliche Rache und Missgunst der ehemaligen politischen Feinde die Szenerie in Politik und Verwaltung bestimmten, um auf Besetzungen von Posten und Ämtern Einfluss zu nehmen, deutet auf die lang anhaltende Unversöhnlichkeit zwischen den Vertretern und Anhängern des kirchlich verbrämten faschistischen Ständestaates einerseits und den Anhängern und Sympathisanten des Nationalsozialismus hin. Als Burghard Breitner von Seiten des Österreichischen Roten Kreuzes die NSDAP-Zugehörigkeit vorgeworfen wurde, war Adolf Pilz, nach dem Krieg Präsident des wieder errichteten Österreichischen Roten Kreuzes, eine der lauten Stimmen. Breitners Einschätzung Pilz gegenüber spricht seinerseits Bände. *Exminister Pilz – ein Repräsentant des damals obenauf schwimmenden Mobs –, der (1939) zum kommissarischen Leiter (!) des Österreichischen Roten Kreuzes (!!) ernannt worden war, behauptete geradezu in seiner dienstlichen Eigenschaft meine Mitgliedschaft bei der NSDAP.* Adolf Pilz war Jurist und Richter und bekleidete im Kabinett Schuschnigg das Amt des Justizministers, bis er es nach dessen Treffen mit Adolf Hitler am 12. Februar 1938 an Ludwig Adamovich sen.

abgeben musste und nach der Machtübernahme von den Nationalsozialisten verhaftet und ohne Pension aus dem Staatsdienst entlassen wurde. Der sozialistische Innenminister Oskar Helmer begrüßte Breitner als *unseren lieben Nazi B.* und der Präses der Geheimen Staatspolizei enthüllte ihm amtlich, dass er als Nr. 9 in der Liste der Kommunistischen Partei Österreichs eingetragen sei, was allerdings auf der Innsbrucker Maria-Theresien-Straße Tagesgespräch sei. Und als er den Gründungsaufruf für das Soziale Friedenswerk unterzeichnete, teilte man ihm mit, er sei der am dümmsten getarnte Propagandist der ÖVP.

Nach dem Tod von Karl Seitz, der als Präsident der Provisorischen Nationalversammlung auch das erste Staatsoberhaupt der Ersten Republik war und als Wiener Bürgermeister Geschichte geschrieben hatte, galt es einen Nachfolger zu bestimmen. Man brauchte nicht zu suchen, der geeignetste Mann stand parat und war als Vorsitzender des Arbeitsausschusses auch institutionell dem Sessel des Präsidenten schon sehr nahe. Das Bild von der bekannten gemähten Wiese drängt sich auf. Breitner entsprach aber nicht dem idealen Bild des Wunschkandidaten der nicht in Harmonie vereinten Landesverbände. Er war zwar am besten geeignet, aber gezeichnet von seiner Vergangenheit. Und er war ein Mann, den man entweder liebte und verehrte oder ablehnte. Ein Dazwischen gab es nicht. Sosehr Breitner ein Mann war, der oft zwischen den Stühlen saß, war er in seiner Wirkung mehr als eindeutig. Und das war zuweilen von nachteiliger Wirkung. So auch bei der Wahl für den Präsidenten des Roten Kreuzes in der Nachfolge von Karl Seitz. Die Einlassungen Breitners dazu in seiner Autobiografie sind unzureichend und widersprechen auch dem historischen Ablauf der Ereignisse, da er die Präsidentschaft von Karl Seitz völlig unberücksichtigt lässt. Somit ist davon auszugehen, dass 1950 nach dem Veto gegen Breitner der Präsident des Landesverbandes Oberösterreich das Rennen machte. Nach dessen unerwartetem Tod kurze Zeit später fiel die einstimmige Wahl dann aber doch auf Breitner, und die Regierung bestätigte das Wahlergebnis. *Ich betonte bei jeder Gelegenheit, daß der Präsident der nationalen Rot-Kreuz-Gesellschaft sein Amt nur dann völlig unbeeinflußbar, objektiv und gerecht ausüben könne, wenn er auf keinerlei politische Bindung Rücksicht nehmen müsse. Meine Unbeliebtheit bei der Regierung und bei jenen Landesverbandspräsidenten, die erklärte Mitglieder dieser oder jener Partei waren, kann also als wohlbegründet bezeichnet werden.*

Wunden und Schrammen gehören zum Erfahrungsschatz politischer Arbeit. Im Zuge von Wahlauseinandersetzungen gehen die Schnitte tiefer und die Verletzungen wirken länger nach. Das musste auch Breitner schmerzlich erfahren. Er war ein gekränkter Mann im Alter von 66 Jahren, als er auch formal an der Spitze des Österreichischen Roten Kreuzes stand. *Meiner eigenen Beurteilung nach war mein damaliges Verhalten am Rande der Haltungslosigkeit. Daß ich mich trotzdem dazu entschloß, hatte seinen Grund in der festen Überzeugung , daß ich von allen in Frage Kommenden noch immer den solidesten Mittelpunkt bilden könne, daß mein Ansehen bei einem Großteil der aktiven Mannschaften des österreichischen Roten Kreuzes von keinem auch nur annähernd erreicht wurde, und daß schließlich gerade die B.-B.-Zeit* [Slogan zur Breitner-Kandidatur im Rahmen der Bundespräsidentenwahl] *gezeigt hatte, daß mein bisheriges humanitäres Wirken in der Öffentlichkeit nachhaltig gewürdigt wurde.*

Ein gutes halbes Jahr nach der Wahl zum Rot-Kreuz-Präsidenten stand in Österreich eine Wahl zum Bundespräsidenten an, die nach dem Tod Karl Renners zu Silvester 1950 ausgeschrieben werden musste. Der Tod des zweimaligen Staatsgründers schuf eine Zäsur und auf die Zweite Republik kam ein demokratiepolitisches Novum zu, das sie zu bestehen hatte: zum einen vor der Bevölkerung, zum anderen vor den alliierten Besatzungsmächten, die ihrerseits über die zukünftige Souveränität der Zweiten Republik verhandelten. Die Rolle des Bundespräsidenten war im demokratischen Gefüge, wie es das im Oktober 1920 verabschiedete Bundesverfassungsgesetz vorsah, nicht nachhaltig verankert, und blieb bis in die jüngste Zeit ein gerne zugeworfener und aufgenommener Spielball für demokratiepolitische Diskussionen und Scharmützel. Die Allmacht der Habsburger-Kaiser verhinderte sozusagen noch post mortem die Kreation eines Staatsoberhauptes republikanischen Zuschnitts ausreichender Legitimation und eines unanfechtbaren Amtsverständnisses. Die zutage getretenen Defizite führten vor dem Hintergrund antidemokratischer Tendenzen in mehreren europäischen Staaten zur zweiten Novellierung des Bundesverfassungsgesetzes, mit der die Rolle des Bundespräsidenten gestärkt wurde und eine Machtverschiebung vom Nationalrat zum Bundespräsidenten erzielt werden sollte. Bis eine der wesentlichen Änderungen – die Bestimmung zur Volkswahl – schlagend werden konnte, musste die österreichische Bevölkerung zwanzig Jahre warten. Und selbst noch nach dem Tod Renners gab es hitzige Diskussionen darüber, ob der nächste Bundespräsident vom Volk direkt oder, wie seine Vorgänger, von der Bundesversammlung gewählt werden sollte. Die Bundesregierung unter Leopold Figl hatte jedoch schon vorgesorgt und finanzielle Mittel für die 1951 fällig gewordene Wahl reserviert. Die Durchführung als Volkswahl wurde im Ministerrat vom 9. Jänner 1951 beschlossen, der entscheidende Beschluss des Nationalrates folgte eine Woche später. Damit war das Karussell der Kandidatensuche angestoßen. Die Österreichische Volkspartei nominierte den oberösterreichischen Landeshauptmann Heinrich Gleißner und die Sozialisten stellten den amtierenden Wiener Bürgermeister Theodor Körner auf. Der Mann, der das »dritte Lager« repräsentieren sollte, musste erst noch gesucht und gefunden werden.

Ehe Breitner nun aber tatsächlich und offiziell von der Bundesleitung des Verbands der Unabhängigen (VdU) angesprochen wurde, gab es eine indirekte Kontaktaufnahme mit dem deutschnational ausgerichteten Historiker Heinrich von Srbik, ehemaliges Mitglied der NSDAP, der das an ihn gerichtete Ansinnen jedoch brüsk zurückwies. Zeitweilig wurde auch mit der Idee geliebäugelt, Max von Hohenberg, den ältesten Sohn des in Sarajevo ermordeten Thronfolgers Franz Ferdinand, für eine Kandidatur zu gewinnen. Konkret wurde vom

Verband der Unabhängigen am 5. Februar beschlossen, »auf die Aufstellung eines ausgesprochenen VdU-Politikers zu verzichten und stattdessen die Kandidatur einer Persönlichkeit zu unterstützen, welche als offenkundig über den Parteien stehend propagiert werden kann und von einem überparteilichen Proponentenkomitee, in dem auch die führenden VdU-Politiker vertreten sind, vorgeschlagen wird.« Gleichzeitig wurde beschlossen, *daß diesem Komitee alle als seriös zu bezeichnenden nichtkommunistischen und nicht auf Rache-Politik eingestellt gewesenen Organisationen und Persönlichkeiten angehören können.* Parallel wurde ein sogenannter Dreiervorschlag von Persönlichkeiten verabschiedet, die am ehesten als Kandidaten in Frage kämen. Die Reihung galt als Empfehlung für den Grad des Infrage-Kommens: Prof. Dr. Eduard Reut-Nicolussi, Völkerrechtler an der Universität Innsbruck; Prof. Dr. Burghard Breitner, Vorstand der Chirurgischen Universitätsklinik; Ludwig Ficker, Schriftsteller, Verleger und Herausgeber der Zeitschrift *Der Brenner.* Andere Quellen sprechen auch noch vom Verfassungsjuristen Egbert Mannlicher. Eduard Reut-Nicolussi, der Erstgereihte auf der streng geheim gehaltenen Liste, wurde wohl auch deshalb ausgewählt, weil er sich deutlich für eine Volkswahl ausgesprochen und sich für die Zulassung des VdU zur Nationalratswahl im Herbst 1949 eingesetzt hatte. Er wollte sich allerdings nur als gemeinsamer ÖVP-VdU-Kandidat aufstellen lassen. Am 16. März wurde schließlich die Kandidatur von Burghard Breitner für die Wahl zum Amt des Bundespräsidenten bekanntgegeben.

Die Gemeinde Mattsee gratulierte ihrem Ehrenbürger zur Kandidatur für das Amt des Bundespräsidenten.

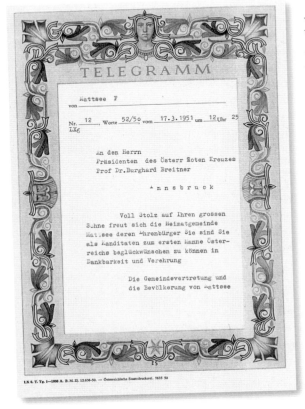

Da zu sein, wenn einen der Ruf ereilt, wenn man gebraucht wird. Sich mit allen zur Verfügung stehenden Kräften in den Dienst einer Sache zu stellen. Und immer begleitet von der bangen Frage: Bin ich gut genug? Habe ich bestanden? Das sind die Stationen einer Heldenreise, wie sie sich in unterschiedlichen Kulturen und Epochen stets aufs Neue dargestellt haben. Bei Breitner ist aus dem »Helden« längst der »Weise« geworden, der sich für alle Ämter empfiehlt und alles Persönliche in den Hintergrund stellt, um dem öffentlichen Leben Glanz zu verleihen. Bei Breitner wurde die Honoratiorenpersönlichkeit zusätzlich durch den Nimbus des Helden geadelt. Noch einmal der gefeierte Held auf der großen Leinwand sein, der sich im schlichten Gewand des weisen Mannes zeigt und sich in nobler Zurückhaltung übt. Wofür stand diese Konstruktion? Und hätte sie überhaupt jemals Erfolg haben können?

Breitner war kurz davor, seine universitäre Laufbahn durch das Rektorat zu krönen. Er war seit einem halben Jahr Präsident des Österreichischen Roten Kreuzes und erlebte als solcher Anfeindungen jeglicher Art, weil er sich eine liberale Grundgesinnung leistete und unverhohlen seine Unabhängigkeit gegenüber dem schwarz-rot gefärbten Proporzsystem in die Auslage stellte. Dass beide Parteien ihm seine Nähe zum Nationalsozialismus zum Vorwurf machten, andererseits aber danach trachteten, möglichst viele Männer seines Schlags für ihre Reihen zu rekrutieren, war ein schmähliches Verhalten und ein demokratiepolitischer Sündenfall der jungen Zweiten Republik.

Die Muster der Propaganda waren damals schon nicht neu und haben sich auch bei den nachfolgenden Wahlen bis in die jüngste Gegenwart bewährt. Fakten werden verzerrt und vereinfacht dargestellt, in neue Zusammenhänge gestellt und in denunziatorischer Absicht stakkatohaft wiederholt. Wer setzt sich solchen Anfeindungen freiwillig aus? Political animals. Aus diesem Holz war Burghard Breitner jedoch keinesfalls geschnitzt. War es der Beweis sich selbst gegenüber, es doch noch einmal als jugendlicher Held in den Ring geschafft zu haben?

Schwer von Not ist die Welt. Schwer von Entsetzen.
Schwer von Glück.
Das versagende Herz weiß noch um seine Schönheit. Um die Fahnen seines Frühlings. Um seinen dunkelnden Herbst.
Verzicht – ?!
Noch einmal, du schimmernder Becher! ...
Um alle Tränen der Welt: noch einmal!

War es Trotz gegen die alles zerstörende Krankheit, die menschheitsalte Herausforderung, gegen dieses Schicksal zu rebellieren? Oder war es doch das, was als staatspolitische Verantwortung beschrieben wird, wenn es darum geht, sich für das höchste Amt im Staat zur Verfügung zu stellen? Oder von allem etwas?

Eine imposante Erscheinung, eine stattliche Figur und ein, wenn schon nicht angeborenes, so doch ein gut entwickeltes Selbstverständnis dafür, im Mittelpunkt zu stehen. Ideale Ingredienzen für einen Wahlwerber, noch dazu für einen Mann, der von Beruf Arzt ist, der wissenschaftlich gearbeitet hat, der auch im Schreiben ein Mann des Wortes ist, der trotz seiner sechsjährigen Gefangenschaft und des verlorenen Krieges zwei Jahre später als Held in die Heimat zurückkehrte und diesen Nimbus seither wie einen zweiten Mantel trug. Ein Garant für einen triumphalen Wahlerfolg. Doch den versagte er sich und seinem Land. Im Praktischen weigerte sich Breitner aufs Ganze zu gehen, theoretisch hatte er einen umfassenden Entwurf für die Amtsführung in der Tasche. Einblicke in diesen Entwurf gewährte er dreimal, jeweils einem anderen Personenkreis

Wahlplakate für
die Bundespräsidenten-
wahl 1951.

und mit anderen Schwerpunkten. Ende April hielt er vor einem ausgewählten Teil des vom VdU initiierten Komitees der überparteilichen Einigung eine kurze Ansprache und wenig später in Wien eine Pressekonferenz, in deren Rahmen er zu fünf wesentlichen Fragen und Positionierungen Stellung nahm. Knapp vor dem ersten Wahldurchgang richtete er am Freitag, dem 4. Mai 1951, zwischen 19:45 Uhr und 19:55 Uhr eine zehnminütige Rede an die Bevölkerung, die über die RAVAG – die Radio Verkehrs AG, die 1924 als erste österreichische Rundfunkgesellschaft gegründet wurde und bis 1958 bestand – österreichweit ausgestrahlt wurde.

Im inneren Kreis des überparteilichen Komitees begann er seine Ausführungen mit einer Rechtfertigung seiner Ablehnung, einen richtigen Wahlkampf mit Reisen und Auftritten zu führen. *Mich hat dabei die Abneigung geleitet, meine Person anzupreisen oder Versprechungen zu machen, deren Einhaltung dann vielleicht über meine Kraft gehen würde.* Von seinem Selbstverständnis her war Breitner die Trennung zwischen der Privatperson und der Amtsperson offensichtlich noch völlig fremd, sodass ihm nicht einmal eine Ahnung davon vertraut war, dass eine erfolgreiche Karriere in der Politik auch davon abhängt, wie selbstverständlich es eine politische Persönlichkeit versteht, die Konstruktion der Trennung und gleichzeitig der fließenden Übergänge zu bedienen. Das Bild eines funktionierenden staatlichen Gemeinwesens entwarf Breitner durch die Brille des Arztes, der *in einem Staat und in einem Staatsvolk einen lebenden Organismus, ähnlich dem menschlichen Leib, sieht* und der zu erkennen glaubt, was an ihm gesund und was krank ist. Gesund sei, wer dem Willen zum Dienen folgt, und krank, wer sich klug dünkt, indem er nur an das eigene Ich denkt. Als Inbegriff der Pflichterfüllung nannte er die Krankenschwestern, allen voran die Nonnen, *die in völliger Selbstvergessenheit ihren Dienst am Lager der Kranken tun und sich Tag und Nacht um deren Wohl mühen.* Neben der vollständigen Herstellung der inneren Ordnung sah Breitner in der Befriedung des Landes eine große Aufgabe. Darunter verstand er den Ausgleich der sozialen Klassen und machte deutlich, dass er die Entwicklung der großen sozialen Fragen *mit brennendem Herzen* beobachte und mit großer Befriedigung feststellte, dass die Verständnislosigkeit und bloße Feindschaft zwischen den Klassen fortlaufend abnimmt, während das Wissen um die Schicksalsgemeinschaft aller Stände wächst. *Was irgend in meinen Kräften steht, würde ich als Bundespräsident tun, um diese glückverheißende Entwicklung weiter zu fördern.* Zur inneren Befriedung gehöre aber auch der Umgang mit den derzeit *politisch Entrechteten,* sofern sie nicht gegen die Gesetze des Rechts und der Menschlichkeit verstoßen haben. Hass und Rache müssten überwunden werden und persönlich Unschuldige wegen einer »Kollektivschuld« gesetzlich zu verfolgen, schien ihm als schlimmstes Unrecht. In diesem Zusammenhang und für Breitners bekannte Tendenz zum Antiklerikalen war die Positionierung gegenüber Religion und Kirche, die er als tiefste Frage nannte, womit das Staatsoberhaupt konfrontiert sei, durchaus eine Überraschung, noch dazu im Angesicht eines Forums, das zumindest für eine gewisse Kirchenferne stand. Taktik war gefragt, um möglichst breit in alle Bevölkerungsschichten vorzudringen. Wenn der Einzelne im Dienst der Gesellschaft sein persönliches Wohl zurückstellen und auf Rache verzichten soll, dann gelingt das nicht, wenn jeder nur seinen kalten Verstand als Richtschnur nimmt. *Er muss von dem tiefen Glauben durchdrungen* sein, *das Kind eines göttlichen Schöpfers zu sein, von dem ihm bestimmte Pflichten auferlegt worden seien.*

In der Pressekonferenz, die Burghard Breitner in Wien in einem Restaurant in der Berggasse vor österreichischen und ausländischen Journalisten gab, stand selbstverständlich die Frage der Überparteilichkeit an oberster Stelle. Und der erste Satz las sich wie ein Glaubensbekenntnis: *Ich stehe jeder Partei gleich nahe und gleich fern gegenüber. Ich habe zum VDU genau so viel und genau so wenig Beziehungen wie zur ÖVP oder SPÖ.* Und anschließend folgte gleich das Gelöbnis. *Ich kann Sie versichern, wenn ich zum Bundespräsidenten gewählt würde, würde ich niemanden, der mich während des Wahlkampfes gelobt oder geschont hat, bevorzugen und niemanden, der gegen mich aufgetreten ist, benachteiligen.* Österreich, die Zweite Republik, war seit der Unterzeichnung der Unabhängigkeitserklärung vom 27. April 1945 in ein schwarzes und in ein rotes Lager geteilt. Und diese Lager, bei den Linken spielten die Kommunisten eine Zeit lang mit, hatten Mühe, Zores und Fehden der zurückliegenden Jahre dem Lauf der Zeit anheimfallen zu lassen oder vergessen zu machen. Parallel dazu verwendeten sie jedoch ungleich mehr Energie und Ressourcen darauf, ihre Parallelwelten aufzublähen und einzuzementieren. In dieser

Aufruf zur Wahl
Burghard Breitners.

Stimmungslage einer großen Unzufriedenheit in der Bevölkerung über die Aufteilung der Republik in Schwarz und Rot wurde dieser Bundespräsidentenwahl eine Rolle zugeteilt, die sie niemals erfüllen konnte. Sie sollte nichts weniger leisten, als die ungeliebte Lagerbildung und den sich daraus ergebenden Proporzdschungel aufzureißen. Wie wohltuend Breitners Versprechen, übrigens das einzige, wie er betonte: Staatsinteresse kommt vor Parteiinteresse. Und darunter verstand er *die innere Ruhe und Ordnung, die Erlangung des Staatsvertrages, die Sicherung unserer Geltung im Ausland, finanziellen Weitblick, Überwindung des Klassenkampfs, Ankurbelung der Wirtschaft und Steigerung des Bruttosozialprodukts*. Und auch die innere Befriedung, um niemanden zu benachteiligen, der dadurch das Interesse am Staat verlieren könnte. Das war alles staatsmännisch gedacht. Dazwischen blitzte dann doch wieder eine große Portion Naivität durch – vor allem, wenn es um die beschriebene Sorge des Bundespräsidenten ging, das Verhalten der Parteien zu kontrollieren, dass keine mehr Einfluss gewinnt, als ihr tatsächlich zusteht, dass sie sich untereinander vertragen und dass aus dem gegenseitigen Verständnis eine konstruktive Arbeit entstehen möge. In Bezug auf das Funktionieren des Staates kündigte Breitner durchaus Interventionen an, sollten aus Gründen der Parteiraison für die Gesellschaft notwendige Maßnahmen verzögert oder gar unterlassen werden. Selbstverständlich war seine große Zurückhaltung im Wahlkampf ein Thema, das von den Zeitungen gerne aufgegriffen wurde und vor allem bei den Wählern auf Interesse und Kopfschütteln stieß. Ihm war es wichtig, eine *neue Note in die Politik hineinzubringen*. Das sollte eine Abkehr vom *massenpsychologischen Effekt* und vom *betäubenden demagogischen Propagandalärm* bedeuten. *Als Chirurg möchte ich sagen: das Volk soll nicht in einer Propagandanarkose wählen. Es wird ja nicht operiert. Wir sollten überhaupt allmählich zu einer Atmosphäre gelangen, in der die Tatsachen mehr gelten als die Reklame, die für sie gemacht wird.* Breitner diagnostizierte mit Blick auf nicht näher ausgeführte Erscheinungen unserer Zeit gar eine geistige und moralische Verwirrung, der mit Sachlichkeit, Mut und dem Bewusstsein eines natürlichen Rechts, worunter er Menschlichkeit gepaart mit Gerechtigkeit verstand, zu begegnen sei. Außerdem stand hinter der Zurückhaltung im Wahlkampf auch noch ein taktischer Grund. Er wollte lieber *ein Gerufener* sein als einer, der *sich zum Nachteil anderer aufgedrängt hat*. Der vierte Punkt, zu dem Breitner in der Pressekonferenz Stellung bezog, galt dem Vorwurf von konservativer Seite, mit seiner Kandidatur das bürgerliche Lager zu spalten. Hier verwehrte sich Breitner, persönlich dafür in Haft genommen zu werden, da er nichts für seine Wahl getan habe, es anderseits aber mit seiner staatsbürgerlichen und demokratischen Verantwortung nicht verantworten könne, sich dem Ruf zu verschließen, den Zehntausenden, die den Wahlvorschlag unterschrieben hatten, im Wort zu bleiben. Man dürfe doch nicht einfach darüber hinweggehen, dass es eben einen großen Teil der Bevölkerung gebe, der weder die eine noch die andere Großpartei wählen will. Auch der abschließende fünfte Punkt hatte mit den zahlreich kolportierten Unterstellungen und Falschmeldungen zu tun, die aus beiden politischen Lagern kamen. Verstärkt und untergriffiger agierte jedoch die Österreichische

Volkspartei, deren Spitzenkandidat, der oberösterreichische Landeshauptmann Heinrich Gleißner, von Breitner allerdings auch in dieser Pressekonferenz öffentlich gewürdigt wurde. Sowohl Rot als auch Schwarz hielten Breitner vor, die Wählerstimmen zu missbrauchen, weil eine der vier Besatzungsmächte – es wurde die russische genannt – gegen das Wahlergebnis Einspruch erheben würde. Auch dieser Propagandatrick sollte im Sand verlaufen. Zum einen, weil schon bei früheren Wahlen vorhergesagte Einsprüche nicht erfolgt waren. Und zum anderen, weil Ludwig Canal als Leiter der überparteilichen Plattform des VdU von den russischen Besatzungsbehörden die Zusage bekommen hatte, dass Breitner eine kurze Rundfunkansprache über die RAVAG halten könne.

Breitner war der Kandidat der Zeitungen. Während Gleißner durch das Land reiste und Reden hielt und die SPÖ ihre großen Apparate, allen voran die Gewerkschaft, für den Präsidentschaftswahlkampf einspannte, war Breitner das Thema in den Zeitungen, beziehungsweise wurde er von ihnen zum Thema gemacht. Die bereits 1945 gegründeten Salzburger Nachrichten mutierten zu seinem wichtigsten publizistischen Sprachrohr, wiewohl das nicht von ihm persönlich ausgegangen war. Auch das eher national-liberal ausgerichtete Salzburger Volksblatt, dem Haus Breitner seit Jahrzehnten freundschaftlich verbunden, unterstützte ihn, wenn auch nicht in dem Umfang wie die Salzburger Nachrichten. Im Gegensatz dazu agierten die Parteiblätter von ÖVP, SPÖ und KPÖ nahezu im Gleichschritt und übertrafen sich mit Diffamierungen Breitners als Kandidat des vom VdU initiierten überparteilichen Komitees. Der Verband der Unabhängigen, im März 1949 und damit rechtzeitig vor der zweiten Nationalratswahl in der Zweiten Republik gegründet, war geografisch in Salzburg beheimatet, was allein schon von dem Umstand bestimmt war, dass die beiden Gründer, Herbert Alois Kraus und Viktor Reimann, geschäftlich und beruflich mit Salzburg verbunden waren. Kraus wollte vom US-Militärkommando Salzburg eine Lizenz zur Gründung einer Tageszeitung, hatte aber gegenüber Gustav Canaval und den Salzburger Nachrichten das Nachsehen. Viktor Reimann war einer der SN-Redakteure der ersten Stunde und wurde schon nach wenigen Wochen Canavals Stellvertreter. Wegen der VdU-Gründung kam es zum Bruch zwischen den beiden und Reimann wurde Chefredakteur des monatlich erscheinenden VdU-Parteiorgans *Neue Front*. Als der Verband der Unabhängigen entschied, einen eigenen Kandidaten für die Wahl zum Bundespräsidenten aufzustellen und diese Wahl auf Burghard Breitner fiel, wurden die Salzburger Nachrichten zu seinem wichtigsten publizistischen Sprachrohr. Canaval sah nämlich in Breitner eine Persönlichkeit, der er es zutraute, Bewegung in die aus erratischen Blöcken bestehende Parteienlandschaft zu bringen. Und die Mahnung, dass das Amt des Bundespräsidenten über den Parteien zu stehen habe, lasen sich fast wie Predigten: »Das Staatsoberhaupt aber möge über allen stehen und, vom Volk gewählt, für das ganze Volk da sein. Nicht nach rechts und nicht nach links soll er blicken, sondern gerecht sein, wie ein vereidigter Richter.« Das deckte sich weitgehend mit Breitners Äußerungen zu seinem Amtsverständnis, was

BB

Der Bundespräsident kann

die ganze Regierung oder einzelne Mitglieder, wenn
sie versagen, nach Hause schicken,
jederzeit das Parlament auflösen, wenn es gegen das
Volk handelt,
jedes verfassungswidrige Gesetz zurückweisen,
jedes Unrecht beseitigen, Verurteilte begnadigen!
Das alles wird aber ein Parteimann nie richtig
handhaben, sondern nur ein überparteilicher Präsident!

Wählt Burghard Breitner!

Für den Inhalt verantwortlich: Franz Kostron, Wien VI. Dürergasse 18/3. —
Herausgeber: Komitee der überparteilichen Einigung, Salzburg, Fronburg. —
Druck: Moldavia, Wien XII.

BB

Diesmal geht es nicht um Parteiprinzipien, sondern um
Oesterreich. Deshalb können wir, ohne unsere Welt-
anschauung aufs Spiel zu setzen, über die Parteipolitik hin-
weg zu dem allen gemeinsamen Staatsgedanken finden
und wählen den überparteilichen

Burghard Breitner!

Für den Inhalt verantwortlich: Franz Kostron, Wien VI. Dürergasse 18/3. —
Herausgeber: Komitee der überparteilichen Einigung, Salzburg, Fronburg. —
Druck: Moldavia, Wien XII.

BB

Schluß mit dem Parteienhader,
Österreich braucht Ruhe und Ordnung! Wählt den überparteilichen

Burghard Breitner!

Herausgeber: Komitee der überparteilichen Einigung, Salzburg, Fronburg. —
Für den Inhalt verantwortlich: Franz Kostron, Wien VI. Dürergasse 18/3. —
Druck: Moldavia, Wien XII.

BB

Das Staatsoberhaupt darf
von keiner Partei abhängig
sein!

Wählt Burghard Breitner!

Herausgeber: Komitee der überparteilichen Einigung, Salzburg, Fronburg. —
Für den Inhalt verantwortlich: Franz Kostron, Wien VI. Dürergasse 18/3. —
Druck: Moldavia, Wien XII.

Slogans der überparteilichen Plattform des
VdU zur Unterstützung Burghard Breitners.

nicht verwundert, wenn ins Kalkül gezogen wird, dass
Canaval in einem sehr engen Gedankenaustausch mit
Christoph Thienen – vom Komitee der überparteilichen Einigung mit der Pressearbeit beauftragt – stand
und häufiger Gast auf Schloss Neuhaus war. Wenn
Burghard Breitner in seinen Erinnerungen von einer
Sitzung des Proponentenkomitees in einer Villa am Ab-
hang des Gaisbergs schrieb, dann war damit ebendieses
Schloss gemeint. Canaval konnte gar nicht genug davon
bekommen, Fehler und Peinlichkeiten in diesem ersten
Wahlkampf um die Bundespräsidentschaft aufzuzeigen
und damit vor allem die ÖVP bloßzustellen. Sei es der
kläglich gescheiterte Versuch der Rot-Kreuz-Landesor-
ganisationen von Wien und Oberösterreich, Breitners
Antreten zur Wahl als schädlich für die Idee und die
Arbeit des Roten Kreuzes darzustellen und ihn zum
Rücktritt zu zwingen. Oder am Tag der begeistert auf-
genommenen »Salzburger Rede« von Heinrich Gleißner eine Namensliste des Breitner-Komitees in Umlauf
zu bringen, auf der die Daten der jeweiligen NS-Belas-
tung ausgewiesen waren – ob zurecht bestehend oder
zwischenzeitlich amnestiert, blieb unberücksichtigt.
Breitner wurde in einem einstimmigen Beschluss das
Vertrauen entzogen und gleichzeitig aufgefordert, sofort von seinem Amt zurückzutreten. Zum Wahltag am
6. Mai hieß es in einem nicht namentlich gekennzeich-
neten Leitartikel in den Salzburger Nachrichten unter
der Überschrift »Der Souverän hat nun das Wort« abschließend: »Es ist also gut, wenn morgen jeder Bürger
daran denkt, daß seine Stimme nicht ein Kampfmittel,
sondern das Mittel einer Meinungsäußerung ist, das an
diesem Sonntag zugunsten einer freien Entscheidung
verwendet werden kann, das aber in den kommenden
Wochen vielleicht anders verwendet werden muß. Es
soll – mit einem Wort – eine Wahl der Toleranz, ein
Wahltag ohne Haß sein …« Sechs Jahre nach Beendigung des Zweiten Weltkriegs und am Abend vor der
ersten Volkswahl zum Bundespräsidenten war, den politischen Grabenkämpfen entsprechend, der pädagogi-
sche Ton in demokratiepolitischer Hinsicht durchaus
angemessen.

In der Montagausgabe nach der Wahl stand es dann
in den Salzburger Nachrichten schwarz auf weiß zu

lesen, dass die Regierungskandidaten in der Stadt Salzburg eine empfindliche Niederlage einstecken und die ÖVP in den meisten Bundesländern teils empfindliche Stimmenverluste hinnehmen musste. Dass auf Breitner in der Stadt Salzburg fast genauso viele Stimmen entfielen wie auf Gleißner und Körner zusammen, wurde als ein *revolutionäres Ergebnis* gefeiert.

Das amtliche Endergebnis des ersten Wahldurchgangs am 6. Mai 1951 bedeutete für Breitner einen Anteil von 15,4 Prozent, was 662 501 Stimmen bedeutete. Damit lag er weit über dem Ergebnis, das der VdU bei der Nationalratswahl im Oktober 1949 erzielen konnte. In allen Bundesländern mit Ausnahme Oberösterreichs ragte Breitners Wahlergebnis über das bisherige des VdU hinaus, was auf große Sympathiewerte in der gesamten Bevölkerung schließen ließ. In Oberösterreich fehlten ihm 1,58 Prozent um das VdU-Ergebnis zu egalisieren. Damit setzte Breitner eine Marke, die erst Jahrzehnte später eingeholt werden konnte. Heinrich Gleißner erzielte einen knappen Vorsprung vor Theodor Körner, der knapp über 42 500 Stimmen betrug. Von den übrigen Kandidaten konnte nur Gottfried Fiala für die KPÖ ein wahrnehmbares Ergebnis einfahren. Die Stimmen für die Pädagogin und Frauenrechtlerin Ludovica Hainisch-Marchet sowie den Theologen, Pazifisten und Reformer Johannes Ude blieben im Promillebereich beziehungsweise knapp darüber hängen.

Karikatur (Künstler unbekannt) anlässlich des Wahlerfolgs Burghard Breitners nach dem ersten Wahlgang.

Das Ergebnis dieses ersten Wahldurchgangs elektrisierte und erzeugte dementsprechende Nervosität. Im Fokus des Interesses standen selbstverständlich die über 660 000 Stimmen, die Breitner für sich verbuchen konnte und die jetzt zur politischen Manövriermasse wurden. Nicht nur ÖVP und SPÖ sollten klug handeln, sondern auch der VdU, der das Votum für Breitner zur Stabilisierung der eigenen Macht dringend brauchte und deshalb möglichst gut verwerten sollte. Burghard Breitner selbst hatte mit den anstehenden Entscheidungen, die auch über die Zukunft des VdU mitbestimmten, nur mehr am Rande zu tun. Zehn Tage vor dem Termin des zweiten Wahlgangs erhielt Breitner einen Brief des überparteilichen Komitees, in dem ihm gedankt wurde, dass er sich für die Kandidatur zur Verfügung gestellt hatte. Das Komitee sah sich aber auch zu einer offiziellen Stellungnahme in Bezug auf eine Wahlempfehlung gezwungen: »Ebensosehr wie wir jedes Schlagwort von einer ›bürgerlichen Front‹ ablehnen, bedauern wir es, daß auf der anderen Seite eine marxistische Front für diese Wahl tatsächlich geschaffen wurde. Wer in der marxistischen Front keine Gefahr sieht, wird Körner wählen, oder einen weißen Stimmzettel abgeben. Wer jedoch in der vereinigten Linken eine gefährliche Bedrohung sieht, wird Gleißner wählen. Wir wollen auch in Zukunft die Sammlung Ihrer Wähler nicht wieder auseinanderfallen lassen, sondern sie … als wertvollen Zusammenschluß staatsbejahender Kräfte für unser Vaterland erhalten und verstärken.« Breitner antwortete postwendend, dass er den Inhalt des an ihn gerichteten Briefes vollinhaltlich unterschreiben könne. Auf dieser Grundlage kam es zur Verlautbarung, dass das Komitee trotz der unqualifizierten Verleumdungen, Beschimpfungen und unwahren Verdächtigungen, die vor allem von KPÖ und ÖVP gegen die integre Person Breitners verbreitet wurden und zu tiefer Entrüstung und Empörung in Teilen der Gesellschaft geführt hatten, seine Wähler nicht aufforderte, im zweiten Wahlgang gegen den Kandidaten Gleißner zu stimmen. Diese Beschlussfassung wurde ohne jeden Gewissensdruck und ebenso ohne direkte Empfehlung sowie nur aus dem gegebenen, durch die praktische Vereinigung des Linksblocks mit den Sozialisten für die Wahl geschaffenen Tatsachen heraus getroffen. Schließlich wurde noch betont, dass von einem möglichen Sieg Gleißners keinesfalls ein Votum der Breitner-Wähler für die ÖVP abgelesen werden könne. Der zweite Wahldurchgang am 27. Mai führte zum Wahlsieg durch den Wiener Bürgermeister Theodor Körner. Laut offiziellem Ergebnis erhielt er 52,1 Prozent der Stimmen, was das Votum von 2 178 631 Wählerinnen und Wähler ausmachte. Dabei handelte es sich um 172 309 Stimmen mehr, als auf den ÖVP-Kandidaten und Landeshauptmann von Oberösterreich, Heinrich Gleißner, entfielen.

Merkbar bitter notierte Breitner in seinen Erinnerungen zum Kapitel Kandidatur für das Amt des Bundespräsidenten, dass die Burghard-Breitner-Bewegung der Schar der »Gegner« einen mächtigen Aufschwung gab. *Das ist es, was ich daran tief zu beklagen habe. Nicht für meine Person. Aber für meine Klinik und für die Österreichische Gesellschaft vom Roten Kreuz. Seit dieser Zeit war diesen beiden Institutionen, denen ich vorstand, jede staatliche Unterstützung versagt. Aalglatt im Verkehr mit mir. Niemals eine Unhöflichkeit. Aber ohne jedes Entgegenkommen. Ohne jede Beachtung sachlich einwandfrei begründeter Wünsche. Eine große Ausnahme darin bildete Unterrichtsminister Dr. Ernst Kolb.*

»Was danken wir Breitner?« Unter dieser Überschrift führte Gustav Canaval in der Wochenendausgabe der Salzburger Nachrichten vom 19./20. Mai aus, worin das Verdienst Breitners für die demokratiepolitische Entwicklung Österreichs bestand. Zum einen brachte es Breitner zuwege, aus den vielfältigen und verschiedenen Gruppen politisch Unbefriedigter und Unbefriedeter einen Block zu formen, der zu gewissen Hoffnungen berechtigte. An die Breitner-Wähler richtete er den Appell, als politische Gruppe um jeden Preis beisammen zu bleiben, denn nur so könne sie eine Macht darstellen, mit der zu rechnen sei. Die Einigung, die Breitner zustande brachte, sei das erstaunlichste und wichtigste Produkt des ganzen Wahlkampfes. Denn »es geht um den vielversprechenden Anfang einer kommenden politischen Entwicklung, die aus dem bisherigen Zweiparteien-Diktaturstaat Österreich eine echte Demokratie machen kann, in der jeder sein Recht und sein Wort findet.« Burghard Breitner sollte eine schlagfertige Antwort darauf gefunden haben.

Breitner war ein Zugpferd. Er garantierte volle Säle und versetzte die Zuhörerschaft in den Bann seiner brillanten Rhetorik. Diese ideale Paarung von geistiger Durchdringung einer Materie und ihrer plastischen Darstellung hatte ihm – wir werfen einen Blick zurück – bereits im Jahr 1929 die Einladung zu einem Eröffnungsvortrag der Alpenländischen Chirurgenvereinigung in Salzburg eingebracht. Es sollte ein Vortrag über Paracelsus werden, über jenen Theophrastus Bombastus von Hohenheim, der in der ersten Hälfte des 16. Jahrhunderts gleichermaßen als Naturphilosoph, Alchemist, Laientheologe, Sozialethiker und Arzt wirkte. Salopp formuliert, vereinte er in seiner Persönlichkeit viele Fähigkeiten und Interessen, die das ärztliche Berufsbild umfassen und beschreiben, ohne die geistigen und spirituellen Zugänge so beim Namen zu nennen, wie das im 16. Jahrhundert geläufig war. Paracelsus hatte sich Mitte der 1520er-Jahre in Salzburg niedergelassen und über ein, zwei Jahre eine Praxis betrieben. Viel wesentlicher war jedoch, dass er, der in Salzburg einst nicht heimisch wurde, hier 1541 gestorben ist. Noch wesentlicher ist allerdings, dass Paracelsus mit seinem naturphilosophisch geprägten Verständnis von Medizin in den 1920er-Jahren eine immer stärkere Renaissance erlebte, die zu einer Vereinnahmung zuerst durch das nationale Lager und später auch durch die Nationalsozialisten führte. Der Volksmediziner Paracelsus als Antipode gegen eine verwissenschaftlichte, merkantil ausgerichtete und jüdisch dominierte Medizin – das war die Richtung, in die das Bild von Paracelsus durch eine nationalistisch und völkisch geleitete Propaganda umgedeutet und verbreitet wurde. 1934 las sich die Einvernahme von Paracelsus durch die Nationalsozialisten schon sehr deutlich. Paul Diepgen, der deutsche Gynäkologe und Mitbegründer der Medizingeschichte an den Universitäten schrieb, nicht zuletzt auch zur Unterstützung nationalsozialistischen Denkens an den Fakultäten, ungeniert: »Hohenheim war ein deutscher Mann. … Diese urdeutsche Gesinnung ist verbunden mit einer Unbekümmertheit um Herkommen und Lehrmeinung und einer Kühle gegenüber dem logisch geschulten Rationalismus, die ihn geradezu zu einem Verwandten nationalsozialistischen Geistes machen. … Man hat ihn nie höher geschätzt, sich ihm nie verwandter gefühlt als in den Zeiten der nationalen Erhebung. … Darum liebt und versteht ihn unsere Gegenwart so gut.«

Der Vortrag, den Breitner 1929 auf Einladung der Alpenländischen Chirurgenvereinigung in Salzburg hielt, fand im Karabinierisaal der Residenz statt. *Der Saal war verdunkelt. Am Tisch vor mir brannte ein Armleuchter, der die nächsten*

Gesichter erleuchtete. Mir gegenüber saß Petrus Klotz, der Abt von St. Peter. Die Rede wurde ein voller Erfolg. Ich erhielt die Kennmarke eines Paracelsusforschers. Durch das literarische Studium angeregt und durch den Drang, der Persönlichkeit dieses großartigen Mannes irgendwie gerecht zu werden, las ich in der Folge mit Aufmerksamkeit alles, was mir über das Thema zu Gesicht kam. Es war nicht viel. Aber meine Punze behielt ihre Gültigkeit.

Als sich die nationalsozialistische Gauhauptstadt Salzburg mit Volldampf auf die Feierlichkeiten zum 400. Todestag von Paracelsus am 24. September 1941 vorbereitete, richtete Oberbürgermeister Anton Giger auch an Burghard Breitner eine Einladung, »all unsere Bestrebungen zur würdigen Durchführung unserer Feier bestmöglich zu unterstützen und uns hiebei mit Rat und Tat zur Seite zu stehen ...« Entgegen der sonst üblichen Usancen markierte Breitner dieses Schreiben nicht mit den Siglen der Bearbeitung. Ein roter Haken stand für »Bearbeiten und beantworten«, die durchgestrichene Null für »Unerledigt in die Ablage«. Dem Paracelsus-Brief des Nazi-Oberbürgermeisters versagte er offensichtlich die Aufmerksamkeit.

Zehn Jahre nach den pompösen Feierlichkeiten zum 400. Todestag von Paracelsus schwang sich die Stadt Salzburg erneut auf, um Theophrastus Bombastus von Hohenheim für ihre Zwecke nutzbar zu machen. Die Stadt plante, seinen Namen an die Spitze einer Internationalen Gesellschaft zu stellen, die ihren dauernden Sitz in Salzburg hat und eine Zusammenarbeit aller Kulturnationen im Geiste ihres Namensgebers auf stark überparteilicher und auch religiös neutraler Basis verfolgt. Mozart für die Kunst, Paracelsus für die Wissenschaft. Und wieder erging eine Einladung an Breitner. Vizebürgermeister Karl Schneider-Manns Au aus dem VdU-Lager lud Breitner in einem Brief vom 18. Oktober 1950 ein, dem Proponentenkomitee beizutreten und außerdem geeignete Namen zu nennen, die ebenfalls zur Mitarbeit eingeladen werden könnten. Dieses Schreiben ließ Breitner nicht unbeantwortet. Er hielt nicht nur den Eröffnungsvortrag, sondern ließ sich auch zum Vizepräsidenten der Gesellschaft wählen, in deren Reihen sich mehrere ehemalige Nationalsozialisten befanden, unter ihnen Eduard Paul Tratz als Leiter des Hauses der Natur, Gerhart Harrer, Erbbiologe und Psychiater, oder Carl Joseph Gauß als Ehrenpräsident. Der Rektor der Universität Innsbruck beauftragte Breitner in seiner Eigenschaft als Teilnehmer an der Tagung auch die Universität zu vertreten, welche als Hochschule den wissenschaftlichen Bestrebungen der Paracelsus-Gesellschaft warmes Interesse entgegenbrachte. Zum 1. Präsidenten wurde der Wissenschaftshistoriker und Paracelsus-Experte Franz Strunz gewählt. Nach dessen Tod 1953 übernahm Breitner die Präsidentschaft über die Internationale Paracelsus-Gesellschaft in Salzburg.

Fast zeitgleich wie die Internationale Paracelsus-Gesellschaft wurde in Salzburg das im Jahr 1950 von Fürsterzbischof Andreas Rohracher initiierte Soziale Friedenswerk ins Leben gerufen, zu dessen Gründungsmitgliedern auch

Burghard Breitner zählte. Zur liberalen Grundeinstellung Breitners zählte auch eine tendenziell antikirchliche Haltung, die sich in der Zeit des klerikal geprägten und faschistisch orientierten Ständestaates deutlich zeigte. So sprach er sich eindeutig gegen die von staatlicher Seite angeordnete Teilnahme aller Professoren an den jährlich stattfindenden Fronleichnamsprozessionen aus. Darüber hinaus pflegte

Die an Burghard Breitner gerichtete Einladung zur Pressekonferenz anlässlich der Gründung des Sozialen Friedenswerks.

er jedoch ein offenes Verhältnis zu den jeweiligen kirchlichen Würdenträgern. Mit dem Salzburger Erzbischof trat Breitner erstmals über seine Funktion als Vorsitzender des Arbeitsausschusses der Österreichischen Gesellschaft vom Roten Kreuz anlässlich eines Empfangs im Erzbischöflichen Palais in Kontakt. Im Zuge der Besprechungen über eine engere Zusammenarbeit zwischen der Caritas und dem Roten Kreuz erhielt er von Seiten des Erzbischofs die Aufforderung, den Aufruf zur Gründung eines »Sozialen Friedenswerkes« zu unterzeichnen, dem Breitner auch nachkam, wie er in seinen Memoiren festhielt. Zu den Gründungsmitgliedern zählten neben Burghard Breitner der damals amtierende Salzburger Landeshauptmann Josef Klaus sowie dessen Amtsvorgänger Josef Rehrl, der steirische Landeshauptmann Josef Krainer d. Ä., der oberösterreichische Landeshauptmann Heinrich Gleißner sowie der Linzer Bürgermeister Ernst Koref und Gustav Canaval als Chefredakteur der Salzburger Nachrichten. Rudolf Kopf als VdU-Abgeordneter, Ernst Kolb als ÖVP-Handelsminister und Gustav Entz als Professor der Evangelischen Theologie finden sich ebenfalls in der Liste der Unterzeichner. Das Motto des Gründungsdekrets lautete: »Nicht mitzuhassen, mitzulieben sind wir da.«

Die Namensliste der Gründungsmitglieder spiegelt die Zusammensetzung der politischen und wissenschaftlichen Eliten des Landes zu Beginn der 1950er-Jahre wider. Das Spektrum reichte dabei von Männern, die von den Nationalsozialisten verfolgt und in Konzentrationslager gesperrt wurden, über Wehrmachtsangehörige im administrativen Dienst bis zu jenen, die mit den Nationalsozialisten sympathisierten oder zu den beflissenen Verfechtern des Systems zählten.

Rohrachers Initiative hatte einen durchaus positiven Kern, was wohl auch Breitner so gesehen haben wird, war aber auch mit Geburtsfehlern behaftet. So wurde eine deutliche Abgrenzung zu NS-Funktionären, die sich schuldig gemacht hatten und strafrechtlich belangt wurden, was etwa auf den ehemaligen SS-Brigadeführer Franz Langoth zutraf, schmerzlich vermisst. Auch die scharfe Verurteilung des 1947 erlassenen Nationalsozialistengesetzes stieß zurecht auf viel Unverständnis. So verfehlte die Initiative ihr ursprüngliches Ziel der

Überparteilichkeit und blieb bis in die Tage unserer Gegenwart dem freiheitlich-nationalen Lager verpflichtet.

Die Kreise begannen sich zu schließen. Das zu Ende gehende Studienjahr 1952/53 mochte der noch amtierende Rektor der Innsbrucker Alma Mater wie wohl kaum eines davor herbeigesehnt haben. Die Bürde des Rektorats war Burghard Breitner eine deutlich zum Ausdruck gebrachte Last, die er lieber gestern als heute abgeschüttelt hätte. Es waren nicht so sehr die repräsentativen Verpflichtungen, die er als Bürde empfand, sondern vielmehr der mit dem Amt verbundene administrative Aufwand. Am meisten litt Breitner aber unter der Notwendigkeit, sich aus Gründen politischer Raison gegen die revoltierende Studentenschaft stellen zu müssen, als es um die Verschärfung der Studienbedingungen und damit einhergehender erhöhter finanzieller Verpflichtungen für die Studenten ging. Das ging ihm ganz deutlich gegen den Strich. Die keinesfalls gering geschätzte, aber doch nur bedingt geliebte Funktion des Rektors brachte Breitner in enge Tuchfühlung mit jenen Institutionen, die nach 1945 die Aufgabe übernommen hatten, für die Zweite Republik einen neuen geistigen Überbau zu kreieren und die Welt jenseits der Grenzen auch daran teilhaben zu lassen, damit das »neue Österreich« bekannt werde und seinen Platz in der internationalen Staatengemeinschaft, wie es heute heißt, finde. Die von Otto Molden und Simon Moser 1945 gegründeten Internationalen Hochschulwochen in Alpbach, die ab 1949 als Europäisches Forum Alpbach firmierten, waren eine dieser Institutionen. Otto Molden und Burghard Breitner – eine durchaus spannende Konstellation. Hier der 35-jährige Deserteur und das Mitglied der Widerstandsgruppe 05, der vor 1938 dem Grauen Freikorps, der Studentenvertretung im Ständestaat, angehört hatte. Und dort der Endsechziger, bis in die Haarwurzeln deutschnational geprägt, mit einer unzureichend definierten Nähe zum Nationalsozialismus. Als Sohn von Ernst Molden, dem Begründer der Tageszeitung Die Presse, und der Dichterin Paula Preradović, der Textmutter der österreichischen Bundeshymne, war Molden ein Kind der nachkaiserlichen Wiener Hochbourgeoisie. In ihrer Haltung zum Altösterreichischen mögen sie sich bestens verstanden haben. Molden suchte den Kontakt zu Breitner, und das nicht erst, als er auf der Suche nach einem von mehreren Eröffnungsrednern für die Veranstaltungsreihe im August 1953 war. In einem Brief vom 7. Juni 1945 wurde Breitner vom Obersten Leitungsamt der Österreichischen Widerstandsbewegung zu einer Gedenkfeier für die gefallenen Freiheitskämpfer eingeladen. Unterschrieben war der Brief von Otto Molden. Das Thema der Alpbacher Wochen 1953 war die Frage »Was ist der Mensch?«. Das Spannungsgeladene in der Begegnung dieser zwei Persönlichkeiten klang am Beginn von Breitners Rede an, als er klarstellte, dass er hier nicht aus innerer Berufung, sondern im Nachkommen einer äußeren Verpflichtung spreche. Inhaltlich machte er deutlich, dass die Frage nach dem, was der Mensch ist, nur ganzheitlich zu beantworten sei. Er forderte dafür zum interdisziplinären Dialog einschließlich der Medizin und zum fruchtbaren Wechselspiel zwischen naturwissenschaftlich beweisbaren Tatsachen und philosophischen Theorien auf. Wenige Wochen zuvor, im Mai,

war ihm die Aufgabe zugekommen, zur Eröffnung der Österreichischen Jugend-
kulturwoche in Tirol im Beisein von Unterrichtsminister Ernst Kolb und einge-
rahmt von Beethovens Leonoren-Ouvertüre Nr. 3, dem Halleluja der Freiheit,
und der Uraufführung der Festfanfare für 9 Blechbläser und gemischten Chor
von Robert Wessler, die Festrede zu halten. Die zur Gänze im Radio übertragene
Rede endete mit einem flammenden Appell, umrahmt vom Feuer Breitners: *Es
ist ein Großes, von einem Gott gezeichnet zu sein. Glückliche, erwartend – warten-
de Jugend! Miß Dich nicht an der Welt, prüfe die Welt nicht an Dir. Schaffe und
schweige. Dein Samen fliegt aufwärts. Die Sterne sehen seine Frucht. Kunst kommt
von müssen.*

Alles in allem war das Rektoratsjahr mit der großen Rede im Herbst 1952
zum Auftakt als der Beginn des Abschieds von Breitners jahrzehntelanger Wir-
kungsstätte zu sehen. So zielstrebig er trotz des anfänglichen Schwankens und
Poussierens mit dem Theater und der nie versiegenden Kraft für Ausflüge in die
literarische Arbeit sein Studium absolvierte und die Voraussetzungen für eine
Anstellung als Assistenzarzt schuf, so vollendete er sein Schaffen und Wirken gut
40 Jahre später Schritt für Schritt. Die Präsidentschaft über das österreichische
Rote Kreuz krönte sein jahrzehntelanges Engagement für den Rettungsdienst,
mit der Kandidatur für das Amt des Bundespräsidenten schloss sich der Kreis
seines vielfältigen Wirkens in der Öffentlichkeit und mit dem Rektorat erlebten
Forschung und Lehre einen würdigen Abschluss.

Nach knapp zehn Jahren Besatzungszeit durch die alliierten Truppen waren
die Gespräche, die die Herstellung der vollkommenen Souveränität der Republik Österreich zum Ziel hatten, soweit vorangeschritten, dass an abschließende
Verhandlungen gedacht werden konnte. Ein wesentlicher Punkt im Verhältnis
zur UdSSR war die unbedingte Freilassung der sich noch in russischer Gefangenschaft befundenen österreichischen Soldaten. An der Spitze einer Delegation
des Österreichischen Roten Kreuzes reiste Burghard Breitner im Frühjahr 1955
nach Moskau. Er lieferte sich noch einmal der immer noch klaffenden Wunde Russland aus. 1906 in Sankt Petersburg nur mit Müh und Not mordenden
Kosakenhorden entkommen, 1914 im Inferno des galizischen Schlachtens zu
Beginn des Krieges von ihnen festgenommen und für sechs Jahre mit zig Tausenden in die Unendlichkeit des russischen Ostens verschleppt. Was hätte ihm noch
geschehen können? Er kam in offizieller Mission und wurde entsprechend ho-
fiert, beinah feudal verwöhnt. So fügte es der Lauf der Zeit und der politischen
Ereignisse, dass sich auch dieser Kreis schließen konnte. Er hatte bestanden und
das Feuer über den Tag hinaus gehalten.

De profundis

10

Zerstört und vernichtet wollte Breitner seine Texte nicht wissen, um dann doch sterbend die Asche in den Händen zu halten, wie dies beim großen Theodor Billroth der Fall war. Für Breitner wäre das der Inbegriff einer verfehlten Doppelbegabung gewesen. Theodor Billroth, der große Chirurg der Zweiten Wiener Medizinischen Schule, der Breitner über seinen Lehrer Eiselsberg eine sehr vertraute Größe war und den er anlässlich der Feier seines 100. Geburtstages in einem von ihm verfassten Gedicht rühmen durfte, hielt sterbend seine Kompositionen, an denen er immer gezweifelt hatte, in Händen. Sterbend die Asche in den Händen spüren, das einmal das Papier war, auf dem er seine Texte niederschrieb, nein, dieses Bild durfte ihn nicht beherrschen. Breitner verhehlte das Mitleid nicht, das ihn schauderte, wenn er an Billroth als Komponisten und Violinisten dachte, der seine Kompositionen nicht neben denen von Brahms bestehen lassen konnte, obwohl er eng mit diesem befreundet war. Breitner war aus einem völlig anderen Holz geschnitzt. Er stand zu seinen Texten und stellte das Phänomen der Doppelbegabung in den Mittelpunkt seiner Erinnerungen. Hand an zwei Pflügen. Er furchte zwei Welten, jedenfalls hatte er das für sich entschieden. Und er hinterließ Spuren in der Welt der Medizin wie in der der Literatur.

Doppelbegabungen sind keine Rarität. Die Verbindungen von Medizin und Literatur kommen dabei am häufigsten vor. Der medizinische Blick auf den Körper und dessen Funktionen wird ergänzt durch den literarischen auf das Miteinander von Körper und Seele sowie in die Abgründe, die ein Mensch auszumessen imstande ist. Mit dem sephardischen Arzt und Schriftsteller Jehuda ha-Levi ist nachgewiesen, dass die Doppelung an Begabungen und Fähigkeiten bereits im Mittelalter aufgetreten ist. Zu Beginn der Neuzeit war es der große Vertreter der französischen Renaissance, François Rabelais, der als Schriftsteller, Arzt und Mönch lebte und wirkte. In der deutschen Literaturgeschichte lässt sich der Bogen von dem der Mystik zugewandten schlesischen Barockdichter

Johannes Scheffler, Angelus Silesius genannt, nahtlos bis in die unmittelbare Gegenwart mit Dichterärzten wie Uwe Tellkamp oder Paulus Hochgatterer spannen. Interessant ist die Häufung der Doppelhelix des diagnostischen Blicks in der unmittelbaren Zeitgenossenschaft Burghard Breitners, die mit den Namen Gottfried Benn, Alfred Döblin, Albert Schweitzer, Hans Carossa, Hans Flesch und Richard Huelsenbeck, um eine Auswahl zu nennen, verbunden ist. Die Wechselwirkung von medizinischer Tätigkeit und literarischem Schaffen trat dabei in höchst unterschiedlichen Varianten auf. Breitner war der einzige unter den Genannten, dessen medizinische Tätigkeit sich auf universitäre Lehre und Leitung einer Klinik sowie einer damit verbundenen umfassenden Publikation von Fachliteratur ausdehnte. Doch es war nicht die zeitfüllende berufliche Verpflichtung als Ordinarius, die Breitner mit seiner Literatur scheitern ließ. Neben dem aus der Zeit gefallenen Ton und den gewählten Themen, die stark von den Erfahrungen der Kriegsgefangenschaft geprägt waren, schlug vor allem die fehlende Sprache für eine entschiedene Auseinandersetzung mit den umwälzenden gesellschaftlichen Entwicklungen negativ zu Buche.

Das Schließen der Kreise in Breitners Leben, Wirken und Schaffen vollzog sich nach einem Muster, das aus Verdienst und Selbstverständlichkeit gewoben war. Anders verhielt es sich dagegen mit dem literarischen Schreiben. Da nagten Enttäuschung und Zweifel an ihm, schlossen zuweilen mit Einsicht und Hoffnung einen Bund, zogen sich letztlich aber doch gekränkt zurück. *Ich war einmal ein Revolutionär und endete als Flüchtling ohne Koffer und Hut. Ich war einmal ein militärischer Held und beschloss diese Karriere als anrüchiger Gefangener mit dem niedrigsten Dienstgrad. Ich startete als hoffnungsvoller Dichter und mußte Stellagen zimmern lassen, um meine von den Verlagen zurückgeschickten Manuskripte stapeln zu können.* Gelebt hat nur der, der den Wandel vollzog. Und das Bekenntnis zum Revolutionär steht immer am Anfang, wenn das Ich nur sich selbst hat und die Richtung noch gefunden werden muss. Alle Welt soll immer neu werden. Es ist ein Muss, nach Veränderung zu trachten, eine Bedingung, um zu sein. Das spürte der Gymnasiast Breitner wie die vielen vor und nach ihm. Er genoss das Privileg, das Zertrümmern der Welt in Gedanken und Bilder zu fassen und daraus ein Stück Text entstehen zu lassen. Vom Revolutionär zu sprechen, der zum Flüchtling ohne Koffer und Hut wurde, entbehrt keineswegs einer ziemlichen Portion Koketterie. Die Situation, auf die er anspielte, ereignete sich in Sankt Petersburg, als er es als unbedingte Notwendigkeit empfand, ins zaristische Russland zu reisen, um die Anfänge der Revolution hautnah mitzuerleben. Das Alte stürzen zu sehen, sind die Lieblingsfotos der Jugend, und die wollte sich auch Breitner keinesfalls versagen. Für die eigene Zuschreibung des Revolutionärs und militärischen Helden nahm er selbst in den letzten Lebensjahren noch Anleihen aus der Liga der Möglichkeiten, des Scheins und der Träume. Anders verhielt es sich mit dem Beginn seines Schreibens. Ja, der Maturant war durchaus ein hoffnungsvoller Dichter. Eine ungestüme Stimme im Wohnstubenzirkel der Salzburger Literatur um die Jahrhundertwende. Dem 18-Jährigen mögen zurecht Flügel gewachsen sein, als er auf dem Weg von der Schule ins Internat an der Buchhandlung Höllriegl vorbeiging und ihm ein großes Plakat mit der Ankündigung seines Werkes entgegenleuchtete. Im Hintergrund war der überaus fürsorgliche Vater am Werk, der dem Salzburger Buchhändler den Erstling seines Sohnes ans Herz gelegt hatte. In alle Details der schwierigen Verlagssuche wird der Vater den Filius nicht eingeweiht haben, sonst wären die Flügel des jugendlichen Stolzes schnell brüchig geworden. Ein wirklich hoffnungsvoller Dichter hätte dem »naturalistischen Skandalstück« *Vor Sonnenaufgang* von Gerhart Hauptmann, das 1889 uraufgeführte wurde, noch Perlen in die Krone gesetzt, hätte sich noch ein Stück weiter nach vorne getraut. Trotzdem hatte er einen vielversprechenden Anfang gesetzt.

Schreibend bin ich. Diese einfache Gleichung literarischer Existenzen galt auch für den Schriftsteller Burghard Breitner. Die Unbekannte bei dieser Gleichung ist jene Größe, die gemeinhin als Erfolg oder eben als sein Gegenteil beschrieben wird. Das Ziel ist immer der Erfolg, außer es handelt sich um Notate fürs Tagebuch. Breitner verfehlte ihn. Meistens. Er zielte und traf nicht, aber er schielte nicht danach. Er schrieb nicht nach Rezeptur, sondern das, was ihm das Herz diktierte. Die Emotion gab den Takt an. Gefühle und Sprache wiederholten sich, die Figuren trugen andere Namen. Eine Poetik des Affekts und der Seelenschau nach kurzer Anamnese. Das Drama als Befund. Nicht bühnentauglich. Ein Beispiel unter mehreren: *Treibeis*. Ein Schauspiel von Bruno Sturm. Nur wenige Tage nach der Promotion Anfang Juni 1908 heuerte Breitner auf der MS Neptua zu einer Nordlandreise an, die er als Schiffsarzt begleitete. Mit an Bord des Liners waren Passagiere aus Wien, die zum weiteren Kreis um Gustav Klimt und seiner Muse Emilie Flöge zählten. Liebe und Leidenschaft, Verrat und Untreue werden am Ende aufgedeckt. Als der Konflikt aufbricht, endet das Stück. Ein Rohrkrepierer. Trotzdem landete es bei den Dramaturgen des Hofburgtheaters, des Deutschen Volkstheaters und des Königlichen Sächsischen Hoftheaters in Dresden. Das damalige Wiener Burgtheater flüchtete sich in ein sybillinisches

Cover der Druckfassung von Burghard Breitners erstem dramatischen Text, der 1902 unter dem Pseudonym Bruno Sturm erschien.

Gestammel, um den verehrten Herrn Doktor mit einer Absage nicht allzu sehr zu brüskieren: »Ich habe Ihr schönes Drama ›Treibeis‹ bereits am 2. August gelesen und es unter diejenigen Stücke gelegt, von denen ich wünsche, dass Herr Hofrat Schlenther sie persönlich kennenlerne. … Ich knüpfe daran zweierlei Ersuchen: erstens Sie mögen sich einigermaßen gedulden, und zweitens, Sie möchten nicht allzu optimistische Hoffnungen an diese vertrauliche Mitteilung knüpfen, weil Ihr Drama ›Treibeis‹ bei aller Anerkennung, die man dem Talente des Verfassers zollen darf, doch auch schwere kritische Bedenken auslöst.« Am 2. Oktober schrieb Hermann Flöge, der als Vermittler fungierte, an Breitner, dass Schlenther das Stück gelesen habe und eine Entscheidung bevorstünde. Im Brief aus Dresden wurden die Defizite sehr deutlich angesprochen, indem der Dramaturg darauf verwies, dass er die psychologischen Begründungen der gespenstigen Besprechungen vermisse und keine Chance sehe, das Stück zur Aufführung zu bringen. Und das Deutsche Volkstheater in Wien konstatierte: »›Treibeis‹ ist ein interessantes Buchdrama, das aber leider für unsere Bühne nicht geeignet ist.« Breitner ließ das Stück trotzdem beim Leipziger Verlag Haupt & Hammon drucken und akzeptierte, dass er bei Nichtaufführung fünfzig Prozent der Druckkosten zu tragen hätte. Dieser Druckfassung stellte er eine Impression voran, die er im Spätherbst 1908 in Triest verfasst hatte, als er die zweite Hälfte des einjährigen Freiwilligendienstes im Garnisonspital Nr. 9 absolvierte. Zwischen den beklemmenden Empfindungen mitten im Packeis des Nordmeeres und den tänzerischen Lichtspielen an der oberen Adria in und um Triest verbrachte er Tage am Mattsee und in den Gebirgszügen der Nördlichen Kalkalpen. *Wo war es doch –?! Nur Meer und Eis und ich … Nur Meer und ich …? Nur ich – …?! Nur ich …* Gewidmet war es Emilie Schlierholz. Mit dem Text des während seines Triest-Aufenthalts verfassten Stücks *Madonna im Glück* erging es Breitner nicht anders. Es wurde ein einziges Mal aufgeführt, und zwar im Zuge des Festabends im Stadttheater anlässlich der Feier seiner Rückkehr aus der Gefangenschaft. *Johannes*, in der Gefangenschaft fertiggestellt, brachte es zumindest zu einer Lesung. Bevor Breitner im Herbst 1912 an einer von Eiselsberg organisierten Rot-Kreuz-Mission im Verlauf des Balkankrieges teilnahm, erschienen zwei Publikationen als signifikante Beispiele für Breitners Schreiben im Affekt. In der Wiener Verlagsbuchhandlung Karl Konegen publizierte er ein schmales Bändchen, das sich als *Ein Kampfruf* zu erkennen gab. Der Zweck heiligt die Mittel. Dieser Kampfruf war als Unterstützung für August Brunetti-Pisano gedacht, dem Salzburger Komponisten, der sich dem Hochromantischen wie dem Genie-Gedanken verpflichtet fühlte und sich auch deshalb mit Erfolg selbst im Weg stand. Als ehemaliger Turnlehrer am k.k. Staatsgymnasium kümmerte er sich mehr als rührend um Burghard Breitner, nachdem der sich bei einem Sportunfall unter seiner Aufsicht erheblich verletzt hatte. Die beiden, Lehrer und Schüler, waren sich bis zum Tode des Komponisten freundschaftlich zugetan, mehr noch: Brunetti-Pisano ging in der Mattseer Villa der Breitners ein und aus. Man mochte sich, man schätzte sich, man half sich, auch, weil man dazu in der Lage war. Breitner und Brunetti einte auch das Band, als Künstler,

Auszug aus einem Brief des Weininger-Freundes Hermann Swoboda anlässlich des Erscheinens von Breitners Schrift *Gegen Weininger*.

Komponist und Schriftsteller dem Zeitgeist hinterherzuhinken, aber auch nicht in der Gunst universeller Größe zu stehen, die dem Zeitgeist nicht folgt, sondern ihn prägt. Breitner schaffte es mit seiner Publikation, finanzielle Unterstützung für den stets notleidenden Komponisten zu lukrieren. Damit hatte sich die Wirkungsgeschichte des Bändchens aber auch schon erledigt. Warum er seine unausgegorene Studie *Gegen Weininger*, von der er selbst alles andere als überzeugt war und die ihm einiges an Häme einbrachte, Jahre nach ihrer Niederschrift noch in Druck gab – wir wissen es nicht. Eine Genealogie des Scheiterns? Ja und nein. Einen hat das Erscheinen der Broschüre ganz besonders auf den Plan gebracht. Hermann Swoboda, der in Wien lebende und tätige Psychologe, der an der Universität eine Dozentur für Psychologie und deren Geschichte hatte, schrieb am 14. Oktober 1912 einen Brief an Burghard Breitner, in dem er sich für die Zusendung des Weiningerbändchens bedankte. Swoboda hatte allen Grund, darauf zu reagieren, war er doch sehr eng mit Otto Weininger befreundet und letztlich war es auch er, der eine Zeit lang bei Freud in Behandlung war und daraufhin Weininger mit dem damals noch kaum gebräuchlichen Begriff der menschlichen Bisexualität bekannt gemacht hatte. Er habe, so schrieb Swoboda, die Schrift mit Interesse und großteils Beifall gelesen. »Mit vielen Ihrer Ausführungen bin ich allerdings nicht einverstanden. Den Rand der Broschüre ziert manches Fragezeichen.« Zum einen blieb ihm die von Breitner beschriebene Unterscheidung zwischen Sexualität und Erotik unklar, zum anderen stieß sich Swoboda an der Beschreibung, »daß die Moral nichts weiter als Lebenstäuschung sei. Im

Schlussabsatz war es dann mit dem moderaten Ton vorbei. Dort heißt es: »In der Form ist Ihre Schrift etwas wüst; die Schreibweise nachlässig … Sie sollten mit der Feder so umgehen wie mit dem Messer. Sie können's zweifellos, wie manche schöne Stelle zeigt.« Burghard Breitner nahm die Kritik an, die Swoboda als Zeichen seines aufrichtigen Interesses am Ende des Briefes darstellte. Die beiden Männer tauschten sich noch Jahre später persönlich und brieflich aus.

Nach der Emeritierung zum Ende des Wintersemesters 1954/55, Burghard Breitner stand kurz vor seinem 71. Geburtstag, riss die Wunde wieder auf, mit seiner Literatur nicht bestanden zu haben, dem Schicksal des Vaters ähnlich, es nicht geschafft zu haben, als Schriftsteller zu bestehen. Haben auch Misserfolge ein Ablaufdatum? Breitner wollte es bis zum Schluss nicht wahrhaben, dass er das Rad der Zeit nicht anhalten, vor allem aber, dass er eine Entwicklung nicht mehr umkehren konnte. Gegen diesen Schmerz musste er etwas unternehmen. Zum Schmerz gesellte sich eine Notwendigkeit. Zum ersten Mal in seinem Leben musste er das Schreiben mit einem wirtschaftlichen Kalkül verbinden.

Noch war der Kampf mit den Dämonen aber nicht entschieden. Der Held hatte alte Rechnungen zu begleichen. Mehr mit sich selbst als mit seiner Umgebung. Weil Breitner keiner war, der aufgab, der freiwillig die Waffen streckte, setzte er Initiativen, um vielleicht doch noch zu reüssieren. Weil Misserfolge kein Ablaufdatum haben, wollte er sich jetzt den Erfolg kaufen und investierte eine beträchtliche Summe in die Herausgabe seines letzten Buches, dessen Erscheinen er noch erlebte. Der *Asiatische Spiegel* sollte ihm zu einem späten Durchbruch verhelfen. Wenn wir den Ausführungen der Anwälte in den Schriftsätzen Glauben schenken, war es ein stolzer Betrag von weit über 30 000 Schilling. Verkauft wurden jedoch nur einige wenige Exemplare. Damit setzte Breitner finanziell wirklich alles auf eine Karte. Mit dem Ausscheiden aus Klinik und Universität reduzierte sich sein laufendes Einkommen erheblich, sodass er sich gezwungen sah, die Ausfälle zu kompensieren. Dafür hatte er aus naheliegenden Gründen seinen Anteil am väterlichen Erbe im Blick. Ein Blick hinter die Fassaden des Zinshauses im neunten Wiener Gemeindebezirk offenbarte, wie es für die Zeit um die Mitte der 1950er-Jahre und der damaligen Politik des niedrigen Mietzinses nicht anders zu erwarten gewesen war, kaum Aussichten auf einen zumindest befriedigenden Verkaufserlös. Die Situation in Mattsee stellte sich nicht viel anders dar. Nach dem überraschenden Tod seines Bruders Roland am 16. Mai 1954 blieb dessen Witwe nahezu unversorgt zurück. Außerdem war es ein familiäres Selbstverständnis, dass das Mattseer Anwesen als Familienbesitz für die nachkommenden Generationen erhalten bleiben sollte.

Burghard Breitner stellte sich ein weiteres Mal den Gegebenheiten, griff zur Feder und schrieb. Die Wahl des Themas drängte sich wahrscheinlich ganz von selbst auf. Es musste ein Sachbuch sein, eines mit sehr persönlicher Handschrift. Das Naheliegende trat ein. Breitner schuf mit dem *Asiatischen Spiegel* einen Text, der vieles in einem, aber nichts als Ganzes war. Das Sammelsurium an Analysen, Gedanken und Reflexionen, die zwischen der aktuellen geopolitischen Situation am Ende des sogenannten Koreakrieges, den Erfahrungen mit den wechselnden Befehlsmächten im sibirischen Kriegsgefangenenlager und dem Blick auf das bilaterale Verhältnis zwischen der Bundesrepublik Deutschland und Österreich auf dem Weg zur Rückgewinnung der eigenen staatlichen Souveränität angesiedelt wurde, war schon wegen der Fülle an Intentionen zum Scheitern verurteilt. Von der Unmöglichkeit, die heterogenen Themen ihrem Inhalt und ihrer Wirkung nach in Einklang zu bringen, ganz zu schweigen. Hier fehlte es offensichtlich am Rat eines erfahrenen Verlegers, zumindest aber an der Professionalität eines Lektorats. Darüber hinaus wollte das Lesepublikum vom verehrten Breitner, geschätzten Hochschulprofessor, Präsidentschaftskandidaten und Rot-Kreuz-Präsidenten dort abgeholt werden, wo es sich ebenso hoffnungsvoll wie fragend und zaudernd befand: auf dem Weg in eine neue Gesellschaft, die über Idylle und Reaktion einen glänzenden Nylonüberzug stülpte, auch, um die Erlebnisse des Krieges swingend zu verdrängen. Das vermochte Breitner aber nicht mehr zu leisten, nicht zuletzt auch deshalb, weil er zumindest spürte, dass er sich hatte korrumpieren lassen. Im Österreich nach 1955 war für Breitner kein Platz mehr.

Wald gegen Buch. Am Ende setzte ein Vergleich den Punkt nach einer Auseinandersetzung um das Erbe Burghard Breitners. Es waren die Bücher, die in den Mittelpunkt dieses Streits um die Auslegung des Testaments gerieten. Dem Vergleich gab eine schöne Gleichung Form und Inhalt. Wald ist gleich Buch, Holz ist gleich Geld. Dass der Vergleich nicht mit Leben gefüllt wurde, lag in der Natur der Dinge und kompromittierte ihn im Nachhinein als eine juristische Konstruktion zur Durchsetzung privater finanzieller Interessen. Der Streitwert von Erbauseinandersetzungen bemisst sich in aller Regel nicht so sehr an geldwertigen Aspekten als viel mehr an dem bunten Konglomerat tatsächlicher oder vermeintlicher Kränkungen, gehätschelter Missverständnisse und langlebigen Enttäuschungen, die mit Neid und Missgunst um die Wette tanzen.

Maria Rieder war die Frau der letzten Jahre an Breitners Seite und sie setzte er in seinem Testament vom 16. Mai 1954, das er unmittelbar nach dem Erhalt der Nachricht über den Tod seines Bruders verfasst hatte, als Erbnehmerin ein. Dieses Erlebnis, die plötzliche und unumkehrbare Trennung von seinem Bruder, mit dem ihn ein beinah zärtliches Verhältnis verbunden hatte, war der unmittelbare Grund für die Abfassung des Testaments und nicht die ihn bereits seit Jahren plagende tödliche Krankheit. In diesem Testament war eine Reihe von Legaten zu Gunsten der Nachkommen seines Bruders bestimmt. Nachdem Burghard Breitner knapp zwei Jahre nach seinem Bruder ebenso plötzlich verstarb, machte sich die Erbnehmerin zügig an die Umsetzung seines letzten Willens. Interessant und das Private sprengend war die Argumentation der Bedachten, auf den Verkauf des Familienerbes zu drängen, um an die notwendigen Mittel für die Vermarktung der noch nicht veröffentlichten Manuskripte

Einband des sibirischen Tagebuches *Unverwundet gefangen,* das zu Burghard Breitners erfolgreichstem Buch wurde.

zu gelangen. Damit hätte sich fortgesetzt, was für die meisten Bücher von Burghard Breitner und seinem Vater Anton Wirklichkeit war, dass Druck und Vertrieb aus der eigenen Tasche bezahlt wurden. Der zwischen der Alleinerbin und den Vermächtnisnehmern geschlossene Vergleich mündete in den Verkauf einer Waldparzelle. Die vergilbenden Manuskripte blieben freilich weiter unveröffentlicht. Erfolgreich auch im wirtschaftlichen Sinn war Breitner vor allem mit dem *Sibirischen Tagebuch.* Die Tantiemen dafür flossen aber nicht in die eigene Tasche, sondern in die Kasse der Kriegsgefangenenfürsorge, wie es aus einer Abrechnung des Rikola-Verlags ersichtlich ist. Kameraden unter sich.

Obwohl die essayistische Anmutung des Textes für die Gedankensammlung im *Asiatischen Spiegel* nicht ihre Leser fand und Breitner eine empfindliche finanzielle Niederlage bescherte, hinterließ sie doch einige erhellende Passagen. Vor allem auch die, *dass Tatmenschen gewöhnlich keine Lebensbeichten schreiben,* wie es der Autor formulierte. Breitner war ein Mann der Tat, nicht, weil er von Beruf Arzt war und Leben zu retten hatte. Breitner war Chirurg, weil er ein Mann der Tat war. Er erledigte ein stupendes Tagespensum und hinterließ quantitativ in jeder Hinsicht und qualitativ in Auszügen ein umfassendes Werk an wissenschaftlichen, literarischen und populären Schriften, Büchern und Aufsätzen. Ein nimmermüder Schreiber, ein homme des lettres im notorischen Sinn. Und trotzdem flossen zum Ende die Gedanken in das Verfassen einer Autobiografie, die seinem Denken nach *immer eine Rettung in eine Geistigkeit sind, wenn das Leben den großen unmittelbaren Erfolg versagt hat. Oder wenn sich zu einem solchen kein Weg fand.* Breitner hatte auf vielen, wenn auch nicht auf allen Ebenen Erfolg. Einer Rettung in eine Geistigkeit, wie er sich ausdrückte, oder in eine Rechtfertigung hätte es nicht bedurft. Die Summe seines Lebens hatte Kraft genug, um für sich selbst zu sprechen. Sollte im Titel der Lebenserinnerungen doch jene Geistigkeit, jene Rechtfertigung im Sinne von »Vergebt mir!« aufblitzen? Ich habe mich redlich bemüht, und wenn ich Leistung schuldig geblieben bin, dann nur deshalb, weil die Bürde zu groß und zu bestimmend war. Breitner selbst vermutete den Grund für die Entscheidung, seine Lebenserinnerungen niederzuschreiben, in dem Erlebnis der

Burghard Breitners Grab am Innsbrucker Westfriedhof.

unbändigen Einsamkeit zu Beginn der achtjährigen Gymnasialzeit im Rupertinum. Ein inbrünstiges »Herr, erhöre mich, wie ich aus der Tiefe zu dir rufe!«,
ein echoloses De profundis führte die Hand zum Schreiben, um am Ende auch
noch die Geschichte dieses Schreibens zu Papier zu bringen. Der Tod ließ die
Gedankensammlung unvollendet zurück. »Helden« schreiben Geschichte, keine
Geschichten.

Anhang

Namensregister

171

Quellenverweise zu Publikationen
von Burghard Breitner (alias Bruno Sturm)

Literarische und autobiografische Schriften

Monographien
Asiatischer Spiegel. Innsbruck 1955
Auflehnung gegen das biologische Gesetz. Wien/Zürich 1949
August Brunetti-Pisano. Ein Kampfruf. Wien 1912
Blick auf Japan. Salzburg 1935
Der ewige Eid. Innsbruck 1952
Die Flucht: der Roman einer Armee. Darmstadt 1929 (2. Auflage)
Die Spinne von Isera. Leipzig 1909
Feige Soldaten. Wien 1922
Fremdenlegion. Wien 1912
Für die Farben. Ein Akt aus dem Studentenleben. Berlin 1904
Gegen Weininger. Ein Versuch zur Lösung des Moralproblems. Wien 1912
Geschichte der Medizin in Österreich. Wien 1951
Glanz der Wege. Innsbruck 1952
Guido List: Lebensbild eines Wiener Poeten. In: Randglossen zur deutschen
    Literaturgeschichte. Bändchen 11. Wien 1905
Hand an zwei Pflügen. Innsbruck 1958
Johannes. Schauspiel. Wien/Leipzig 1922
Kriegstagebuch Balkankrieg 1913. Wien 1913
Mormonen und Medizinmänner. Wien 1930
Paracelsus. Wien 1929
Randglossen zur deutschen Literaturgeschichte. Bändchen 11. Guido List.
    Lebensbild eines Wiener Poeten. Wien 1905
Ring der Ringe. Wien 1924
Sonja. Wien/Leipzig 1927
Treibeis. Ein Schauspiel. Leipzig 1909
Unverwundet gefangen. Aus meinem sibirischen Tagebuch. Wien 1921
Unverwundet gefangen. Aus meinem sibirischen Tagebuch. Neue erweiterte
    Ausgabe. Darmstadt 1935
Will's tagen? Soziales Drama in drei Akten. Berlin 1903
Lehrbuch der Chirurgie. Anton v. Eiselsberg gewidmet von seinen Schülern.
    Hrsgg. von Paul Clairmont, Wolfgang Denk, Hans v. Haberer und Egon
    Ranzi. Bearbeitet von Burghard Breitner u. a. Wien 1930

Beiträge in Zeitschriften und Sammelwerken
Fremdenlegion. In: Österreichische Rundschau 29, 6 (1911)
Den Toten. Gedicht. In: Wiener klinische Wochenschrift 50, 20 (1937), S. 655

Medizinische Publikationen

Monographien
Chirurgische Operationslehre. Hrsg. von Burghard Breitner. Wien 1955
Das Problem der Bisexualität. Wien 1951
Die Bluttransfusion. Wien 1926
Die Chirurgie des Halses, der Gliedmaßen und des Beckens. 2., völlig neu
    bearbeitete Auflage. Wien 1944
Die Erkrankung der Schilddrüse. Wien 1928
Geschichte der Medizin in Österreich. Wien 1951 (im Auftrag der
    Österreichischen Akademie der Wissenschaften)
Kropf. Berlin/Wien 1935
Lehrbuch der Chirurgie. A. von Eiselsberg gewidmet von seinen Schülern. Bear-
    beitet von Burghard Breitner. Hrsg. von Paul Clairmont. 2 Bände, Wien 1930
Sportschäden und Sportverletzungen. Stuttgart 1955
Über das ärztliche Ethos bei Paracelsus. Klagenfurt 1955 (Paracelsus
    Schriftenreihe der Stadt Villach)

Herausgabe von Zeitschriften
Der Krebsarzt. Organ der Österreichischen Gesellschaft für Erforschung und
    Bekämpfung der Krebskrankheit. Hrsg. von Tassilo Antoine und Burghard
    Breitner. Wien 1 (1946) bis 11 (1956)

Beiträge in Zeitschriften und Sammelwerken
Von 1912 bis 1958 (posthum) insgesamt 142 Beiträge und acht Nachrufe auf
    Mediziner

Reden
Ärztliche Ethik: drei Vorträge gehalten in der Internationalen Hochschulwoche
    in Salzburg 25.–27. August 1947. Innsbruck 1948
Der ewige Eid. Antrittsrede gehalten anlässlich der Inauguration zum Rector
    magnificus des Studienjahres 1952/53 am 11. Dezember 1952 in der Aula
    der Leopold-Franzens-Universität zu Innsbruck. Innsbruck 1953
Chirurgie als Forschung und Unterricht. Antrittsvorlesung gehalten am
    27. Oktober 1932 in der Aula der Leopold-Franzens-Universität zu
    Innsbruck. Wien 1932
Gedenkrede für die im Weltkrieg gefallenen Ärzte. In: Wiener klinische
    Wochenschrift 50, 30 (1937), S. 1137–1138
Robert Hamerling. Festvortrag am 23. März 1930. Wien 1930

Andere Schriften

Anton von Eiselsberg. In: Neue Österreichische Biographie ab 1815. Begründet von Anton Bettelheim u.a. Band 9. Zürich/Wien 1956, S. 107–112

Das Genie des Lehrens. Paul Clairmont. Innsbruck 1948

Die Nächstenhilfe als Zielsetzung. In: Das Rote Kreuz. Wien, 19 (1951), S. 1 f.

Große Frauen. In: Das Rote Kreuz. Wien 24, 4 (1956), S. 6–12

Quellenverweise zu Archiven, Bibliotheken und privatem Nachlass

Archiv der Universität Innsbruck

Bundesarchiv Berlin

Mattsee Archiv, Teilnachlass

Österreichische Nationalbibliothek, Handschriftensammlung

Österreichisches Staatsarchiv

Privater Teilnachlass in Familienbesitz

Salzburger Literaturarchiv, Teilnachlass

Stadtarchiv Salzburg, Sammlung Anton und Burghard Breitner

Stiftsmuseum Mattsee, Teilnachlass

Literatur

Angetter, Daniela (Hrsg.) et al.: Medizin und Wissenschaft in Wien 1848–1955. Vienna University Press, 2018

Angetter, Daniela: Skizzen aus dem Leben des Salzburger Chirurgen und Schriftstellers Burghard Breitner. In: Bericht über den 23. Österreichischen Historikertag in Salzburg. Salzburg 2003

Brandström, Elsa: Unter Kriegsgefangenen in Rußland und Sibirien 1914–1920. Leipzig 1927

Broch, Hermann: Das essayistische Werk und Briefe 1913–1951. Kommentierte Werkausgabe von Paul Michael Lützeler, Teil II, Bände 9– 13.

Campbell, Joseph: Der Heros in tausend Gestalten, Frankfurt a. M. 1999

Clark, Christopher: Die Schlafwandler. München 2014

Daxecker, Franz: Der Chirurg Burghard Breitner. Dichter oder Heiler? In: Zentralblatt für Chirurgie 139 (2005), S. 585–585

Dohle, Oskar/Höch, Alfred/Wieser, Franz (Hrsg.): Salzburg nach 1816. Schicksalszeiten auf dem Weg zur Demokratie. Salzburg 2017

Drewes, Kai: Jüdischer Adel. Nobilitierungen von Juden im Europa des 19. Jh. Frankfurt a. M. 2013

Ebeling-Winkler, Renate: „Entweder Bettler oder König!". August Brunetti-Pisano (1870–1943). Ein Salzburger Komponist. Schriftenreihe des Salzburg Museum Bd. 23, hrsg. von Gerhard Plasser und Peter Laub. Salzburg 2010

Enderle-Bourcal, Gertrude/Reiter-Zatloukal, Ilse (Hrsg.): Antisemitismus in Österreich 1933 –1938. Wien 2018

Felder, Cajetan: Erinnerungen eines Wiener Bürgermeisters. Ausgewählt und bearbeitet von Felix Czeike, hrsg. vom Cajetan-Felder-Institut. Wien 2016

Flamm, Heinz: Das Österreichische Rote Kreuz und österreichische Bakteriologen in den Balkankriegen 1912/13. Zentennium des ersten Einsatzes der Bakteriologie auf Kriegsschauplätzen. In: Wiener Medizinische Wochenschrift Vol. 2012 162 (7), S. 132 –147

Friedrich, Margret/Rupnow, Dirk: Geschichte der Universität Innsbruck 1669–2019. Band I: Phasen der Universitätsgeschichte. Teilband 2: Die Universität im 20. Jahrhundert. Innsbruck 2019

Friedrich, Margret/Rupnow, Dirk: Geschichte der Universität Innsbruck 1669–2019. Band II: Aspekte der Universitätsgeschichte. Innsbruck 2019

Gellner, Ernest: Nationalismus. Kultur und Macht. Berlin 1999

Goller, Peter/Oberkofler, Gerhard: Universität Innsbruck. Entnazifizierung und Rehabilitation von Nazikadern (1945–1950), Innsbruck 2003

Goller, Peter/Tidl, Georg: „Jubel ohne Ende …!" Die Universität Innsbruck im März 1938. Zur Nazifizierung der Tiroler Landesuniversität. Wien 2012

Handler, Margret: Der Teilnachlass von. Univ.-Prof. Dr. med. Burghard Breitner (1884–1956): Ordnung, Inventarisierung, Erschließung, Verzeichnung. Wien 1999

Heidegger, Martin: Sein und Zeit. Tübingen 1979

Hensel, Eduard: Anton Dreher. Biographische Skizze. Wien 1864, ÖNB http://data.onb.ac.at/rep/103623F7

Hetz, Siegfried (Hrsg.): Wo Dollfuß baden ging. Mattsee erinnert sich: Schönberg, Seyß-Inquart, Stephanskrone. Salzburg 2018

Hintermaier, Ernst/Rinnerthaler, Alfred/Spatzenegger, Hans (Hrsg.): Erzbischof Andreas Rohracher. Krieg, Wiederaufbau, Konzil. Salzburg 2010

Höbelt, Lothar (Hrsg.): Von der vierten Partei zur dritten Kraft. Die Geschichte des VdU. Graz 1999

Höbelt, Lothar (Hg.): Burghard Breitner. Im Gedenken an einen großen Österreicher. Wien 1994

Höbelt, Lothar: Die Bundespräsidentschaftswahlen in der Ersten und Zweiten Republik. Sozialwissenschaftliche Studienreihe des Instituts für politische Grundlagenforschung, Band 7, Wien 1986

Hübner, A. Chirurgenverzeichnis. Im Einvernehmen mit der Deutschen Gesellschaft für Chirurgie herausgegeben. Berlin/Heidelberg 1958

Karasek, Thadea: Seuchen und Militär 1914–1918. Diplomarbeit an der Universität Wien, 2012

Nietzsche, Friedrich: Also sprach Zarathustra. Ein Buch für Alle und Keinen. Stuttgart 2008

Orth, Barbara: Gestapo im OP. Bericht der Krankenhausärztin Charlotte Pommer. Berlin 2013

Pöcher, Harald: Kriege und Schlachten in Japan, die Geschichte schrieben. Von 1853 bis 1922. Münster 2012

Reiter, Margit: Die Ehemaligen. Der Nationalsozialismus und die Anfänge der FPÖ. Göttingen 2019

Schuster, Bernd: Rikolas letzter Auftritt. Wien 2019

Sonnleitner, Johann: Die Geschäfte des Herrn Robert Hohlbaum. Die Schriftstellerkarriere eines Österreichers in der Zwischenkriegszeit und im Dritten Reich. Wien 1989

Spörri, Miriam: Reines und gemischtes Blut. Zur Kulturgeschichte der Blutgruppenforschung 1900–1933. Bielefeld 2013

Stach, Reiner: Kafka. Die Jahre der Entscheidungen. Frankfurt 2003

Voss, Heinz-Jürgen: Making Sex Revisted. Dekonstruktion des Geschlechts aus biologisch-medizinischer Perspektive. Bielefeld 2010

Wurzer, Georg: Die Kriegsgefangenen der Mittelmächte im Ersten Weltkrieg. Göttingen 2005

Internetseiten
www.uibk.ac.at >hidden histories > ns-gesundheitspolitik
www.uibk.ac.at >burghard-breitner-ifz02072020-final

Bildnachweis

ANNO/Österreichische Nationalbibliothek: Salzburger Volksblatt (3. September 1902, S. 1 ff.): S. 44; Grazer Tagblatt (10. Juni 1934, S. 13): S. 119
Burghard Breitner Teilnachlass Privat: S. 12, 15, 22, 24, 30, 46, 48, 50, 63, 67, 81, 84, 94, 98, 101, 107, 117, 118, 126, 138, 142, 148, 153, 163
Mattsee Archiv: S. 165
Siegfried Hetz: S. 169
Stadtarchiv Salzburg: S. 2, 16, 17, 28, 33, 34/35, 37, 42/43, 44, 45, 47, 52, 56, 57, 64, 70, 73, 87, 88, 92, 99, 102, 106, 112, 133, 135, 137, 146, 149, 152, 157
Stiftsmuseum Mattsee: S. 55, 168

Siegfried Hetz, M. A., 1954 geboren. Nach Verlagsausbildung Studium der Germanistik, Philosophie und Kommunikationswissenschaft in Mainz und München. Kulturpublizist sowie Autor und Herausgeber von Büchern zu literatur- und kulturhistorischen Themen.

Siegfried Hetz (Hg.)

VERLAG ANTON PUSTET

**Wo
Dollfuß
baden
ging**

Mattsee erinnert sich:
Schönberg ▪ Seyß-Inquart ▪ Stephanskrone

Siegfried Hetz

Wo Dollfuß baden ging
Mattsee erinnert sich:
Schönberg · Seys-Inquart · Stephanskrone

184 Seiten
durchgehend sw bebildert
17 x 24 cm
Hardcover
ISBN 978-3-7025-0890-6
€ 24,00

www.pustet.at